金融数学教学丛书

# 量化投资

孙 健 吴 岚 赵朝熠 编著

科 学 出 版 社

北 京

## 内 容 简 介

量化投资是金融市场一种新兴的投资业务模式，其建立在数学与统计方法之上，同时需要利用计算机算法实现策略并进行交易执行. 本书是围绕量化投资教学编写的教材，是"金融数学教学丛书"中的一本. 本书是作者在北京大学和复旦大学连续多年讲授量化投资相关课程教学经验的总结，在本书中作者尝试对量化投资的基本内容、技术方法和实现过程进行较为全面的、从理论到实践的介绍. 本书的许多章节配备了基于中国市场数据的量化投资策略案例分析，帮助读者感受量化策略实现的具体步骤及真实表现.

本书共七章，前两章为量化投资基础，随后为量化择时和择股，最后两章为高频量化交易. 本书以理论为起点，介绍量化投资的基本方法，并利用案例分析来汇总理论知识，指导实践操作. 章末设有相关习题，供读者学习巩固之用，同时章末附有二维码,读者扫码可看高清彩图.

本书可作为高等院校相关专业本科生和硕士研究生的专业教材或教学参考书，也可以作为相关技术和研究人员的实用参考书.


图书在版编目(CIP)数据

量化投资/孙健，吴岚，赵朝熠编著. —北京：科学出版社，2023.8
(金融数学教学丛书)
ISBN 978-7-03-075862-0

Ⅰ. ①量… Ⅱ. ①孙… ②吴… ③赵… Ⅲ. ①投资-量化分析-高等学校-教材 Ⅳ. ①F830.59

中国国家版本馆 CIP 数据核字(2023)第 108964 号

责任编辑：张中兴 梁 清 孙翠勤 / 责任校对：杨聪敏
责任印制：赵 博 / 封面设计：蓝正设计

科 学 出 版 社 出版
北京东黄城根北街 16 号
邮政编码：100717
http://www.sciencep.com
北京富资园科技发展有限公司印刷
科学出版社发行 各地新华书店经销
*
2023 年 8 月第 一 版 开本：720 × 1000 1/16
2025 年 1 月第四次印刷 印张：12 3/4
字数：257 000

**定价：59.00 元**

(如有印装质量问题，我社负责调换)

# “金融数学教学丛书”编委会

# 丛 书 序

从 20 世纪 90 年代中期开始, 随着数学在金融领域中的应用不断深入, 有关金融数学的学术研究和企业实践在我国迅速发展起来, 各行各业对于金融数学人才的需求愈发强烈, 金融数学人才培养工作也开始受到社会各界的重视.

北京大学是国内首开金融数学人才培养先河的高校之一. 1997 年, 在姜伯驹院士的倡导下, 北京大学数学科学学院建立了国内外第一个金融数学系, 并在短短几年内快速建成了从本科生到博士生的完整教学体系. 尽管当时数学专业受欢迎程度远不如现在, 但金融数学专业的设立, 在提高数学专业的新生质量、改善数学专业毕业生的就业环境、拓宽数学的应用范围等方面, 无疑起到了重要的推动作用. 随后, 国内越来越多的高等院校陆续建立金融数学系, 开始了金融数学方向的本科生和研究生培养. 目前, 全国已经有 100 多所高校设置了金融数学专业, 每年招收本科生和研究生数千人, 为我国金融业培养了一大批既具备良好数学和统计学基础又懂现代金融的复合型金融人才, 在我国金融业现代化、国际化的进程中发挥了越来越大的作用.

北京大学在培养金融数学人才方面也有着鲜明的特色. 数学科学学院的新生在入学后的前两年里不分专业, 所有学生的必修基础课程相同. 这样一来, 学生即使在第三年选择了金融数学专业, 在这之前也能建立扎实的数学基础, 因此在金融数学高年级或研究生阶段的专业学习中, 往往能取得事半功倍的效果. 北京大学的做法已经在众多高校中得到推广, 数学、统计学以及计算机科学的基础理论教学在金融数学专业的人才培养中不断得到加强.

然而, 作为近年来才发展起来的学科方向, 我国金融数学在教材建设方面还存在很大的进步空间. 金融数学在国外大多是研究生阶段才学习的专业, 因此国外出版的教材大多是研究生教材. 我国的金融数学教学大多采用国外教材的中译本, 这对我国现阶段培养金融数学人才发挥了重要作用, 但也存在一些弊端, 例如金融市场的交易规则以及主要的案例和数据等都来自国外, 并不完全适合我国金融业的实际; 部分课程的预备知识不完全与我国本科生的学习背景相匹配; 等等.

为尽快改善这一局面, 北京大学、山东大学、同济大学、华东师范大学、对外经济贸易大学等国内较早开展金融数学教学的高等院校, 已开始组织一线教师编写符合我国金融数学人才培养规律的高水平教科书. 今天与读者们见面的这套金融数学教学丛书, 既引入了国内金融业的许多生动案例和真实数据, 也蕴含着一线教师总结积累的丰富教学经验, 体现出他们对于金融数学知识体系的理解与设计, 可以说凝聚了他们多年的心血. 我相信, 这套丛书的出版, 必定会对规范国内金融数学专业教学工作、提升金融数学人才质量, 产生非常积极的作用.

最后, 可以预见的是, 随着国家综合实力的不断增强, 我国金融业必将迎来更为广阔的发展前景, 也会为金融数学专业提供新的发展机遇. 鉴于我国在经济环境、政策导向以及市场规模等方面的独特性, 必然会有越来越多具有中国特色的金融课题值得深入研究, 而这些研究工作也是金融数学后备人才进行专业学习的重要案例. 为此, 希望金融数学专业的教学与科研工作者们顺应时代呼唤, 积极探索创新, 更好地推进研教结合, 将有价值的最新研究成果和案例及时纳入教材, 逐步加以完善, 形成一套更符合国内金融数学专业需求的教学丛书, 为我国金融数学专业以及金融业的发展注入不竭动力.

张毅

2020 年 3 月

# 前　言

自 20 世纪 80 年代开始, 伴随着计算机技术的快速发展和计算机应用的普及, 数学、统计、物理和工程学等学科都在金融学中得到了应用, 这些应用领域一般被统称为金融数学和金融工程. 近年来, 应用数学、统计等工具在解决金融问题, 特别是在投资学和市场微观结构两个方向中, 有了愈发深入和广泛的应用. 量化投资逐渐兴起, 在学术界和业界都产生了不小的影响. 随着中国资产管理行业的快速发展, 特别是一些公募基金和私募基金逐渐开始尝试并加大使用量化方法进行二级市场的资产管理, 行业对量化投资方法的需求与日俱增.

量化投资这一新兴方向同时具备了金融学、应用数学、统计学等学科的特点, 越来越成为金融数学和金融工程的一个重要发展方向. 党的二十大擘画了全面建设社会主义现代化国家、全面推进中华民族伟大复兴的宏伟蓝图. 金融是现代经济的核心、实体经济的血脉, 关系发展和安全, 在推进中国式现代化进程中发挥着重要作用①. 而投资学是金融学的重要组成部分，投资是让金融服务实体经济的重要手段. 现代化的金融需要现代化的投资学. 量化投资是目前金融理论研究和实践中最前沿的方向之一.

投资学作为传统的金融学课程之一, 在各个学校都有开设, 但是量化投资这门课程不仅在国内, 在国外也鲜有开设. 其中主要原因是作为一门课程, 就需要有相对完整的理论体系, 但是量化投资作为一门新兴的投资方法课程, 属于数学、金融和计算机算法的综合性交叉领域. 这个方向的理论尚未形成一个公认的体系.

量化投资课程没有一个相对成形的理论体系主要是因为资本市场是强烈博弈形成的, 而且在有效市场的环境中, 不断取得绝对收益和相对收益都与有效市场理论相矛盾. 所以很难总结一套 “完美” 的体系使得投资可以实现无风险的盈利.

所以量化投资作为一个新兴领域, 更为重要的是不断总结实践中的有效方法, 充实每位希望从事量化投资事业的读者的 “工具库”. 从这个角度上说, 一个量化投资课程的体系可以是各种行之有效的、零散的方法的总结.

基于这个考虑，作者在北京大学和复旦大学量化投资课程的教学过程中, 不断结合学术界研究成果和业界的实践经验, 逐步总结出一套相对完善的量化投资教学体系, 编写了本书, 并将总结出的体系体现在本书各个章节的编撰中. 在本

---

① “贯彻落实党的二十大精神 推动首都金融高质量发展”, 人民网, www.bj.people.com.cn/n2/2023/0328/c14540-40353964.html.

书中, 作者将目前的量化投资分为三个组成部分. 一是量化择时, 主要以降噪为核心方法. 二是量化择股, 主要以寻找有预测力的因子为核心方法. 三是量化执行, 主要以最优化为核心方法. 这三部分方法的落地都需要应用统计和机器学习相关工具.

作者分别在复旦大学和北京大学开设量化投资课程, 本书内容来源于作者讲授量化投资的课程内容. 作者写作本书的目的如下：一是系统讲授量化投资相关理论, 完善金融专业硕士的课程体系; 二是让更多的读者, 特别是笔者所在学校的学生能够学习量化投资, 并且希望他们走上工作岗位以后可以迅速将这些知识转化成为量化投资的具体实践活动; 三是本书作为 "金融数学教学丛书" 中的一本, 力图填补国内教材在量化投资领域的相对空白.

最后，向读者介绍一下写作团队：孙健教授，在复旦大学经济学院和数学科学学院任教, 此前在摩根士丹利和其他金融机构任职, 在纽约从事衍生品定价和交易工作将近 20 年. 吴岚教授，在北京大学数学科学学院任教, 担任金融数学系主任, 有 20 多年从事金融数学的教学与科研的经历. 赵朝熠博士, 北京大学在读, 吴岚教授的学生, 主要研究方向包括高维统计、因子投资、可持续投资、市场微观结构等, 开展了大量量化投资研究和实践工作.

作 者

2023 年 7 月 15 日

# 目　　录

# 第 1 章　量化投资和交易综述

## 1.1　金融投资和量化投资

投资学 (investment science) 和市场微观结构 (market microstructure) 是金融学的重要研究方向. 量化投资 (quantitative investment) 则是与这两个方向都密切相关的新兴方向. 同时, 量化投资也可以被认为是金融科技的一个重要组成部分, 是目前金融理论研究和实践中最前沿的方向之一. 自 20 世纪 80 年代开始, 伴随着计算机技术的快速发展和计算机应用的普及, 数学、统计、物理和工程学等学科都在金融学中得到了应用, 这些应用领域一般被统称为金融数学和金融工程. 而近年来, 应用数学、统计等工具在解决金融问题, 特别是在投资学和市场微观结构两个方向中, 有了愈发深入和广泛的应用. 金融数学不但在模型与方法论上对金融产生了影响, 还让一些金融思想和规律认识的表达更多地使用数理语言, 使其具有逻辑严谨性和抽象性. 量化投资这一新兴方向则同时具备了金融学、应用数学、统计学等学科的特点, 越来越成为金融数学和金融工程的一个重要发展方向.

投资的一般定义是: “投入当前资金或其他资源以期望在未来获得收益的行为”. (Bodie et al., 2020) 由此可见, 无论是量化投资还是非量化投资, 其目标是一致的, 核心均为在某个时刻确定资产的配置, 以换取在未来的时刻的收益; 或者是长期保证基本收益的前提下, 尽量达到资产增值的目标. 本书讨论的量化投资主要是面向金融市场的金融资产投资. 金融市场可以分为一级市场与二级市场, 金融市场投资也可以分为一级市场投资和二级市场投资. 一级市场是证券发行方将其新发行的证券销售给最初购买者的金融市场, 而二级市场是证券发行后在不同交易者之间进行所有权流通转让的市场. 本书的内容是关于二级市场 (或称资本市场) 的投资问题.

金融资产投资的背景是资产收益的风险特征. 在一个充分竞争和有效的市场环境下, 资产的投资收益应该满足“高收益伴随高风险”的基本性质. 长期平均下来, 所有投资收益的底线即为低 (无) 风险的投资收益, 例如商业银行的存款和保本投资产品. 而对于股票、衍生品等资产, 其具有一定的投资损益的不确定性风险, 因此为了补偿承担这些风险的投资者, 投资这些资产通常也会有更高的预期收益.

在进行金融资产投资前, 投资者通常需要首先明确以下的基本信息.

(1) 可选的投资标的, 简称资产池, 详见 1.2 节;

(2) 投资的完整时间, 即度量投资策略的时间窗口 (例如日内、1 年、5 年等);

(3) 资产配置调整的频率, 即在 (2) 确定的投资期间在 (1) 设定的资产池内进行资产配置调整的时间频率 (例如, 3 秒、10 分钟、日、周、月、季等);

(4) 最初总的投资金额.

本书后面的第 3~5 章主要考虑投资的完整时间超过一天的情况, 第 6 和 7 章讨论日内投资. 在比较不同的投资策略时, 上述 (2) 的投资完整时间有时是至关重要的. 受经济发展和社会环境的影响, 资本市场存在周期性, 不同的投资区间的结果往往不具有可比性. 另外, 显然, 上述 (3) 的配置调整频率与 (2) 是关联在一起的. 对于上述 (4), 最初的投资总额有时对投资绩效的影响不大, 很多金融资产投资的研究都是将其取为 1 个货币单位. 但在高频或者算法交易中, 投资金额也会对投资绩效产生影响.

除了上述一般金融投资的基本信息外, 量化投资至少还要考虑以下要素: ① 投资策略 (资产配置) 的基本原理或者逻辑. 这可以是金融资产定价的基本原理, 也可以是数学和统计的逻辑. ② 量化投资的研发过程. 这是量化投资最根本和核心的内容, 即基于某个理论基础和当前的研究提出可能的量化投资策略的基本逻辑, 利用历史数据进行全面的实证分析, 得到可实操和程序化的投资策略. 这个环节很像是在学术机构进行科学研究的模式, 也与一般行业的产品研发过程有相似之处. ③ 量化投资的业务过程. 量化投资有一套从原始信息或者数据输入到发出市场交易下单指令的全自动化的动态流程, 很像现代工业的自动化流水线生产. 因此, 量化投资研究也要考虑策略上线实施层面可能遇到的问题, 很像是现代工业化生产的工艺研究. 上述的一系列要素是目前为止量化投资行业基本运行模式的关键要素, 是量化投资策略真正发挥作用的不可或缺的部分.

总之, 本书探讨的量化投资是投资学理论和实践中的一个分支, 量化投资是一种基于历史数据, 使用数学、统计等工具进行建模, 应用计算机的程序化处理生成资产配置信号并发出买卖指令, 以获取稳健收益为目的的现代投资方法. 相比于传统投资方法, 量化投资有其特殊之处和优势. 从本质上看, 量化投资可以使人们使用系统化的方法展开对于金融市场的观察、分析和思考, 将对市场的深入思考和认识转为关于资产配置的逻辑, 并且基于数理模型验证逻辑的适当性和可行性. 量化投资的整个思路类似于自然科学研究自然现象规律的基本方法论, 可以规避传统投资方法不可避免的人为情感因素, 在基于计算机的自动化流程下实现理性投资. 因此, 量化投资与传统投资最大的不同之处在于, 量化投资强调数学统计建模、强调模型在一定程度上和范围内的优良性和可行性, 同时强调运用计算机程序化执行投资过程的全流程能力.

当然, 金融并不是自然科学, 所以即便在金融市场上使用了自然科学的方法, 也无法保证其结果具有自然科学发现的内在不变的规律性和可重复性. 资本市场是一个与经济社会发展密切相关的交易市场, 同时也具有自身特殊的不确定性和动态性. 与自然科学几百年的发展相比, 金融资产定价和金融投资策略的研究还处于建设初期, 需要时间和实践的考验与沉淀. 因此, 我们不认为, 在未来的相当长时间内, 量化投资可以完全取代传统的投资方法. 我们认为, 未来各种投资方法仍将并存, 且将协同发展和相互融合, 共同服务于金融投资领域.

## 1.2 量化投资的主要资产标的

市场上可投资的资产种类很多. 广义来讲, 可投资的资产既包括实物资产 (土地、建筑等), 也包括金融资产 (股票、债券、衍生品等). 投资过程包括公司在初创期时的天使投资, 到上市前的 PE 投资, 还包括上市以后在二级市场上进行交易的投资. 但在量化投资领域, 我们更关注二级市场中交易的金融资产. 与实物资产相比, 在二级市场交易 (尤其是交易所内交易) 的金融资产通常有更好的流动性和规范性. 流动性使得金融资产投资可以直接按照市场价格进行损益计算, 而且可以快速按照观测价格进行资产的买卖. 另一方面, 投资者可以按照交易所指定的规则, 在规定时间内向交易所发送买卖指令, 交易金融资产. 流动性好的资产交易市场会不断积累大量的历史数据, 帮助投资者应用统计学等数据分析和建模方法基于计算机进行策略分析; 而规范的交易机制让投资者能够充分运用计算机的潜力, 寻找较优的执行策略.

下面, 我们简单叙述一下量化投资的主要投资标的.

股票, 作为最重要的权益类型产品, 是传统投资学最关注的一类资产. 我国 A 股市场目前活跃交易的股票至少有 2000 只. 股票除了有市场交易产生的价格和交易量信息外, 还有充分的上市公司披露信息和其他相关信息, 是一种信息丰富、资产数量众多的量化投资标的. 现代资产组合理论、资本资产定价模型、多因子模型等就以股票资产为背景. 考虑到我国 A 股市场的交易制度中有 T+1 和涨跌停板的限制, 以股票为标的的量化策略主要为低频策略, 除了那些有大量股票底仓的部分机构投资者可以进行日内高频交易以外, 投资者通常只能对股票进行低频投资配置. 本书第 4 章和第 5 章重点讨论针对股票资产的投资策略.

债券等固定收益资产也是传统投资学十分关注的一类资产. 发达市场中, 债权市场的名义额远远大于上市股权市场的市值. 我国的债券市场分为银行间和交易所两个市场, 前者的市场参与者以商业银行为主, 而且商业银行也是国债等不具有信用风险的债券的主要持有者. 鉴于我国债券市场的上述情况, 可用于对交易所市场的债券采用量化投资策略的资金量很少. 但企业债的估值和风险分析是金融数学重要的组成部分, 也是数学和统计方法应用于金融的重要方向. 本书将不探讨债券资产的量化投资策略.

衍生产品, 是由股票、债券、指数、大宗商品价格和汇率利率等决定的金融合约. 衍生产品主要包括期货和期权两大类. 期货是在交易所内交易的标准化的约定未来交易价格的合约. 目前, 我国的期货品种主要分为大宗商品期货和金融期货. 虽然期货的收益是标的价格的线性函数, 但期货交易具有天然的杠杆性, 而且期货合约也是有到期期限的. 期权是在到期时可以对标的资产进行买卖的选择权. 期权的定价和对冲是金融数学的重要研究领域, 从量化投资策略的角度看, 我们可以认为期权的对冲就是一种量化策略, 当然也可以考虑对场内交易的标准期权建立量化的套利交易策略, 例如波动率套利、期限套利等. 鉴于当前我国期权市场品种较少, 本书将不会讨论期权的量化投资和高频交易策略.

本书关注的主要方向是我国的股票市场和期货市场中交易的资产品种. 然而, 读者完全可以尝试将本书介绍的与股票和期货相关的投资策略应用于其他产品之上.

## 1.3 金融资产定价理论与量化投资

量化投资是金融投资的一个重要组成部分. 虽然量化投资具有模型化、计算机化的基本特征, 但任何真正实施的金融资产投资策略都需要具有一定的经济学解释或金融学逻辑基础, 因此我们自然应当从金融资产定价 (asset pricing) 理论应用的视角来讨论量化投资. 近年来, 除了经典金融资产定价理论以外, 在数学、统计和计算机技术的支持下, 实证金融 (empirical finance) 这一新兴领域不但使金融研究方法发生了改变, 也对金融学的理论发展起到很大的推进作用, 后一点可以从近些年诺贝尔经济学奖的获奖研究中得到验证. 量化投资与金融实证研究密切相关, 有时可能没有明显的边界. 例如, "资本资产定价模型是否成立的实证研究" 与 "量化投资的 beta 策略和 alpha 策略", 或是 "套利定价理论" 与 "因子投资策略", 可能都只是硬币的两个面而已. 如何更好地建立起二者之间的联系, 将金融理论更好地应用于量化投资策略之中, 是一个需要不断深入思考和实践积累的问题.

### 1.3.1 金融资产定价理论简介

1990 年的诺贝尔经济学奖被授予哈里 • 马科维茨 (Harry M. Markowitz)、默顿 • 米勒 (Merton H. Miller) 和威廉 • 夏普 (William F. Sharpe), 为了表彰他们在 "金融经济学理论方面" 的先驱性工作.① 就像微观经济学主要研究微观经济市

① 本节主要内容参考自诺贝尔经济学奖的获奖说明.

场的价格形成机制一样, 金融经济学是研究金融资产定价机制的金融学方向, 三位学者的获奖也是对 20 世纪 90 年代之前的金融资产定价研究的总结.

20 世纪 50 年代, 哈里 • 马科维茨做出了在金融经济学领域第一个开创性的贡献, 他提出了在不确定性环境下个人和企业进行金融资产配置的基础理论, 即所谓的投资组合选择理论. 该理论主要研究投资者如何在面对具有不同的预期收益和风险的资产时将财富最优地配置于这些资产, 分析了降低风险的配置方法.

无论是在学术研究还是投资实务中, 人们很早就意识到资产的收益与风险是无法回避的: "不应该把所有的鸡蛋放在同一个篮子里". 同时, 由于资产收益的不确定性不是相互独立的, 因此概率论的 "大数定律" 并不完全适用于投资组合的风险分散, 可投资资产数量的增加可能无法消除整体的风险. 马科维茨在这些思想的基础之上, 建立了投资组合选择理论, 且这套理论已经成为所有的投资经理都要掌握的基本理论.

马科维茨的主要贡献是为不确定性下的投资组合选择建立了有数学模型和解析表达结果的可操作的理论, 这一理论奠定了金融经济学的理论基础, 让金融微观分析成为经济学分析中一个重要的研究领域. 另外, 该理论将针对大量具有不同属性的资产的复杂多维的投资组合选择问题, 简化为一个数学化的简单问题: "均值-方差分析". 直至今日, 该模型因其数学处理的简单且实操应用的适用性而赢得了广泛的赞誉.

对金融经济学理论的第二个重大贡献发生在 20 世纪 60 年代, 以威廉 • 夏普为代表性的研究工作以马科维茨的投资组合理论为起点, 进一步发展了金融资产价格的理论模型, 即所谓的资本资产定价模型 (capital asset pricing model, CAPM). 该模型将马科维茨的金融资产价格形成机制的微观分析逐步转变为市场性分析.

从投资者角度看, CAPM 意味着投资者的最佳投资应在市场组合和无风险资产 (例如国债) 两者之间进行配置. 如果投资者没有任何关于某个资产的特殊信息, 则没有理由持有非市场组合外的其他资产. CAPM 为指数 ETF (交易所交易基金) 的发展提供了理论依据. 同时, 由于 CAPM 理论的结果是一种线性表达, 因此其也为投资经理的绩效分解奠定了理论基础.

从资产的角度看, CAPM 意味着预期资产收益率具有某种一致性 (Grinold et al., 2000). 这种一致性一方面表现为所有资产的预期收益率都由 "beta 系数" 确定; 另一方面, 资产的实际收益率扣除一致预期外的部分与市场组合不相关, 每个资产收益的部分风险可以转移到全市场中, 且被转移的风险可以通过一致的方法进行评估和交易. 同时, 股票的 beta 系数代表其对市场组合风险的边际贡献. beta 系数大于 1 的股票对投资组合风险的影响高于平均水平, 而 beta 系数小于 1 的股票对市场投资组合风险的影响低于平均水平.

CAPM 被认为是现代金融市场价格理论的支柱, 同时也被广泛应用于丰富的金融市场数据的实证分析, 使得金融市场数据的应用更加常规化和系统化. CAPM 也是量化投资最重要的理论基础, 是量化投资实践中的基准模型. CAPM 和 beta 系数还在其他实践领域得到应用, 例如非上市股权投资和收购中估值和决策时的资本成本分析、公用事业投资定价的资本成本估算、与投资人权益投资标的损失责任法院裁决有关的司法调查等. 此外, CAPM 也被应用于投资者绩效的比较分析.

### 1.3.2 实证金融的研究工作

2013 年的诺贝尔经济学奖被授予尤金 • 法玛 (Eugene F. Fama)、拉尔斯 • 彼得 • 汉森 (Lars Peter Hansen) 和罗伯特 • 希勒 (Robert J. Shiller), 以奖励他们对资产价格实证分析研究做出的贡献. ① 三个获奖者的研究问题类似, 但却得到了看起来既令人惊讶又相互矛盾的发现: 未来几天或几周的股票和债券价格的走势是没有可预测性的, 但这些价格在较长时期内的大致走势 (如未来三到五年) 则是可预测的.

从 20 世纪 60 年代开始, 法玛和几位合作者证明了股票价格在短期内是极难预测的, 因为有效市场中新信息很快就会融入到价格中. 这些发现不仅对后续研究产生了深远影响, 而且还改变了市场实践, 所谓的指数基金在全球股市的出现就是一个突出的例子. 如果几天或几周内的价格几乎是无法预测的, 那么要想预测在几年内的价格难道不是更难吗? 答案是否定的. 正如罗伯特 • 希勒在 20 世纪 80 年代初的发现, 股票价格的波动比公司股息的波动要大得多, 价格与股息的比率较高时股价会下降、反之则会上升.

关于上述现象, 学术界主要有两种方法来对其进行解释. 一种方法是从理性投资者对价格不确定性的反应的角度来解释这些发现, 较高的未来收益被视为是持有风险资产的补偿. 1982 年, 汉森提出了一种统计估计和推断方法, 即广义矩方法 (generalized method of moments, GMM). 该方法不依赖资产收益率分布的假设, 因此特别适合处理资产价格数据的非正态等特殊性质, 其很自然地被应用于金融市场数据, 来检验资产定价理论的正确性. 另一种方法是所谓的行为金融学解释. 实际投资中, 投资者会受到各种各样的限制, 例如借款限制将妨碍聪明的投资者对市场上的错误定价进行纠偏投资. 因此, 投资者的风险态度并非一成不变, 而是可能出现行为偏差.

从现实的金融市场看, 资产价格的可预测性与市场运作情况密切相关. 如果市场运作良好, 价格的可预测性应该很低, 价格将遵循 “随机游走” (random walk). 而即使在运作良好的市场中, 价格也可能遵循某种程度上可预测的模式, 其中一个

① 本节主要内容参考自诺贝尔经济学奖的获奖说明.

关键因素是风险 (不确定性). 风险资产对投资者的吸引力较低, 因此平均而言, 风险资产需要提供更高的收益. 风险资产的收益率越高, 意味着其价格的上涨速度将快于安全资产. 市场失灵就是没有合理的风险补偿, 可预测性问题和风险补偿问题是交织在一起的.

可预测性有许多研究方法. 一种方法是检验过去一段时间的资产价格是否可以用来预测明天的价格, 答案是否定的, 法玛于 20 世纪 60 年代进行了大量细致的统计工作之后, 基本上认为过去的价格在预测近期收益方面用处不大. 另一种方法是研究价格对信息的反应. Fama 等 (1969) 调查了股票拆分消息发布后的股价走势, 令他们惊讶的是, 市场似乎很快就整合了新消息. 他们的研究很快得到大量的推广, 学者们检验了不同类型 "事件" 的影响, 并得出结论, 市场在对新闻事件做出反应后, 股价的变化仍然极难预测.

希勒的实证研究对股价波动性和长期可预测性提供了关键认识. Shiller (1981) 证明了股票价格的波动远远超过了股息可以解释的部分, 且如果当年的价格与股息的比率较高, 则随后几年的价格与股息的比率往往会下降, 反之亦然. 这意味着从长远来看, 资产的收益遵循可预测的模式. 希勒和他的合作者在股票市场和债券市场上的实证都证明了这种可预测性, 其他研究人员后来在许多其他市场也证实了这一发现.

如何解释资产收益的长期可预测性? 一种方法是认为投资者理性地按照现金流贴现的基本原理来计算资产的价值. 希勒最初的研究假设贴现率是恒定的常数, 导致该理论很难解释过度的价格波动. 而如果假设贴现率可以随时间变化, 那么即使是相当稳定的股息流也可能导致股价发生很大变化. 然而, 为什么贴现率会随着时间的推移而变化? 而且为什么贴现率的变化如此之大, 以至于可以解释如此大的价格波动? 要回答这些问题, 就需要最基本和最著名的 "基于消费的资本资产定价模型" (consumption-based capital asset pricing model, CCAPM). 然而, 汉森使用 GMM 检验历史股价数据是否满足 CCAPM, 发现从统计检验的角度, CCAPM 并不成立, 这说明, 即使 CCAPM 的贴现率可以随时间变化, 该模型的基本形式也是不成立的. 这个结论也得到了许多其他研究人员的证实, 激发了新理论和新实证工作的浪潮. 这种新理论和基于 GMM 的实证检验的结合, 不仅对资产定价研究产生了巨大的影响, 而且让学者对人类的投资行为产生了许多新的见解.

另一种解释长期可预测性的方法是放弃纯粹理性投资者的概念, 开辟一个叫作 "行为金融学" 的新领域. 该理论认为 "错误预期" 是常态: 较高的资产价格可能反映出对未来现金流的高估, 也就是说, 过度乐观或其他心理机制可能有助于解释资产价格偏离基本价值的原因. 但行为金融方法面临的一个主要挑战是, 如何解释为什么更理性的投资者不通过押注理性较低的投资者来消除过度的价格波动. 常见的解释是, 理性投资者可能会面临各种制度限制, 例如融资约束等限制会妨碍他们以足够的规模在市场上修正错误的定价. 因此, 近期的行为金融研究侧重于对制度约束和利益冲突的研究, 而近期的理性投资研究方法侧重于研究风险度量和投资者的风险偏好.

资产的收益率数据有两个维度: 截面 (给定时间的多个资产)、时间 (给定资产的收益率时间序列). 大多数资产定价实证研究探讨的问题是, 随着时间的推移, 整体资产收益率如何随时间变化? 另一个重要的问题是, 在给定的时刻, 不同资产的哪些差异意味着未来收益率的差异? 换言之, 投资者选股是否有意义? 如果有意义, 那么投资者应该应用哪些因素来选股? CAPM 为评估股票在同期的收益差异提供了一个分析框架. 对于风险较高的股票, 当市场收益较高时, 其平均收益也应较高, 以补偿投资者承担的风险; 当市场收益较低时, 其平均收益应相对较低, 但此时可以将其用作对冲工具.

但是, Fama 和 French (1993) 发现, 除了 CAPM 中使用的市场收益率以外, 还存在其他因素可以预测不同资产收益率之间的差异. 他们发现, 股票的 "规模" (公司总市值) 和 "账面市值比" (账面价值占市值的比例) 对未来收益有很大的解释力: 大公司或账面市值比较低的公司的后续平均收益率较低. 这一发现与希勒关于长期可预测性的发现较为类似: 希勒发现, 股票价格相对于股息的总体估值较低意味着该股票未来具有高收益; 而 Fama 和 French (1993) 发现, 与账面市值比较低的股票相比, 价值型股票 (账面市值比较高的股票) 往往会产生较高的未来收益.

关于可预测性的研究结果令人震惊, 并继续产生了大量后续研究, 其特点是实证工作与理论发展之间有着显著的相互作用. 驱动这方面的学术研究的基本问题有: 资产价格的波动在多大程度上是市场运行本身造成的 (而不是资产出了问题)? 可以采取哪些措施来限制金融市场本身产生的不利结果? 深入了解和理解资产的定价错误是如何产生的, 以及金融市场何时和为什么不能对信息作出有效反应, 是金融资产定价实证研究未来最重要的任务之一.

### 1.3.3 实证金融与量化投资策略

资产和资本市场的最终表现是投资人最关心的内容, 而其表现恰恰也是所有市场参与者的投资和交易行为所致. 如果市场中绝大多数的投资者没有进行深入细致的研究和分析并形成有一定科学基础的有效策略, 那么市场就会显得无效, 而无效的市场也会反作用于这些投资者. 正是因为市场中存在着各种各样的投资者, 特别是那些有更好的投资策略和分析能力的投资者的活动, 市场才变得愈发有效. 这也从侧面说明, 提高所有投资者对金融市场的认识和研究能力与金融市场的有效性是相辅相成的. 而量化投资的发展正是符合这个原则, 一个市场存在一定比例的量化投资也是使得市场变得更加有效的驱动力和路径.

量化投资与实证金融资产定价研究存在天然的联系. 量化投资的关键在于用历史数据生成投资信号, 进而进行投资决策; 而实证金融资产定价的关键是寻找能够解释截面资产价格差异的因素, 这些因素应当具有经济学含义并且统计显著. 最能体现这种联系的是基于因子 (factor) 的量化投资模型与实证资产定价理论, 这些将在本书第 4 章与第 5 章展开介绍. 广义而言, 在量化投资领域, 因子即为可用于指导投资的信号; 而在实证资产定价领域, 因子是能解释截面资产价格的变量.

量化投资的发展有助于实证资产定价研究的进步. 例如, Basu (1977) 通过比较由低账面市值比股票组成的投资组合与由高账面市值比股票组成的投资组合的收益率表现, 发现高账面市值比股票往往能获得相对更高的收益率, 这就是所谓的便宜股效应. 随后, Banz (1981) 将股票按照大市值、中市值和小市值划分为三类, 发现由小市值股票组成的投资组合往往能获得高于由大市值股票组成的投资组合的收益率. 这两份研究分别使用 "账面市值比" 与 "市值" 两种因子来构造量化选股投资策略, 并以此论证股票收益率与这两种因子之间具有关联. 而 Fama 和 French (1993) 则同时吸收了两份研究的思想, 他们在 CAPM 的市场因子基础之上, 添加了账面市值比因子与市值因子, 进而提出资产定价的 Fama-French 三因子模型. Fama-French 三因子模型这种基于实证结果来建模的思想也成为后来一系列因子模型的基础, 例如 Carhart (1997)、Fama 和 French (2015)、Hou 等 (2015)、Stambaugh 和 Yuan (2017)、Daniel 等 (2020) 等.

反过来, 资产定价的理论研究也不断促进着量化投资的发展. 以 CAPM 为例, 如前所述, 在 CAPM 理论下, 所有资产的预期收益率由各个资产的 beta 系数确定. 而 Frazzini 和 Pedersen (2014) 研究发现, beta 系数较低的股票具有更高的超额收益. 于是, beta 系数自然成为一种量化投资者关注的因子, 本书 4.5 节将以此为因子构建量化择股策略. 类似地, 由 Fama 和 French (1993) 提出的市值因子、账面市值比因子也自然成为量化投资者耳熟能详的因子. 量化投资者使用这些因子的好处在于, 它们不但有文献作为理论支撑, 而且具有鲜明的经济学意义, 使得其构造的量化投资策略具有可解释性, 且便于绩效归因.

虽然量化投资与实证金融资产定价理论具有上述重要联系, 但我们仍需指出, 二者具有完全不同的目标. 量化投资的最终目标是构建量化投资策略并获取稳健收益, 而实证金融资产定价的目标是回答是否存在本质的和长期稳定的资产定价机制、金融资产收益是否可预测等理论问题. 虽然二者都基于实际市场数据, 且二者往往都需要数学或统计模型, 但最终目标并不一致. 因此, 量化投资者不应该也无法将实证金融资产定价理论直接照搬于量化投资实践, 而是应当从中汲取思想, 将理论原理融入投资实务之中.

## 1.4 应用数学、统计和机器学习与量化投资

长期以来, 经济与金融领域的研究与实践往往依赖于数学工具, 而量化投资的建模基因使得数学和统计方法在其中的应用更是与生俱来且无处不在. 近年来, 计算机技术的快速发展也愈发催化了这些应用的深入和实践.

### 1.4.1 建模在量化投资中的作用

人们常将传统的投资方法分为两大类——技术分析与基本面分析. 技术分析试图从资产的历史交易数据中提取信号, 构造投资策略. 技术分析方法多种多样, 有的投资者认为资产价格将延续之前的趋势, 而有的认为资产价格会出现反转, 还有的认为价格可能呈波浪式向前演进. 基本面分析则侧重于从宏观经济、行业动向、产业链条、公司自身经营情况等因素进行分析. 如果分析结果表明, 公司经营状况比市场预期要好, 投资者便会期待股价上涨, 从而买入; 反之则认为股价将要下跌, 从而卖出. 而量化投资者通常会综合考量两种分析方法, 不论是技术分析指标还是基本面指标, 量化投资者均可以将其视作可用于预测资产未来收益率的变量. 如何将这些变量与未来收益率联系起来, 则需要建模的手段.

马科维茨的投资组合理论可视作最早的有解析表达的量化投资模型. 然而, 如果直接用马科维茨的投资组合理论指导投资, 不但需要对资产的预期收益率和协方差矩阵进行估计, 还需要有强大的计算能力. 资产池中资产的数量越多, 需要估计的协方差矩阵就越大, 大量的参数估计会带来更大的估计误差.

CAPM 这一模型的出现为估计资产预期收益率与协方差矩阵提供了一种简化方法. 若用统计学的视角来审视 CAPM 模型, 该理论对应的统计学模型是具有多元响应变量 (截面资产的未来收益率) 与一元解释变量 (市场组合收益率) 的条件期望线性模型. 若市场组合是明确的可观测的, 则所有资产下一个时间段的收益率可以表示为市场组合的同期收益率与期望为零且与市场组合收益率线性无关的两部分的加权之和. 于是, 市场组合自然成为一种与资产收益率相关的变量, 可用于估计资产的预期收益率与协方差矩阵.

从统计建模的角度看, 人们自然要考虑是否可以在 CAPM 的市场组合收益率之外, 添加其他的解释变量 (或者称因子). 为回答这一问题, Ross (1976) 在前人的研究基础上提出了套利定价理论 (arbitrage pricing theory, APT). 他首先假设市场中所有资产的未来收益率可以表示为多个共同因子和某个与所有因子不相关的资产自身的噪声随机变量的线性组合, 进而在市场无套利的假设下证明, 存在一组对所有资产一致的系数, 使得每个资产收益率的数学期望可以用假设的线性模型的系数进行线性表示. Ross 的 APT 模型是一种纯粹的理论上的数学推导.

模型本身不回答具体有哪些因子, 也没有指明因子的个数. 这为量化投资者建立多因子模型提供了灵活性.

APT 模型一方面带来了后续大量的金融实证研究, 包括: ① 因子的构造, 特别是因为资产截面维度很高, 可以直接应用多元统计的因子分析 (factor analysis) 或主成分分析 (principal component analysis, PCA) 方法构造资产组合, 将组合收益率作为因子; ② 因子的检验, 检验每个因子是否有效, 这方面的学术文献在近些年更是大量涌现. 但另一方面, APT 导致的因子大量涌现也引起了金融与统计学家的担忧和质疑. Cochrane (2011) 提出了所谓的 "因子动物园" (factor zoo) 的概念, 以描述这种大量因子被发掘的现象; Harvey 等 (2015) 分析了 1967 年至 2014 年发表的所有因子后指出, 在检验一个新因子是否为真正的因子时, 应当提高 $t$ 统计量的检验阈值; Harvey (2017) 认为这些实证研究将传统统计的 $p$ 值奉为准则, 会带来严重的数据挖掘和 "$p$ 值操纵" ($p$-hacking) 问题; Feng 等 (2020) 与 Harvey 和 Liu (2019) 的研究表明, 在目前发表的海量因子中, 只有一小部分对资产收益率有解释力.

但无论金融计量的实证研究结论如何, 这些研究还是造就了多因子模型在量化投资领域的显赫地位. 时至今日, 多因子模型仍是股票量化投资领域中最重要的投资模型.

CTA (commodity trading advisor, 商品交易顾问) 策略是期货产品量化策略的统称, 是量化投资中与股票因子策略并驾齐驱的两个主要策略之一. 由于不同标的资产 (产业) 的期货风格迥异, 投资者似乎很难像股票那样, 找出一个或一些公共的因子来解释整个期货市场的价格变化. 因此, 对期货的量化投资往往集中于单个期货品种. 从而, 期货的量化投资更多关注何时买入、何时卖出, 也就是所谓的 "择时" (market timing) 策略. 传统的择时方法主要基于单个证券品种的历史价格数据的 K 线图、均线等技术指标等进行择时, 因此均线与技术分析成为期货择时的常用方法.

从统计学的视角来看, 期货价格和交易量为一个时间序列, 最直接的建模就是应用统计时间序列理论对期货价格或者收益率进行建模, 然后根据模型得到的参数或者随机模拟方法进行择时. 而从信号处理的角度来看, 这些方法都是在试图从历史数据中提取信号、降低噪声, 因此, 信号处理中常用的滤波方法也越来越多地被应用于量化投资领域. 如今, 除了历史价量数据以外, 投资者也在不断尝试将一些宏观指标、市场情绪、网络新闻等新的数据加入择时信号的建模之中.

### 1.4.2 量化投资中的主要数学和统计方法

量化投资的最显著特征之一是基于历史数据进行建模, 提取策略需要的信号. 因此, 量化投资中应用最广泛的是统计建模方法, 特别是时间序列方法. 同时, 从信息论的角度看, 量化投资也是一个信息提取的过程, 金融市场数据通常表现出很强的噪声干扰, 也即具有很低的信噪比, 这就意味着函数论中讨论的信号分解方法也会有所应用. 最后, 在资产配置和统计建模中都会遇到求解最优化问题, 很多主要的最优化方法和算法在量化投资中也有较广泛的应用. 本书在第 3 章将专门介绍各种滤波方法, 这里不再赘述. 数学的最优化方法有很多的教科书和软件可供参考. 下面简单总结量化投资中主要的统计模型和方法.

在量化投资策略研究中, 最常用的统计方法是参数估计方法, 例如: ① 因子策略中的 beta 系数估计方法. 因子模型并非简单的多元线性模型, 其具有响应变量高维 (即截面股票数很大) 的特征, 因此要考虑响应变量高维情况下的线性模型参数估计的优良性问题. ② 正则化估计. 在对线性模型进行变量选择时, 可以考虑在目标 (损失) 函数中加入正则化的惩罚项, 例如岭回归 (ridge regression) 和 Lasso 回归等, 这些估计方法在指数跟踪 (index tracking) 等被动量化策略和因子策略等主动策略的研发中都有应用. ③ 贝叶斯估计. 由于金融数据沿时间通常并非平稳, 因此量化投资策略往往需要滚动数据的时间窗口不断建模, 这就需要考虑参数估计的稳定性. 贝叶斯估计在一定程度上可以平滑新旧估计量, 使得估计的参数具有一定的时间稳定性.

由于金融市场数据具有与生俱来的时间序列性质, 因此时间序列的建模与预测方法也常被应用于量化投资策略建模中, 例如: ① 标准的时间序列模型, 如自回归移动平均模型 (autoregressive moving average model, ARMA 模型)、自回归条件异方差模型 (autoregressive conditional heteroskedasticity model, ARCH 模型)、广义自回归条件异方差模型 (generalized autoregressive conditional heteroskedasticity model, GARCH 模型) 等, 这些模型是价量时间序列数据建模中最常见的模型; ② 向量自回归模型 (vector autoregression model, VAR 模型) 和马尔可夫体制转换模型 (Markov regime switching 模型) 等. 前者刻画多个资产的联合时间序列变化规律, 在配对交易策略和统计套利策略的研发中有所应用; 后者在资产收益率时间序列模型中嵌入驱动模型分布变化的隐马尔可夫模型 (hidden Markov model, HMM), 该模型在跨市场资产的轮动分析和大类资产配置研究中有所应用.

近年来, 量化投资领域开始大量应用统计学习方法. 与过于复杂的机器学习方法稍有不同, 统计学习是从统计学的变量选择和模型选择领域扩展而来的一类方法, 有兴趣的读者可参阅 Hastie 等 (2001). 在量化投资领域, 目前较为常见的统计学习方法有以下几种. ① 分类 (classification) 预测方法. 从资产配置的资产选择看, 有时并不需要精确预测资产价格的具体取值, 而只需预测价格未来的变化方向 (一定意义下的涨、跌), 这类问题对应于统计预测的分类问题, 或者称判别分析 (discriminant analysis). 常用的方法有: 逻辑斯谛回归 (logistic regression)、

线性判别分析 (linear discriminant analysis, LDA)、支持向量机 (support vector machine, SVM)、决策树 (decision tree) 等. ② 模型选择方法. 这类方法包括模型评估和验证、模型推断等内容, 前者涉及的方法包括赤池信息量准则 (Akaike information criterion, AIC)、贝叶斯信息量准则 (Bayesian information criterion, BIC)、交叉验证 (cross-validation) 方法, 以及随机模拟中的自助法 (bootstrap); 后者本质上是要推断"模型"的置信区间, 常用的方法是自助法和马尔可夫链蒙特卡洛 (Markov chain Monte Carlo, MCMC) 方法等. ③ 模型整合方法. 这种方法是考虑将一些子模型 (sub-model) 进行合并的方法, 最简单的方法即为模型平均 (model average), 将子模型进行加权求和, 通过最小二乘求解权重, 进而是一般的模型集成 (model ensemble) 方法, 例如提升方法 (boosting)、神经网络 (neural network)、随机森林 (random forest) 等.

机器学习是量化投资领域一个新兴的方法和工具. 统计学理论蒸蒸日上、计算机科学蓬勃发展, 机器学习等非线性模型为人们打开了新世界的大门. 机器学习在生物医疗、图像处理等领域的应用大放异彩, 因此人们自然可以尝试将机器学习方法应用于基于海量数据和实践积累的量化投资领域. 在市场化的金融资产投资领域, 竞争的核心是研发能力, 特别是量化投资领域的基因就是不断学习新的方法和应用新技术, 机器学习等新方法的应用一定会与时俱进和不断深入.

由此看来, 如今各种各样的量化投资方法如雨后春笋般涌现, 与金融数学和统计理论的发展、计算机科学的进步、业界愈发激烈的竞争三者密不可分. 三者相辅相成, 共同让量化投资这一新兴领域占据愈发重要的地位. 随着这三者的进一步发展, 未来势必会有更多的量化投资理论与方法出现.

然而, 现有的数学或统计方法虽然纷繁多样, 甚至随便使用一个现有的方法都可以做个量化投资策略, 但这样找出的策略未必站得住脚, 很可能它只是碰巧在某段时间内具有高收益而已. 在未来的某一天, 很可能这个东拼西凑得到的量化投资策略就会给投资者带来巨大亏损. 在机器学习的其他应用领域, 这种现象并不少见, 这就是典型的过拟合 (overfitting). 所以我们在使用量化技术来探寻投资策略和交易策略的同时, 也要尽量避免过分拟合历史数据的问题. 在使用历史数据的过程中, 要想做到避免欠拟合的同时避免过拟合, 需要大家既能掌握量化技术, 也能对金融本质有更深入理解. 对于任何的量化策略, 都要有非常明晰的对风险和收益之源的分析. 由于市场风云变幻, 策略的表现不一定总是如当初的研发所愿, 但专业的量化投资人应对其中的差异有科学的解释, 做到心中有数.

### 1.4.3 机器学习方法在资产价格预测中的应用研究

随着大量机器学习方法被应用于量化投资, 学术界也开始尝试将机器学习方法应用于资产价格预测的研究之中. 与 1.3 节介绍的 CAPM、Fama-French 三因子模型等金融资产定价理论相比，基于机器学习方法进行资产价格预测研究的优势在于，其模型具有非线性的特征，能刻画更为复杂的资产定价模式. 而机器学习的缺点也很明显，其可解释性较弱，难以描述其经济学含义. 然而，即便如此，机器学习方法近年来在量化投资领域取得的成功是不可否定的，因此如何将机器学习应用于资产价格预测成为近年来十分热门的课题. 例如，Gu 等 (2020)、Gu 等 (2021) 均尝试将机器学习方法应用于资产定价；Shu 等 (2020) 将机器学习应用于指数跟踪；Wang 和 Zhou (2020)、Barroso 和 Saxena (2022) 将机器学习应用于投资组合构造之中. 深度学习是机器学习近年来的重点研究方向，其模仿人类认知的过程，使用深度神经网络 (deep neural network) 对数据建模，有兴趣的读者可以阅读 Goodfellow 等 (2016) 了解深度学习相关知识. Sirignano 和 Cont (2019) 尝试将深度学习应用于资产价格预测；Cong 等 (2021) 将强化学习 (reinforcement learning) 应用于投资组合构建；Jiang 等 (2020) 尝试基于股票 K 线图，利用卷积神经网络对资产价格进行预测. 这些将机器学习、深度学习等方法应用于资产价格预测的研究通常发现，使用这类新兴方法，往往能带来超出经典金融模型的收益.

受篇幅所限，本书无法对这些文献一一展开. 因此，本小节我们仅对其中两篇文献分别进行简单介绍，Gu 等 (2020) 以及 Sirignano 和 Cont (2019). 前者将各类机器学习方法应用于股票月收益率预测，而后者将深度学习应用于股票高频价格变动方向的预测.

#### 1. Gu 等 (2020) 机器学习对股票月收益率的预测

Gu 等 (2020) 的研究目的是，对比各类机器学习方法与传统线性方法在股票风险溢价 (即股票收益率与无风险利率之差) 预测中的表现. 作者认为，一方面，风险溢价的预测可能是金融中最为广泛研究的问题；而另一方面，由于现有学术研究提出了越来越多的可用于预测风险溢价的变量 (因子)，而且这些变量之间通常具有高相关性，传统线性模型较难处理，因此将机器学习应用于风险溢价预测之中值得尝试.

作者使用 1957 年 3 月至 2016 年 12 月 (共 60 年) 之间在纽约证券交易所、美国证券交易所、纳斯达克证券交易所 (NASDAQ) 交易的 30000 只左右的股票的月频个股数据进行研究，平均每月可交易股票数为 6200 只左右. 其希望预测的变量 (因变量) 为各个股票未来一个月的风险溢价，即月收益率与无风险利率 (短期国库券利率) 之差. 使用的预测因子 (自变量) 来自于 94 种股票因子 (包含动量因子、流动性因子、波动性因子等)、8 个宏观因子、74 个行业哑变量 (dummy variable). 作者将股票因子与宏观因子两两组合，得到 $94 \times 8 = 752$ 个交互项因子，并在建模时将所有股票因子、交互项因子以及行业哑变量作为自变量，共 $94 + 752 + 74 = 920$ 个因子.

由于有成千上万的股票需要研究, 因此在建模时, 作者假设股票 $i$ 在 $t+1$ 个月的风险溢价 $r_{i,t+1}$ 满足如下统一公式:

$$r_{i,t+1} = g^*(z_{i,t}) + \varepsilon_{i,t+1}, \quad i = 1, 2, \cdots, N_t; \quad t = 1, 2, \cdots, T,$$

其中, $T$ 为全部月数, $N_t$ 表示第 $t$ 个月可交易的股票数, $z_{i,t}$ 表示股票 $i$ 在 $t$ 个月的所有因子取值组成的向量, $\varepsilon_{i,t+1}$ 为误差项, $g^*$ 是希望通过建模得到的函数关系. 注意, 对于任意时间 $t$ 与股票 $i$, 这里的模型 $g^*$ 都是相同的, 也就是假设因子与风险溢价之间在各个股票、各个时刻都具有相同的关系. 于是, 作者可以将各个股票、各个时刻的数据视作一系列样本, 用于模型训练与预测.

作者使用的模型训练方法包括普通线性回归、偏最小二乘法 (partial least squares, PLS)、主成分回归 (principal components regression, PCR)、弹性网 (elastic net)、广义线性模型 (generalized linear model)、随机森林 (random forest)、梯度提升回归树 (gradient boosted regression tree)、神经网络. 作者以 1957 年至 1974 年 (共 18 年) 的数据为训练集 (training set, 用于各个模型的训练), 以 1975 年至 1986 年 (共 12 年) 的数据为验证集 (validation set, 用于模型调参), 以 1987 年至 2016 年 (共 30 年) 的数据为测试集 (test set, 用于模型测试与比较). 在模型测试时, 作者考虑的模型表现度量指标包括: $R^2$、Diebold-Mariano 检验统计量 (Diebold et al., 2002)、修正夏普比率 (Campbell et al., 2008), 以及基于训练结果构造多空投资组合的回测表现.

作者研究结论如下. ① 与经典线性模型相比, 机器学习可以帮助提升风险溢价的预测结果, 并帮助我们深入理解资产定价机制. ② 在一系列机器学习模型中, 神经网络与梯度提升回归树表现最好, 而广义线性模型的表现则一般. 这说明, 在风险溢价预测中, 引入非线性以及交叉项是有意义的. ③ 较浅 (shallow) 的学习模型比较深 (deep) 的学习模型在风险溢价预测上的表现更好. 这与计算机视觉、生物信息学等领域不太一样, 可能有两种原因. 其一, 金融数据的数据量较少; 其二, 金融数据的信噪比低. ④ 比较各个股票的预测结果可以发现, 机器学习对大市值与流动性高的股票或投资组合的预测效果更好. ⑤ 对所有模型进行因子重要性分析发现, 所有模型捕捉到的最重要的那些因子较为类似, 均为价格趋势指标 (动量与反转因子)、流动性因子、波动性因子、估值比率因子等.

2. Sirignano 和 Cont (2019) 深度学习对股票高频价格变动方向的预测

Sirignano 和 Cont (2019) 的研究目的是, 研究高频市场价格形成机制在不同股票、不同时间段之间是否具有共性 (universality). 作者认为, 一系列学术实证研究已经表明, 不同资产的市场微观结构之间似乎具有一定的共性. 然而, 现有的对金融时间序列的统计建模研究基本仍然在对单个股票进行建模, 即利用单个股票的历史数据建立模型, 并用且仅用于该股票的未来预测. 另外, 现有研究在建模时也通常只用最近一段时间的数据来建模, 因为人们通常认为金融数据具有非平稳性. 因此, 高频市场价格形成机制在不同股票、不同时间段之间是否具有共性是有价值的研究问题.

作者使用 2014 年 1 月至 2017 年 3 月在纳斯达克证券交易所交易的 1000 只左右的股票的逐笔下单、撤单与成交的高频数据进行研究. 作者希望预测的因变量是下一次成交时的中间价变化方向 (即涨跌分类), 使用的自变量为利用高频数据复原出的历史一段时间内的订单簿委托量数据. 关于高频订单簿的知识, 我们将在本书第 5 章展开介绍.

为研究高频市场价格形成机制在不同股票与不同时间段之间是否具有共性, 作者同时沿股票与时间两个维度划分训练集与测试集. 首先, 作者将 1000 只左右股票划分为两组, 每组各约 500 只, 并用其中一组来训练, 另一组测试. 在训练时, 作者使用前一组股票的 17 个月的数据 (2014 年 1 月至 2015 年 5 月) 进行训练, 使用后一组股票的 3 个月的数据 (2017 年 1 月至 2017 年 3 月) 进行测试, 中间有 19 个月的时间间隔. 为研究时间窗口对结果的影响, 作者在实证分析中也研究了更换不同的训练集与测试集时间长度带来的结果, 但作者始终保证训练集与测试集使用不同的股票, 且训练集与测试集之间具有一定的时间间隔.

作者使用的模型是以长短期记忆 (long short-term memory, LSTM) 网络为单元的循环神经网络 (recurrent neural network, RNN), 具体而言, 作者使用的网络包含 3 个 LSTM 单元层以及最后的基于整流线性单元 (rectified linear unit, ReLU) 的全连接层 (fully-connected layer), 并用归一化指数函数 (softmax) 给出对涨跌预测的概率. 之所以使用基于 LSTM 的循环神经网络, 一方面, 神经网络训练通常需要大量数据, 且可以刻画模型的非线性性, 这刚好适用于高频数据; 另一方面, LSTM 这种特殊的单元结构正是为时间序列类型的数据量身定制. 由于该研究涉及海量的高频数据运算与网络训练, 因此作者使用大量的 GPU 节点进行运算.

作者研究结论如下. ① 订单簿历史信息与股价未来涨跌方向之间的关系在各个股票、各个板块之间具有一定的共性, 对训练集之外的股票进行预测也可以起到较好的预测效果. ② 这种关系沿时间也具有一定的共性 (或平稳性), 使用一年以后的样本外数据进行测试也能达到较好的预测效果. ③ 这种关系存在 “长期记忆性”. 在训练时, 使用越长的历史数据进行训练, 模型的效果越好. ④ 在实务中, 这种高频价格形成机制的普适性让我们可以用其他股票的数据对那些刚上市不久的历史数据较短的股票的未来走势进行预测. ⑤ 深度学习方法可被应用于金融市场日内高频特征的研究之中.

## 1.5 量化投资与量化交易

"投资"一词通常指代决策的过程. 而投资的执行端需要在实际市场中进行买和卖, 我们将这种在金融二级市场的买卖行为称作"交易"(trading). 投资离不开交易, 量化投资自然也和量化交易密切相关, 但是量化投资与量化交易是两个不同的概念.

广义地说, 量化交易可被视作量化投资的最后一个环节, 也就是在决定投资策略后进行买卖的行为. 有时, 量化交易也被用于特指程序化交易, 即用计算机编写自动交易的程序从而完成全自动下单的过程. 但这种理解方式较为片面. 量化交易应当指的是实现量化投资的过程, 但是实现量化投资的方式未必是程序化交易.

如果没有好的量化交易方式, 即使投资策略再优异, 其表现也会大打折扣. 随着计算机计算和存储能力的逐步提高、参与市场的投资者越来越多、交易的节奏愈发加快, 传统投资理论可能认为买卖股票的周期应当以周、月、年为单位, 但现在的高频交易已经愈发着眼于秒、毫秒、微秒等时间量级. 从而, 量化交易需要从一个更加微观的角度来寻找优化空间.

一些金融投资者认为, 所谓"量化"就是特指量化交易, 似乎量化交易都是在从快速的高频交易中获取利润. 但是我们在这里希望指出, 这个观点并不准确, 也并不符合事实. 高频交易不能代表整体的量化投资. 本书认为量化投资是以投资为第一位, 而交易是投资的有机组成. 单纯把交易拿出来而忽略投资端, 是舍本逐末的表现.

市场变化波诡云谲, 投资者必须找到一个好的下单方式, 才能尽可能减少因交易本身而可能带来的损失. 因此, 近年来, 不论是业界还是学界, 对高频交易、市场冲击等机制的研究越来越多. 本书最后两章将对量化交易加以介绍.

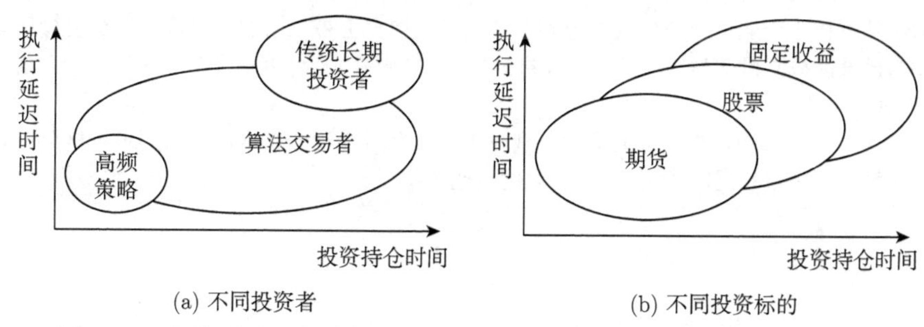


(a) 不同投资者　　(b) 不同投资标的

图 1.1　不同投资者、投资标的与投资持仓时间、执行延迟时间之间的关系

不同投资者面临不同的标的资产, 选择的量化投资与量化交易频率 (周期) 也不尽相同. 图 1.1 展示了不同投资者、投资标的与投资持仓时间、执行延迟时间

之间的大致关系. 首先, 不同交易者选择的量化投资与量化交易频率并不一致. 传统长期投资者会选择长时间持有资产, 交易执行对其投资表现影响不大, 因此其交易执行可以有较长时间的延迟. 而高频量化策略投资者需要在短时间内进行买卖操作以获取利润, 这便要求其必须进行高频的量化交易执行, 不应有长时间的执行延迟. 除此之外的量化投资者可能会选择不同的持仓时间, 同时也要选择不同的交易执行时间. 例如, 量化公募基金虽然通常具有较长的持仓时间, 但其交易执行时间未必很长, 基金交易员可能也需要在短时间内完成交易, 以应对每日的基金申购与赎回.

此外, 不同投资标的往往也对应于不同的持仓时间与执行时间. 股票投资者可能有的选择低频投资, 有的选择高频投资. 大多数期货投资者会选择短期持仓 (甚至日内高频换仓), 因为大量期货投资者 (尤其是大宗商品期货交易者) 并不希望持有至到期并进行交割, 而是希望在短时间内的期货价格波动之中套利, 因此其持仓时间与执行时间通常都较短, 市场十分活跃. 当然, 一些套期保值的期货投资者仍会选择持有到期. 最后, 固定收益证券的交易活跃度往往较低, 许多投资者的持仓时间较长, 对执行延迟的关注也较低. 例如, 保险公司会投资大量固定收益产品并持有至到期, 无需过度考虑执行层面的问题.

由此可见, 量化投资与量化交易虽然密切相连, 但也有所不同. 本书第 3 章、第 4 章与第 5 章从择时与择股两方面关注量化投资, 第 6 章与第 7 章从算法交易与高频交易两方面关注交易执行.

## 习 题 一

(1) 梳理比较上海证券交易所和深圳证券交易所的交易规则, 并总结两个交易所的股票交易时间段与竞价方式.

(2) 列出我国的所有期货交易所, 以及每个交易所的所有交易品种与交易机制.

(3) 从主板、创业板、科创板中分别收集五只股票自上市以来的历史价格和交易量日频数据, 计算日收益率与日交易量的基本统计量, 至少包括均值、标准差、偏度、峰度、最大值、最小值、中位数等.

(4) 从大宗商品期货与金融期货中分别收集三个期货合约的基本信息与历史价格分钟频数据, 并计算分钟收益率的基本统计量, 要求同习题 (3).

# 第 2 章　量化投资策略

专业性的金融投资都是一个从研究开始到最终落实资产配置的过程, 量化投资与传统的投资方式的重要区别有以下三个方面. ① 研究阶段的主要研究工具是应用数学、统计学和机器学习等非传统金融的工具, 研究中更多地采用微观的市场交易数据. ② 资产配置策略的生成和实施都是基于计算机程序化的自动过程. ③ 策略表现的波动与传统投资比较常常是可控的、较低的. 因此, 量化投资应该是基于清晰的研究逻辑、程序化的配置和交易执行流程的投资全过程. 本书将按照以下三种方式介绍量化投资的具体内容. 第一是择时, 第二是择股, 第三是算法交易. 虽然三种量化交易的场景各有不同, 但是也都具有较为统一的要素, 那就是投资标的、调仓频率和投资 (交易) 信号. 本章将开始介绍量化投资策略的这些组成要素, 它们各有侧重又紧密联系.

## 2.1　投 资 标 的

投资标的是指投资者希望投资的资产, 例如期货、期权和股票等. 一般而言, 投资者应当首先选定希望投资的资产, 再在选定的资产大类中选取适当的资产池, 最后对资产池中的资产进行投资. 不同大类的资产有不同的市场特征, 因此投资者在面对不同资产大类时需要采取不同的投资理念和投资方法.

截至 2022 年底, 中国内地[①] 主要的期货交易所有大连商品交易所、郑州商品交易所、上海期货交易所和中国金融期货交易所等. 从资产数目来看, 商品期货的交易品种不到一百个, 但是每种期货的交易风格截然不同. 这些期货包括贵金属期货、农产品期货、工业原料品种期货以及金融期货. 期货交易有以下几个特征: 第一, 期货有对应的现货标的; 第二, 期货都有到期时间; 第三, 期货采取保证金交易模式; 第四, 期货可以有多头和空头两种持仓方向.

而对于股票而言, 到 2022 年底, 我国 A 股市场就已经有近五千只股票, 投资者有大量股票可以选取. 截至 2022 年, 我国内地有三个股票交易所, 分别是上海证券交易所、深圳证券交易所和北京证券交易所. 三个交易所交易的股票不相重合.

除了期货和股票以外, 中国金融市场还有期权产品. 截至 2022 年, 场内交易的期权有三大类. 一类是标的为 ETF 的期权, 例如上证 50ETF 期权; 一类是标

① 不包含香港、澳门及台湾地区.

的为指数的期权, 例如沪深 300 股指期权; 一类是标的为商品期货的期权, 例如豆粕期权, 不同的期权在不同的交易所交易.

从交易规则来看, 我国期货交易允许卖空, 且有保证金和逐日盯市制度, 但通常情况下, 我国股票交易只允许持有多头, 不允许卖空. 从市场参与者的角度来看, 股票投资的准入门槛较低, 我国有大量散户参与股票交易, 而期货交易有一定的准入门槛, 机构投资者占有更高的比例. 因此, 投资者应当按照自己的偏好与预期, 合理选取自己希望投资的资产大类.

选定资产大类后, 投资者还需要确定希望投资的资产池. 例如, 对于期货而言, 不同品种的期货有不同的市场风格, 进行期货择时的投资者通常只选取自己了解的一种或几种期货品种进行投资. 股票投资也是如此, 大多数投资者都有自己愿意投资的股票池, 而不会对全市场所有股票都进行投资. 有的投资者愿意投资大市值股票, 有的愿意投资小市值股票, 还有的愿意投资创业板股票, 等等. 选取合适的资产池不但能减少投资成本, 还能有效降低投资风险.

## 2.2 调仓频率

调仓频率是指投资者更换自己持仓的频率. 在构建量化投资策略时, 设定合适的调仓频率也十分重要, 不同频率需要不同的投资理念与投资技术. 调仓频率并没有统一的分类标准. 除非特殊说明, 本书将按照如下标准划分调仓频率.

- 低频: 周、月、年.
- 中频: 小时、日.
- 高频: 秒、分钟.

不同调仓频率的投资者关注的市场信息不尽相同. 低频投资者通常遵循价值投资的观念, 他们往往依据宏观经济政策和基本面来指导投资. 例如, 如果投资者认为当前国家政策对医药板块利好, 则该投资者可以选取一段时间内长期持有医药股, 实现低频投资.

中频投资者对宏观政策与基本面的关注度弱于低频投资者, 他们往往更关注一些日频技术指标的变化情况, 对资产价格走势进行一些数学与统计分析. 此外, 中频投资者也可能从每日新闻中获取日频的投资信号. 例如, 如果互联网上突然出现对钢铁行业利好的新闻, 螺纹钢期货的投资者可能会在一段时间内持有螺纹钢期货的多头, 实现中频投资.

高频投资者往往不需关注宏观政策与基本面信息, 他们对高频数据 (例如市场订单簿数据、下单和成交数据等) 更为关注. 例如, 一位豆粕期货高频投资者发现当前交易所中买入某豆粕期货的订单量突然增加, 他很可能立刻对此作出反应, 例如可能会迅速向交易所发出一系列买单, 随后在市场上的买入订单量上升到一定程度后再迅速卖出.

不同调仓频率的投资者需要具备的技术水平也不相同. 通常而言, 交易频率越高, 需要的数据统计能力、计算机硬件与技术支撑就越强. 这是因为, 交易频率越高, 投资者面对的数据信息量就越大, 就更需要从海量的、充满噪声的数据中又快又准地提取有价值的信号. 正由于此, 散户通常愿意进行低频或中频投资, 而高频投资者往往是机构投资者.

不同调仓频率的投资者还会从不同角度考量收益、成本、风险等因素. 低频投资者更关注所投证券是否具有长期盈利能力, 而通常不会过于看重短时间内的涨跌损益情况. 此外, 低频投资者通常不过分关注交易手续费、下单方式、买卖价差等可能带来交易成本的因素, 因为低频投资者换手频率较低, 手续费、下单方式带来的成本与长期的损益相比便变得微不足道. 与之相反, 高频投资者不注重长期涨跌, 而更关心极短时间内的价格变化. 同时, 由于高频投资者交易频率过高, 他们会对手续费、下单方式、买卖价差等十分关注, 因为这些因素可能会为高频投资者带来极高的成本.

需要指出的是, 以上分类方式以及每种类型的特点并不适用于全部情形, 投资者应当根据自身面对的投资环境选取合适的投资方式. 例如, 如果某期货投资者选择进行低频投资, 虽然短期的涨跌对长期损益影响不大, 但投资者仍然应当关注短期损益情况, 因为期货的短期大幅亏损可能造成保证金不足, 出现爆仓风险. 再例如, 某月频换仓的公募基金经理如果完全不关注短期损益, 一旦出现短期大幅亏损, 基金申购者很可能会出现大范围赎回的现象, 导致基金面临更大幅度的亏损.

## 2.3 数 据

数据是量化投资策略的重要组成部分, 是不可或缺的一环. 如前所述, 在构建投资模型时, 我们需要利用历史数据; 在生成实际投资信号时, 我们还需要使用实时数据. 因此, 一个优异的投资策略应当以高质量的数据作为支撑.

**数据类型** 市场上可以观测到的数据众多. 通常而言, 我们可将数据分为如下几类.

- 宏观数据. 即宏观经济指标数据, 例如 GDP (国内生产总值)、CPI (消费价格指数)、银行拆借利率、M2 (广义货币供应量) 等.
- 财务数据. 即公司财务报表或其他报表中披露的基本面数据, 例如公司的资产负债率、ROA (总资产收益率)、ROE (净资产收益率)、流动比率等.
- 价量数据. 即证券的交易价格与数量的数据, 例如历史收盘价、交易量、换手率等.

- 高频数据. 即与该证券相关的高频交易数据, 例如逐笔下单、逐笔成交、订单簿快照数据等.
- 衍生数据. 即由前面这些基本数据衍生出的数据, 例如常见的技术指标 MACD (异同移动平均线)、RSI (相对强弱指标)、KDJ (随机指标) 等.
- 其他数据. 除上述数据以外的数据, 例如社交媒体数据、搜索引擎数据、消费者行为数据、卫星数据、气象数据等.

**数据选取**　数据类型众多, 我们很难在构造量化投资策略时同时使用全部数据. 因此在建立投资策略时, 投资者应当根据预测目标来选取合适的数据. 具体地, 我们应当决定需要选取哪些标的的数据、什么频率的数据, 以及具体数据内容. 例如, 一位投资科创板股票的中频投资者在选取数据时, 很可能会选取科创板股票的日频价格数据, 以及这些股票的基本面信息.

通常而言, 投资者选取的数据频率应当与调仓频率保持一致. 月频换仓的低频投资者一般没有必要下载日内的逐笔下单数据, 因为购买这些数据只会为其带来购买以及储存成本, 很难为他的策略带来实质性提升; 而高频投资者通常也无需关注 GDP 等宏观经济指标, 这种一个季度才会出现一次的指标并不会对高频投资策略带来实质性影响.

**数据清洗**　在选定合适的数据集后, 投资者应当获取数据, 清洗数据, 并对其进行适当的预处理. 常见的数据提供商有国内的 Wind (万得) 金融终端以及国外的 Bloomberg (彭博) 系统, 业界投资者通常在这些终端上获取数据. 获取数据后, 投资者还需对数据进行清洗. 这是因为, 我们从各个地方获取的数据经常出现数据缺失、重复、格式不一致等问题. 数据清洗十分耗时, 但又不可或缺, 质量不过关的数据很难催生优秀的量化投资策略. 最后, 通常我们还需根据目标以及数据特点对数据进行预处理. 例如, 我们经常需要对基本面数据进行标准化; 对市值等数量级较大的数据进行取对数操作; 等等.

**数据应当具备的特点**　一般而言, 我们希望最终使用的数据能具备如下特点.

相关性. 数据应当与我们希望实现的目标密切相关. 例如, 一位粳米期货的投资者通常无需获取螺纹钢期货的数据; 一位食品饮料板块的股票投资者通常无需关注金融行业的股票数据. 再比方说, 如果一位高频投资者的目标是减少买卖价差带来的损失, 他应当试图获取历史的买卖价差等订单簿数据, 而无需获取 CPI、PPI (生产价格指数) 等宏观经济指标; 如果一位中频投资者的目标是控制行业风险, 他应当获取与行业有关的历史价量信息, 而无需过分关注日内的逐笔下单数据; 等等.

及时性. 使用的数据应当足够及时. 市场行情瞬息万变, 我们没有充足的理由认为多年前的市场特征对未来仍然适用, 因此获取最新的数据十分重要. 例如, 我国 A 股市场在 2017 年以前具有明显的小盘股效应, 但 2017 年开始, 大盘股的涨势明显超出小盘股, 基于小盘股效应的策略不再有效. 如果投资者只使用较长时间以前的数据建模, 很可能不适用于现状. 因此, 利用最新的数据, 及时更新策略, 对量化投资来说十分必要.

准确性. 使用的数据应当足够精准. 不同数据源提供的数据质量参差不齐, 甚至有可能出现不同数据源提供的同一数据不一致的情况. 因此, 投资者应当仔细筛查数据准确性. 除了数据服务商带来的错误以外, 一些公司在编制财务报表时, 还有可能出现财务造假的情况, 导致基本面数据不合实际. 这种情况更具有隐蔽性, 需要投资者对公司有足够深入的了解.

修正性. 投资者应当根据需求以及数据特点对数据进行适当的修正. 例如, 各个股票通常会定期或不定期派发股利, 而派发股利会导致公司股价下降. 但很显然, 这种股价下跌是股利派发机制导致的, 而并不是市场交易导致的. 这种情况下, 投资者通常要对股价数据进行 “复权” 处理, 将股价修正至正常水平. 再比如, 由于期货合约具有到期日, 而一些期货投资者会希望将具有不同到期日的各个期货合约的价格数据连接起来, 这时就需要依据实际情况对不同到期日的期货数据进行适当的修正.

## 2.4 股票收益率特征性事实

在研究如何构建量化投资模型之前, 让我们先对市场交易出来的真实股票价格加以探索, 从而了解股票收益率具备哪些基本特征. 掌握这些基本特征可以让我们更好地了解市场行为, 帮助我们更顺利地构建贴合真实市场的投资模型.

让我们以平安银行 (000001) 的股票为例, 了解股票收益率的基本特征. 值得指出的是, 虽然这里我们只以平安银行为例, 但下面我们讨论的这些规律对各个国家绝大多数股票都是成立的. 图 2.1 展示了平安银行股票从 1991 年至 2020 年的复权日收盘价走势图.

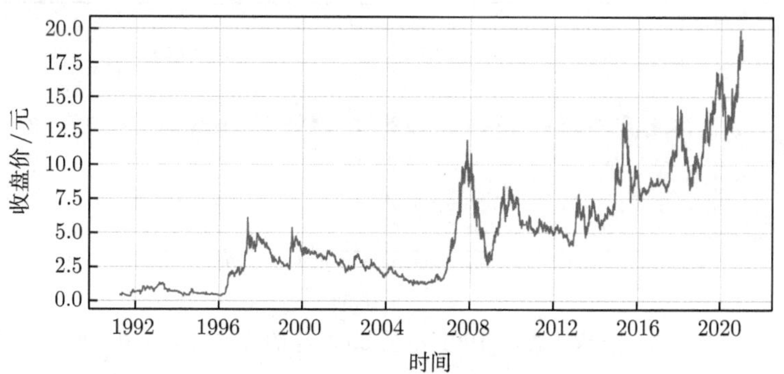


图 2.1 平安银行从 1991 年至 2020 年的日收盘价走势①

① 本书各章高清大图可以扫章末二维码查看.

从图 2.1 中可以看出, 在这 30 年左右的时间里, 平安银行的股票价格曲线非常不光滑, 走势十分曲折且常有跳跃. 读者不难猜想: 这是否是因为选取的时间窗口过长导致的? 因此接下来我们不考虑这么长的时间段, 而是把目光聚焦在一日之内的股价走势. 图 2.2 展示了平安银行在 2020 年 1 月 2 日的日内 3 秒频率中间价走势情况 (交易时间是 9:30∼11:30 以及 13:00∼15:00). 读者不难看出, 日内走势似乎同样也不光滑, 且阶梯跳跃的特征似乎更加明显. 我们很难从图中直接看出其股价具有何种趋势.

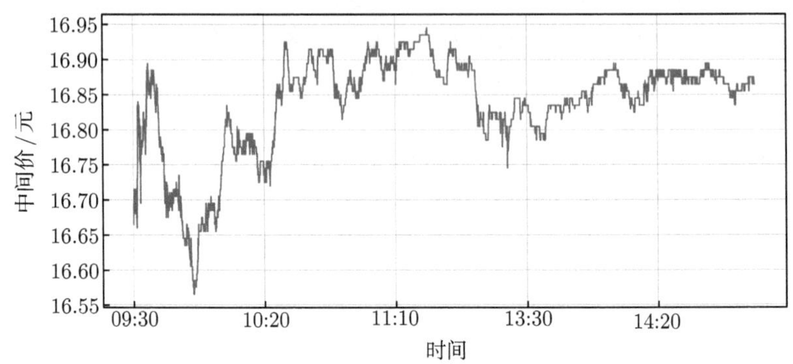


图 2.2 平安银行在 2020 年 1 月 2 日的日内 3 秒频率中间价走势

图 2.3 展示了平安银行的日收益率时间序列. 在第 $t$ 日的 (复权) 收盘价为 $S_t$, 第 $t-1$ 日的收盘价为 $S_{t-1}$, 则这里的第 $t$ 日收益率 $r_t$ 即为

$$r_t = \frac{S_t - S_{t-1}}{S_{t-1}}.$$

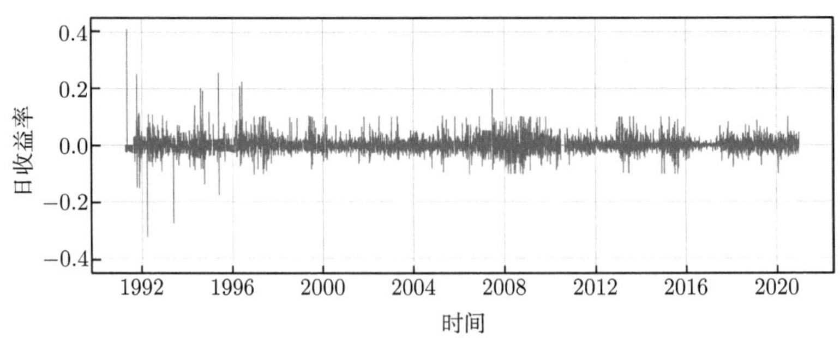


图 2.3 平安银行从 1991 年至 2020 年的日收益率时间序列

可以看出, 收益率的时间序列也是一串没有明显规律的噪声. 但从中我们可以发现, 自 1996 年末开始, 绝大多数日收益率都介于 $-10\%$至 $+10\%$之间. 这一现象

源自我国于 1996 年 12 月 16 日开始实施的涨跌停板制度. 除非特殊情况, 交易所要求我国大部分股票相对前一日的单日涨跌幅不超过 ±10%.

如果我们将每日的收益率 $r_t$ 分别视作一个样本, 那么 $\{r_t\}_{t=1}^T$ 就构成了一组收益率样本. 图 2.4 展示了平安银行日收益率的频率分布直方图. 从图像来看, 似乎其与正态分布的形态较为接近, 直方图具有中间高、两侧低的特点. 除了直方图以外, 图中还绘制了一条曲线, 其为与这组样本具有相同均值和标准差的正态分布的密度函数曲线.

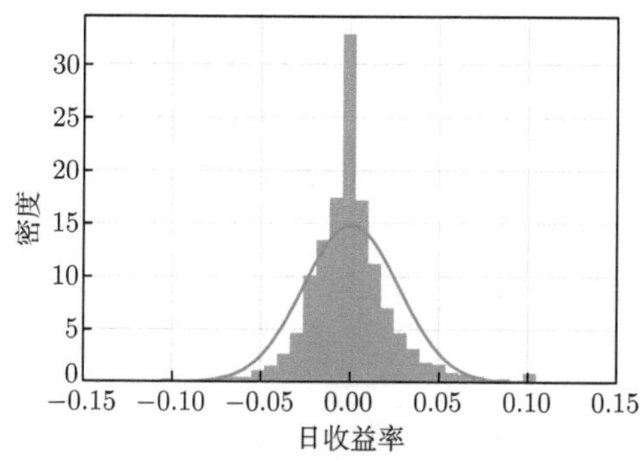


图 2.4 平安银行从 1991 年至 2020 年的日收益率直方图

对比直方图与正态分布曲线即可发现, 与正态分布相比, 直方图的分布并非完全左右对称. 此外, 日收益率在 0 附近的样本密度要明显高于正态分布的密度, 在肩部则低于正态分布的密度, 而在尾部则又高于正态分布的密度. 我们常将股票收益率的这种现象称作 "尖峰厚尾", 以表示其比正态分布具有更高的峰值以及更厚的尾部. 值得指出的是, 金融资产收益率普遍具备尖峰厚尾特征, 而厚尾性意味着金融资产具有比正态分布更高的极端风险. 因此, 在考虑风险管理时, 学术界与业界通常不会用正态分布对收益率建模, 而是使用具有更厚的尾部的分布来建模.

既然日收益率具备尖峰厚尾的特征, 那周收益率、月收益率是否也具有这样的特征呢? 图 2.5 展示了平安银行周收益率与月收益率的频率分布直方图. 同样, 图中的曲线为与相应样本分别具有相同均值与标准差的正态分布的密度函数图像. 从图中可以看出, 周收益率与月收益率同样具有尖峰厚尾的特点, 但其尖峰厚尾的程度似乎稍弱于日收益率.

我们通常用峰度 (kurtosis) 来度量分布的尖峰厚尾程度. 一个随机变量 $X$ 的峰度的定义为

$$X\text{的峰度} = \frac{E\big(X - E(X)\big)^4}{\Big(E\big(X - E(X)\big)^2\Big)^2},$$

即四阶中心矩与标准差的四次方之比. 进而, 给定一组收益率样本 $\{r_t\}_{t=1}^T$, 我们可以定义其样本峰度为

$$样本峰度 = \frac{\frac{1}{T}\sum_{t=1}^T(r_t-\bar{r})^4}{\left(\frac{1}{T}\sum_{t=1}^T(r_t-\bar{r})^2\right)^2},$$

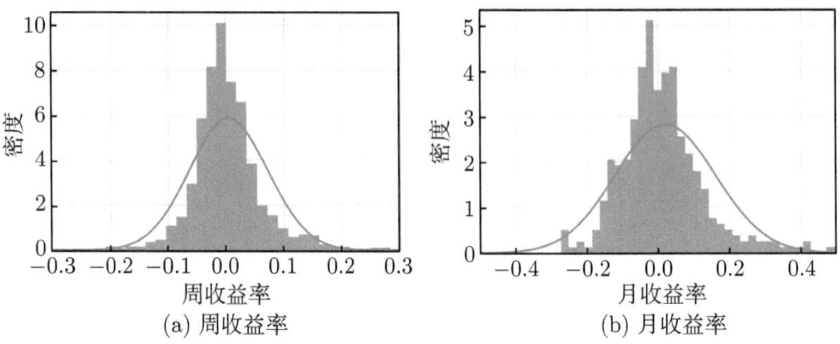

(a) 周收益率 (b) 月收益率

图 2.5 平安银行从 1991 年至 2020 年的周收益率与月收益率直方图

其分子与分母分别为四阶中心矩与标准差的四次方的样本矩估计, 其中 $\bar{r} = \sum_{t=1}^T r_t/T$. 由于我们希望比较收益率分布相对于正态分布的尖峰厚尾程度, 因此我们可以计算正态分布 $N(\mu,\sigma^2)$ 的峰度为 3. 进而, 我们可以定义样本的超额峰度 (excess kurtosis) 为

$$样本的超额峰度 = \frac{\frac{1}{T}\sum_{t=1}^T(r_t-\bar{r})^4}{\left(\frac{1}{T}\sum_{t=1}^T(r_t-\bar{r})^2\right)^2} - 3.$$

若超额峰度大于 0, 则表示这组样本与正态分布相比更为尖峰厚尾; 若超额峰度小于 0, 则表示这组样本具有低峰薄尾的特点.

峰度考虑的是四阶矩, 我们当然也可以考虑三阶矩, 这就要引入偏度的概念. 偏度 (skewness) 衡量的是分布左右偏斜的程度. 一个随机变量 $X$ 的偏度的定义为

$$X的偏度 = \frac{E(X-E(X))^3}{\left(E\big(X-E(X)\big)^2\right)^{3/2}},$$

即三阶中心矩与标准差的三次方之比. 进而, 给定一组收益率样本 $\{r_t\}_{t=1}^T$, 我们可以定义其样本偏度为

$$\text{样本偏度} = \frac{\frac{1}{T}\sum_{t=1}^{T}(r_t - \bar{r})^3}{\left(\frac{1}{T}\sum_{t=1}^{T}(r_t - \bar{r})^2\right)^{3/2}}.$$

根据正态分布的对称性, 我们容易知道正态分布的偏度为 0. 若一组样本的偏度小于 0, 我们称这组样本左偏, 其左侧尾部较长; 若偏度大于 0, 我们称这组样本右偏, 其右侧尾部较长.

表 2.1 计算了三种不同频率 (日频、周频、月频) 的收益率的基本统计指标, 其中, 均值与标准差均进行了年化处理. 年化方式为将均值乘以 $C$、标准差乘以 $\sqrt{C}$, 其中, 对于日频数据, $C = 252$ (假设一年有 252 个交易日); 对于周频数据, $C = 52$; 对于月频数据, $C = 12$. 观察表 2.1 中偏度一列可以发现, 平安银行在这段时间内的收益率分布并非完全左右对称, 而是呈现出右偏的特点, 且偏度随频率降低而增加. 再观察超额峰度一列可以发现, 收益率具备尖峰厚尾的特征, 且尖峰厚尾程度随频率降低而降低. 由此可见, 不同的数据频率所具备的特征并非完全相同, 因此在构建量化投资策略时, 我们应当根据使用的数据频率来寻找与其数据特征相匹配的方法.

**表 2.1 平安银行从 1991 年至 2020 年的收益率基本统计指标**

| 频率 | 样本数 | 年化均值 | 年化标准差 | 偏度 | 超额峰度 | $r_t$ 的自相关系数 | $r_t^2$ 的自相关系数 |
|---|---|---|---|---|---|---|---|
| 日收益率 | 7255 | 22.1519% | 42.7661% | 1.0256 | 18.9868 | 0.0498 | 0.1077 |
| 周收益率 | 1464 | 20.9853% | 48.9979% | 1.5629 | 9.6826 | −0.0265 | 0.0717 |
| 月收益率 | 356 | 23.2004% | 48.8763% | 2.0630 | 8.4276 | 0.1938 | 0.2815 |

让我们再回到收益率的时间序列. 对于一个时间序列 $r_1, r_2, \cdots, r_T$, 我们可以计算其 (一阶) 自相关系数 (auto-correlation coefficient), 其计算公式为

$$\text{样本自相关系数} = \frac{\sum_{t=1}^{T-1}(r_t - \bar{r})(r_{t+1} - \bar{r})}{\sqrt{\sum_{t=1}^{T-1}(r_t - \bar{r})^2 \sum_{t=1}^{T-1}(r_{t+1} - \bar{r})^2}}.$$

由定义可知, 自相关系数是 $r_t$ 与 $r_{t+1}$ 之间的相关系数, 其介于 $-1$ 到 1 之间, 衡量一个时间序列自身的前后相关性. 自相关系数越接近于 0, 表明时间序列的前后相关程度越弱, 反之则越强. 可以想象, 倘若收益率时间序列具有非常强的自相关性, 那我们完全可以用前一时刻的收益率来预测下一时刻的收益率, 进而指导投资. 而这显然与有效市场矛盾. 因此, 在市场有效的情况下, 收益率时间序列的自相关系数应当接近于 0.

表 2.1 的倒数第二列给出了收益率序列 $r_t$ 的自相关系数. 可以发现, 平安银行的日收益率与周收益率的自相关系数分别为 0.0498 和 $-0.0265$, 这印证了我们

上面的观点: 自相关系数应当在 0 附近. 月收益率的自相关系数为 0.1938, 这说明长期来看, 平安银行的收益率呈现出一定的趋势性. 该表的最后一列还给出了收益率平方序列 $r_t^2$ 的自相关系数. 有趣的是, 与 $r_t$ 相比, $r_t^2$ 的自相关性要略强一些. 市场上许多资产都具备这样的特点. 但整体来看, 这些自相关系数的取值仍然较为接近于 0.

至此, 我们已经观察到日、周、月收益率具备的几个重要特征: 尖峰厚尾、两侧不完全对称、序列自相关性弱. 让我们再着眼于日内数据, 观察日内高频数据与低频数据具有哪些区别. 先前的图 2.2 给出了平安银行在 2020 年 1 月 2 日的日内中间价 (最优卖价与最优买价的算术平均值) 的走势, 每 3 秒观测一次. 我们发现其具有阶梯跳跃的特性, 现在我们仔细研究这种性质. 由于日内股价变化幅度通常不大, 因此我们用价格的一阶差分来代替收益率. 图 2.6 展示了对平安银行的中间价进行一阶差分之后的结果. 具体而言, 对于原始的中间价时间序列 $S_t$, 图中展示的是由 $\Delta S_t := S_t - S_{t-\Delta t}$ 组成的时间序列, 其中 $\Delta t = 3$ 秒. 读者可以发现, $\Delta S_t$ 只能取一些离散的取值: $\pm 0.005$ 元、$\pm 0.01$ 元、$\pm 0.015$ 元等等. 这是因为, 中间价是最优卖价与最优买价的算术平均值, 而我国市场规定投资者在买卖报价时, 价格只能是 0.01 元的整数倍, 因此最优买价与最优卖价只能以 0.01 元为最小单位发生变化. 这也提醒我们: 日内高频层面的数据与日频或更低频的数据有本质区别, 低频数据的模型往往不应当直接照搬到高频层面来使用.

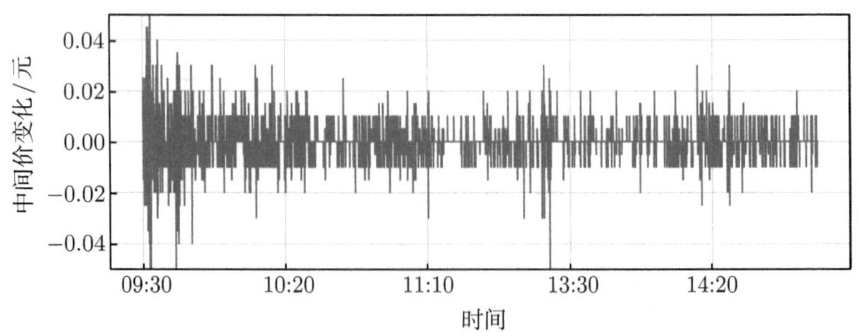


图 2.6　平安银行在 2020 年 1 月 2 日中间价一阶差分

表 2.2 列出了平安银行在 2020 年 1 月 2 日的中间价一阶差分 $\Delta S_t$ 时间序列的一些基本统计指标. 可以发现, 这一天偏度为负, 说明价格的一阶差分也并非完全对称. 超额峰度达到了 29.5482, 说明日内数据更加具有尖峰厚尾的特征. 有趣的是, 中间价一阶差分 $\Delta S_t$ 的自相关系数以及 $(\Delta S_t)^2$ 的自相关系数分别为 $-0.3110$ 和 0.5212, 这说明 $\Delta S_t$ 序列存在较强的一阶负自相关性, 而 $(\Delta S_t)^2$ 存在较强的一阶正自相关性. 收益率的一阶强负自相关性是高频数据的独有特征, 这一特点在日频、周频、月频数据上并未呈现.

读者可能会问: 高频收益率数据存在如此强的负自相关性, 是否意味着市场不太有效, 投资者是否可以从中获利呢? 答案通常是否定的. 如前所述, 高频数据与日频等较低频的数据通常有本质区别, 对应的投资与交易策略也大相径庭. 在构建高频投资策略时, 投资者需要考虑买卖报价的设定、下单方式与下单时机的选择、买卖价差与滑点等因素、频繁买卖需要较高手续费, 等等. 通常而言, 纳入高频交易的成本之后, 纯粹基于高频收益率负自相关性的投资策略通常是无法盈利的. 但了解这一现象也具有价值. 读者可以将这一现象纳入投资模型之中, 使投资模型更加符合实际数据特征, 进而提升投资策略表现.

**表 2.2 平安银行在 2020 年 1 月 2 日中间价一阶差分基本统计指标**

| 样本数 | 均值 | 标准差 | 偏度 | 超额峰度 | $\Delta S_t$ 自相关系数 | $(\Delta S_t)^2$ 自相关系数 |
|---|---|---|---|---|---|---|
| 4739 | 0.0042% | 0.0067 | −0.5762 | 29.5482 | −0.3110 | 0.5212 |

最后我们还要指出, 股票日内数据通常呈现出所谓的"日内季节效应" (intraday seasonality). 重新观察图 2.6, 读者还可以发现, 上午 9:30 开盘之后的一小段时间内, 价格变化的幅度要整体略高于其他时段. 通常而言, 市场在每日开盘和收盘时交易量更大, 交易更为活跃, 在开盘时尤为明显. 学术界与业界通常将这种"开盘与收盘交易活跃、其他时段交易相对不活跃" 的特点称作 "U 型" (U-shape) 特征, 即两头高、中间低. 图 2.7 截取自 Wind 软件, 其展示了平安银行在 2022 年 1 月 4 日与 5 日的股价分时图, 图像最下方的柱图呈现的就是交易量的变化情况. 可以看出, 这两个交易日均呈现出两头高 (尤其是开盘)、中间低的 U 型特征.

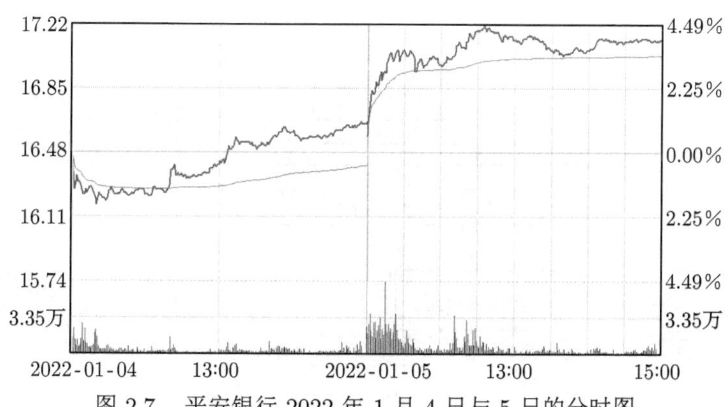

图 2.7 平安银行 2022 年 1 月 4 日与 5 日的分时图

现在我们已经了解到, 日频及更低频数据与高频数据存在较为明显的区别. 通过对平安银行历史股价数据的分析, 我们发现日频及更低频收益率数据具有尖峰厚尾、两侧不完全对称、序列自相关性弱等特点, 而高频收益率数据具有离散取值、一阶负自相关、U 型日内季节效应等特点. 这些特征不但适用于平安银行, 还适用于其他国内外股票. Cont (2001) 对股票收益率的特征进行了系统性的实证分析. 了解这些基本特征有助于我们更深入地理解资产价格走势, 从而融合在投资策略之中, 让投资模型与真实市场更为契合, 具备更高的盈利能力.

## 2.5　投资信号建模

投资信号主要是指与投资者实际操作有关的信号, 例如投资者应当在何时、以多少资金、买入或者卖出何种证券, 买入卖出证券以后在什么时候平仓等等. 投资信号的生成是量化投资的核心. 由于量化投资引入了数学模型和计算机工具, 投资信号通常由一系列模型与数据生成. 例如, 如果某简单模型认为 “小市值股票的收益率更高”, 那么根据当前市场上观察到的股票市值数据, 投资者便可以买入那些市值较小的股票、卖出市值较大的股票. 下面我们分别介绍量化投资策略使用的模型与数据.

模型通常有两种来源: 基于投资者对市场的认知或者基于数学与统计方法.

**基于投资者对市场认知的模型**　投资模型的一大来源是投资者自身对市场的认知, 这也是比较传统的投资方式. 不同投资者往往对市场环境、市场规律有不同的看法, 这些迥然不同的看法造就了纷繁多样的投资模型. 这类模型的形成过程如图 2.8 所示.

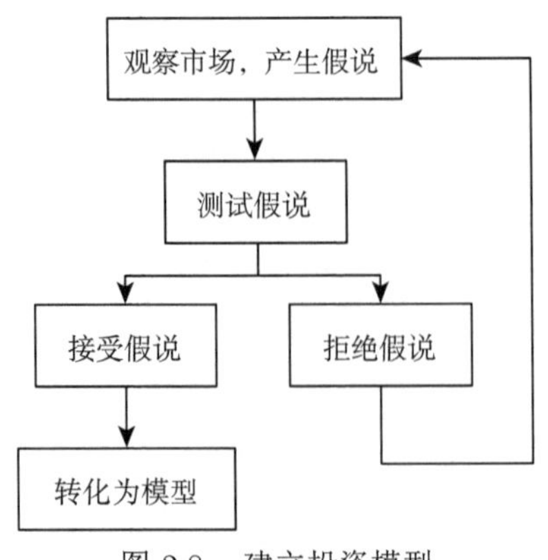


图 2.8　建立投资模型

对于宏观经济、国家产业政策或者是货币流动性的观察都可以产生对市场的判断. 我们以我国 A 股市场的情况为例来解释这一过程. 2017 年之前, 许多投资者发现我国 A 股市场曾存在显著的 “小盘股效应”, 也就是说小市值股票的收益比大市值股票收益高. 如果某量化投资者发现了这种规律, 便可以建立小盘股效应假说, "投资小市值股票的收益率高于投资大市值股票的收益率". 接下来, 该投资者可以使用历史数据回测, 测试假说是否成立. 如果该投资者发现小盘股效应假说确实成立, 便可基于此制定量化投资模型. 如果投资者用历史数据回测时发现该假说并不成立, 则他应当推翻自己的假说, 寻找其他市场规律.

这类策略的产生的出发点是基于主观的判断, 落实到对模型的建立以及数据的支撑. 但是其出发点并不是数据本身. 如果暂时摒弃自己的主观判断, 单纯以数据为出发点, 那可以考虑下面的第二种方法.

**基于数学与统计方法的模型** 投资模型的另一大来源是数学与统计方法. 通常而言, 我们可将数学与统计模型总结为简单的公式

$$y = f(x),$$

这里 $y$ 是我们希望预测的值, $x$ 是用来预测的值, $f$ 就是我们建立的数学模型. 从该表达式我们便可看出, 要想找到一个合适的 $f$, 投资者应当想清楚两个问题. 预测什么? 用什么数据预测? 对于 $y$ 而言, 最常见的预测目标就是各个证券的收益率, 因为获取更高的收益率是投资的终极目标. 但收益率并非唯一的预测目标. 例如, 如果我们希望建立一个风险管理模型, 那么可以考虑将一些风险度量指标 (例如方差) 作为预测目标; 如果希望建立一个因子筛选模型, 可以考虑将信息系数 (information coefficient, IC) 作为预测目标. 而 $x$ 的选取则更为多样, 例如我们在 2.2 节就已经说明不同频率的投资者会使用不同类型的数据. 在选定适当的 $x$ 和 $y$ 后, 我们还应选取适当的数学或统计模型来找到 $f$. 这也是本书将重点讨论的内容. 我们将介绍均线、滤波、机器学习、多因子模型等众多建立 $f$ 的方法.

需要指出的是, 基于投资者认知的模型与基于数学统计方法的模型各有利弊. 相比之下, 基于投资者认知的模型保留了投资者对市场的金融观点, 甚至完全是基于自身的主观观点, 从而缺乏系统性, 有的主观判断和市场的实际表现有出入. 基于数学统计方法的模型基于的方法论更为系统和客观, 用数据本身说话, 但缺少了金融直觉. 在实践中, 量化投资者应当将二者有机结合使用.

## 2.6 信号的叠加

基于模型与数据, 我们可以生成投资信号. 但在实务操作中, 投资者通常不会只根据一个投资信号进行投资, 而往往是用一系列模型与数据生成一系列信号, 再将信号叠加到一起, 生成最终的投资信号. 这是因为, 实际投资时, 投资者需要考虑的因素众多, 仅用一个信号很难包括全部需要考虑的因素.

图 2.9 展示了量化投资策略的组成要素: 投资标的、调仓频率与投资信号. 其中, 交易信号的生成是量化投资策略构建的核心, 而投资标的与调仓频率的选取

也是不可或缺的部分.

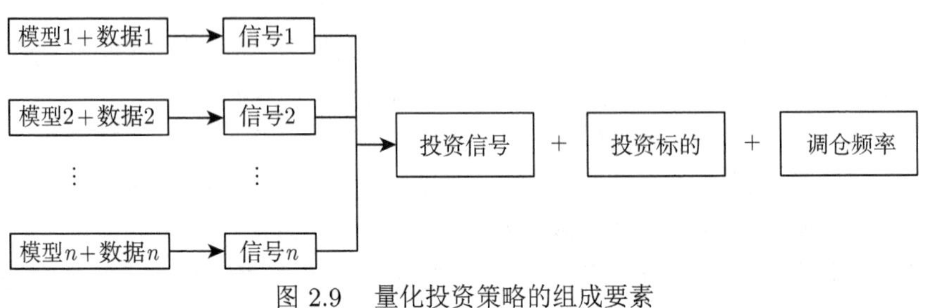


图 2.9 量化投资策略的组成要素

通常而言, 实务操作中应当同时建立如下几个方面的信号.

**买卖信号** 这是最基本的信号, 所有投资者都会根据一定的买卖信号进行投资. 具体地, 买卖信号应当包括在何时、以多少资金、买入还是卖出何种证券. 通常我们将买卖信号分为择股与择时两类. 其中, 择股是指选择应当投资的股票, 并决定投资于各个股票的权重, 主要适用于股票投资者; 择时是指选择应当进行买卖操作的时机, 并决定各个时间点应当开仓或平仓的数量, 更多适用于期货投资者. 本书即将介绍的均线、滤波等都是常见的择时模型, 而多因子策略是最常见的择股模型.

**风险管理信号** 随着业界对风险管理的认识逐渐加深, 实务投资者愈发看重风险管理信号. 粗略而言, 我们可将风险管理信号分为策略风险与操作风险两类. 策略风险是指投资策略本身为我们带来的潜在风险, 例如持有证券的市场、行业风险等. 本书第 5 章将重点介绍如何在多因子模型的框架下屏蔽此类风险. 除此之外, 操作风险是指实际操作过程中可能带来的风险, 例如计算机程序的异常、"乌龙指"、人为操作错误等风险, 这也是现代风险管理不可忽视的一部分. 为尽可能避免操作风险, 在设计量化投资策略时, 交易模型应当对交易情况进行实时监控, 一旦出现异常应当及时报警并停止操作.

**成本控制信号** 对投资者 (尤其是高频投资者) 而言, 成本也是影响策略的重要因素. 高频投资者由于通常需要频繁调仓, 所以往往要付出大量交易成本, 例如佣金、印花税、买卖价差等. 因此, 如果成本控制模型认为当前策略面临的成本过高, 便可发出成本控制信号, 及时停止交易或更换交易方式. 本书第 6 章将着重介绍高频交易执行时需要考虑的各种成本, 并介绍常见的交易执行模型.

**仓位控制信号** 由于业界投资者在进行投资时, 经常需要管理大规模的仓位, 因此仓位控制也是一个重要课题. 如果投资者仓位过重, 可能会导致潜在损失过大; 而如果仓位过轻, 又可能导致潜在盈利过少. 实际操作时, 投资者经常根据自己的偏好设定一个仓位阈值. 一旦超过阈值, 量化投资系统便生成仓位控制信号, 及时调整仓位. 本书第 5 章也将介绍投资者可以如何将仓位控制信息纳入多因子模型的框架之中.

除此之外, 投资者也可以根据自身面对的环境, 设计其他的投资信号, 使量化投资策略更加完善.

## 2.7 策略评判标准

为了评判量化投资策略的优劣, 学术界与业界已经建立一系列常见的评判指标. 在构建量化投资模型时, 我们可以基于历史数据进行策略回测, 根据这些指标判断所建模型策略是否可用; 在实际投资时, 我们也可以用这些指标评判投资策略的表现.

1. 收益率指标

收益率是评价量化策略优劣的最基本的指标, 也是投资者最常关注的指标. 下面我们分别介绍单期投资和多期投资的收益率计算方法.

首先我们介绍单期收益率的计算. 假设投资者初始持有的总资产价值为 $V_0$, 经过 $T$ 年的投资后, 资产总价值变为 $V_T$.

(1) 简单收益率 (simple rate of return)

$$\text{简单收益率} = \frac{V_T - V_0}{V_0} = \frac{V_T}{V_0} - 1.$$

简单收益率是最常用的收益率计算方法, 它等于净收益 $V_T - V_0$ 与初始资金 $V_0$ 之比.

(2) 连续复利收益率 (continuous compound rate of return)

$$\text{连续复利收益率} = \ln\left(\frac{V_T}{V_0}\right).$$

连续复利收益率也叫对数收益率. 不难看出, 简单收益率即为对数收益率的一阶泰勒展开, 当 $V_T \approx V_0$ 时, 二者近似相等.

在进行投资业绩评价时, 为便于比较各个策略的收益率, 投资者经常需要统一时间单位. 实务中, 投资者通常将收益率转换成以年为单位, 即对收益率“年化”. 年化收益率的计算方法为

$$\text{年化简单收益率} = \left(\frac{V_T}{V_0}\right)^{1/T} - 1$$

以及

$$\text{年化连续复利收益率} = \frac{1}{T}\ln\left(\frac{V_T}{V_0}\right).$$

需要注意的是, 如果投资者希望对日收益率年化, 对不同投资产品, 业界采取的年化算法并不相同. 对于债券、存款等投资, 实际计算时通常认为 1 年等价于 365 天或 360 天; 而对于交易所内交易的股票、期货等资产的投资, 由于交易所仅在交易日进行交易, 因此计算时通常认为 1 年等于 252 天.

上面是单期收益率的计算. 假设投资者一共进行了 $n$ 期投资, 各期时间长度相等, 各期收益率分别为

$$r_1, r_2, \cdots, r_n$$

初始投资为 $V_0$, 第 $i$ 期获得净现金流 $C_i$. 在考量这 $n$ 期投资的平均收益率时, 通常可以采取如下几种计算方式.

(1) 算术平均收益率

$$\text{算术平均收益率} = \frac{r_1 + r_2 + \cdots + r_n}{n}.$$

(2) 几何平均收益率

$$\text{几何平均收益率} = ((1 + r_1)(1 + r_2) \cdots (1 + r_n))^{1/n} - 1.$$

(3) 内部收益率 (internal rate of return, IRR). 内部收益率是如下关于 $r$ 的方程的解:

$$V_0 = \frac{C_1}{1 + r} + \frac{C_2}{(1 + r)^2} + \cdots + \frac{C_n}{(1 + r)^n}.$$

其实内部收益率就是债券中到期收益率的计算. 可以看出, 内部收益率的计算方式与其他二者不同, 它更适用于不断有现金流收入和支出的投资项目的业绩评判. 对于算术平均与几何平均两种方式, 通常认为, 算术平均收益率更适用于评判利用保证金交易的期货投资的业绩, 而几何平均收益率更适用于评价股票投资表现.

2. 风险指标

除了收益率以外, 投资者通常还会关注投资的风险. 波动率 (标准差) 是最常用于衡量风险水平的指标之一. 假设投资者一共进行了 $n$ 期投资, 各期时间长度相等, 各期收益率分别为 $r_1, r_2, \cdots, r_n$, 则

$$\text{波动率 (标准差)} = \sqrt{\frac{\sum_{i=1}^{n} (r_i - \bar{r})^2}{n - 1}},$$

其中 $\bar{r}$ 表示算术平均收益率. 收益率的方差即为标准差的平方.

通常, 投资者在评价波动率的时候也希望将交易所内交易的股票、期货等资产的日收益率方差和标准差转化成以年为单位. 一般约定, 方差的年化方式是乘以 252, 标准差的年化方式是乘以 $\sqrt{252}$. 这样做的背后有原因. 如果我们愿意假定每一期的收益率都符合独立同分布, 那么一年的方差确实应该是每一天的方差乘以全年所有的天数, 这里的天数可以是交易日. 自然全年的标准差也就是每天收益率的标准差乘以根号下的全年交易天数.

3. 风险调整收益率指标

由于实际投资者往往同时关注风险与收益, 因此, 人们提出了一系列将风险与收益结合的指标. 这些指标要么通过 "收益除以风险" 的方式, 考虑单位风险带来的收益; 要么通过 "收益减去风险" 的方式, 考虑剔除风险因素后的收益.

在介绍这些风险调整收益率指标之前, 我们先简单介绍单因子模型, 在 4.3 节还会进一步详细介绍单因子模型的理论基础. 许多风险调整收益率指标建立在单因子模型的基础之上. 单因子模型是一种十分常用的收益与风险分解模型, 它将收益和风险分解为市场因素与非市场因素两部分. 这里所说的 "单因子" 即指市场因子. 单因子模型的表达式为

$$r - r_f = \alpha + \beta(r_M - r_f) + \varepsilon, \tag{2.1}$$

这里 $r$ 表示投资策略的收益率, $r_M$ 表示市场收益率 (例如上证综指的收益率), $r_f$ 是无风险收益率, $\varepsilon$ 是均值为 0 的白噪声误差项, $\alpha$ 与 $\beta$ 是两个常数. 该模型对投资策略的超额收益进行了分解. 具体地, 表达式中

$$\beta(r_M - r_f)$$

是市场收益部分, $\alpha$ 是剔除市场收益后的平均收益, 而 $\varepsilon$ 是噪声项. 因此, $\beta$ 可用于衡量该投资组合包含的市场风险, $\alpha$ 可用于衡量该投资策略剔除市场因素后的收益水平, 而 $\varepsilon$ 的标准差可用于衡量该投资策略剔除市场因素后的特异性风险. 在实际操作中, 投资者可以将 $r - r_f$ 的历史时间序列对 $r_M - r_f$ 的历史时间序列做线性回归, 得出 $\alpha$ 与 $\beta$ 的估计值.

下面我们介绍常见的风险调整收益率指标.

(1) 夏普比率 (Sharpe ratio)

$$\text{夏普比率} = \frac{\bar{r} - r_f}{\sigma},$$

其中 $\bar{r}$ 表示投资策略的平均收益率, $\sigma$ 表示投资策略的标准差, $r_f$ 表示无风险利率. 夏普比率相当于以无风险利率为基准, 考虑投资策略收益率超出基准的部分,

即 $\bar{r}-r_f$ (叫做超额收益); 再用超额收益除以风险, 考虑每承担一单位风险能带来的超额收益. 夏普比率具有非常良好的理论背景, 我们将在 4.2 节介绍夏普比率的由来.

(2) 特雷诺比率 (Treynor ratio)

$$\text{特雷诺比率} = \frac{\bar{r}-r_f}{\beta},$$

其中 $\bar{r}$ 表示投资策略的平均收益率, $\beta$ 是单因子模型 (2.1) 中的 $\beta$ 取值, $r_f$ 表示无风险利率. 特雷诺比率与夏普比率类似, 但其将夏普比率分母中的 $\sigma$ 改成了 $\beta$, 即使用 $\beta$ 来衡量风险. 因此, 特雷诺比率衡量的是每承担一单位市场风险能带来的超额收益.

(3) 詹森 $\alpha$ (Jensen's alpha) 詹森 $\alpha$ 即为单因子模型 (2.1) 中的 $\alpha$ 取值. 根据 (2.1) 式, 詹森 $\alpha$ 相当于以市场超额收益为基准, 将投资策略的超额收益中与市场相关的部分剔除, 以衡量该策略超出市场的收益.

(4) 信息比率 (information ratio, IR)

$$\text{信息比率} = \frac{\alpha}{\sigma_\varepsilon},$$

其中, $\alpha$ 为单因子模型 (2.1) 中的 $\alpha$ 取值, 而 $\sigma_\varepsilon$ 是单因子模型 (2.1) 中误差项 $\varepsilon$ 的标准差. 由于 $\sigma_\varepsilon$ 衡量了该投资策略的特异性风险, 因此信息比率衡量的是每承担一单位特异性风险能带来的超出市场的收益.

4. 其他指标

除了上述指标以外, 随着投资领域的发展, 业界逐渐形成了其他一系列实用的投资绩效评价指标.

(1) 累积收益曲线 (P&L 曲线) 假设投资者的初始资金是 $V_0$, 该投资者在 $t$ 时刻的资金总量为 $V_t$, 那么 $V_t$ 关于 $t$ 的函数图像就叫做累积收益曲线, 即 P&L 曲线. P&L 曲线是最直观评判投资绩效的标准, 这里 P&L 表示损益 (profit and loss). 一个量化投资策略如果表现优异, 其对应的 P&L 曲线应当尽可能保持具有平稳上升的走势.

图 2.10 展示了三条 P&L 曲线的实例. 三条曲线对应某投资者从 2015 年初至 2020 年末 ① 将 10 万元单独投资于贵州茅台 (600519), ② 将 10 万元单独投资于格力电器 (000651), 以及 ③ 分别将 5 万元投资于贵州茅台、5 万元投资于格力电器的等权重组合的 P&L 曲线.

(2) 最大回撤 (maximum drawdown, MDD) 假设投资者的初始资金是 $V_0$, 该投资者在 $t$ 时刻的资金总量为 $V_t$. 那么该投资者在 $t$ 时刻的回撤 (drawdown,

DD) 定义是

$$\mathrm{DD}_t = \max\left(\max_{s\in[0,t]} V_s - V_t,\quad 0\right),$$

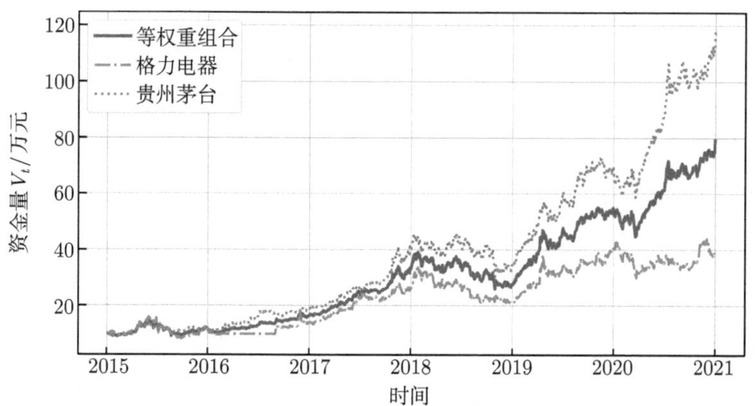


图 2.10 贵州茅台、格力电器以及二者等权重组合的 P&L 曲线

投资者在 0 到 $T$ 时间内的最大回撤的定义是

$$\mathrm{MDD}_T = \max_{t\in[0,T]} \mathrm{DD}_t.$$

即, $t$ 时刻的回撤是从历史最高点到当前值的下跌幅度, 而最大回撤是历史下跌幅度的最大值. 最大回撤是投资领域的重要风险指标. 例如, 公募基金经理通常要保证自己策略的最大回撤尽可能小, 因为一旦发生较大回撤, 容易引起基金申购者的大范围赎回, 造成挤兑风险.

(3) 换手率 (turnover rate) 假设投资者投资于 $n$ 个资产, 在 $t$ 时刻进行调仓操作 (即买卖资产, 调整各个资产持有量), 调仓前持有资产总价值为 $V_t$, 其中各个资产价值分别为 $V_{t-}^1, V_{t-}^2, \cdots, V_{t-}^n$; 调仓后持有的各个资产价值分别变为 $V_{t+}^1, V_{t+}^2, \cdots, V_{t+}^n$. 则 $t$ 时刻的换手率被定义为

$$\text{换手率}_t = \frac{\sum_{i=1}^n \left|V_{t-}^i - V_{t+}^i\right|}{2V_t}.$$

因此, 换手率衡量的是调仓前后持仓的差异. 换手率通常用于测算交易成本, 如果一个策略的换手率较高, 其调仓时的交易成本 (手续费、买卖价差等) 就会较大.

(4) 其他业绩归因指标 除去上述的指标以外, 当然还可以制定其他的指标. 理论上, 其他指标都应该反映一种业绩归因的特征. 每个机构可以根据自己对市场的理解来自行设计这些指标.

## 2.8 案例: 两资产等权重投资组合

现在来看一个投资实例. 本节将考察一种最简单的投资策略——“买入并持有” 策略, 将其应用于平安银行 (000001) 与万科 A(000002) 两只股票之上, 并构造二者的等权重投资组合. 我们将通过这一案例来深入理解量化投资策略的组成要素与回测方法.

1. 案例研究目的

本案例的研究目的如下.

(1) 掌握量化投资策略的组成要素: 投资标的、调仓频率、投资信号, 其中投资信号由模型与数据共同生成.

(2) 掌握量化投资策略的历史数据回测方法以及常见评判指标的计算方式.

(3) 掌握量化投资结果分析方法, 从沿策略 (与其他策略和基准比较) 与沿时间 (不同时间段的策略表现) 两个维度分析策略表现.

(4) 掌握 “买入并持有” 策略, 理解投资组合降低风险的思想.

2. 投资策略与回测方案

我们从如下几方面设定投资策略与回测方案.

**投资标的** 两只股票: 平安银行 (000001) 与万科 A(000002).

**初始资金** 初始资金 10 万元.

**具体策略** 考察三种 “买入并持有” (buy-and-hold) 策略:

(1) 将 10 万元全部投资于平安银行, 持有至最终时刻;

(2) 将 10 万元全部投资于万科 A, 持有至最终时刻;

(3) 等权重策略, 将 5 万元投资于平安银行, 将 5 万元投资于万科 A, 均持有至最终时刻.

**调仓频率** 买入并持有策略无需调仓.

**回测时段** 2011 年初至 2020 年末, 共 10 年.

3. 数据

假设投资者希望了解每日的投资结果, 因此使用日频数据. 于是, 在回测之前, 我们首先需要获取这 10 年内的如下数据 (本书使用的数据获取自 Wind 金融终端):

- 平安银行的复权收盘价, 日频数据;
- 万科 A 的复权收盘价, 日频数据;
- 十年期国债收益率收盘值, 日频数据;

- 上证综指收盘价, 日频数据.

读者可能会好奇, 对两只股票做回测, 为什么还需要获取十年期国债收益率与上证综指收盘价数据? 这是因为, 衡量投资策略表现优劣, 不应当只看收益率是正是负、是高是低, 而是应当与某些公认的基准进行比较. 先前我们介绍的夏普比率、特雷诺比率就是以无风险利率基准, 而实务中, 人们通常用交易活跃的十年期国债收益率作为无风险利率. 先前介绍的詹森 $\alpha$、信息比率 IR 则相当于以市场收益率基准, 而上证综指作为一种市场指数, 其收益率刚好可以作为市场收益率的替代. 因此, 为了计算这些衡量策略表现的指标, 我们需要使用十年期国债收益率与上证综指收盘价数据.

此外, 我们使用的均为每日收盘数据. 使用收盘价数据进行回测, 相当于我们假设买卖股票的操作只能在每日收盘时刻进行. 这一假设与实际投资操作其实很难相符, 因为实务中, 投资者很难保证只在收盘时刻进行交易, 而且也很难保证收盘时刻一定能达成交易. 然而, 对于低频投资策略, 量化投资领域还是习惯使用这种假设. 这是因为, 对于低频投资策略而言, 是使用开盘价, 还是使用收盘价, 还是使用日内某一时刻价格进行计算, 对结果不会造成明显影响. 如前所述, 不同频率投资者对市场信息的关注是不尽相同的. 对于本例中考虑的简单策略而言, 使用收盘价数据已经足够评判策略优劣.

另外, 细心的读者可以发现, 对于平安银行与万科 A 两只股票, 我们使用了所谓的 "复权" 收盘价. 在现实投资中, 上市公司可能会作出分红、拆股、配股等决策, 此时该公司的股价会发生相应调整. 所谓复权, 就是对这种事件进行处理, 保证我们使用的股价具有连续性. 由于这些事件发生频率极低, 因此量化投资领域通常不关注这类事件, 只使用复权后数据进行研究. 现有的金融数据行情软件大多能直接提供复权后数据, 因此本书将不再介绍复权的具体细节.

4. 回测结果与分析

表 2.3 展示了策略 (1) 只持有平安银行、策略 (2) 只持有万科 A 以及策略 (3) 等权重组合的各年平均收益率. 具体地, 我们先计算了每日的连续复利收益率, 随后计算每年的收益率算术平均值, 最后通过乘以 252 将结果年化. 为便于比较, 我们还将上证综指各年平均收益率呈现在表格中.

将表 2.3 沿纵向比较可以发现, 等权重组合的收益率始终介于分别单独持有两只股票的收益率之间. 此外, 三种策略的收益率通常优于上证综指的收益率, 这说明我们选择的两只股票在这 10 年内整体表现优于市场. 沿时间比较可以发现, 三种策略在 2014 年、2017 年、2019 年收益率居高, 而在 2011 年、2016 年、2018 年收益率均为负. 此外我们还能看到, 大多数情况下, 三种策略与市场指数的平均收益率都是同正或同负, 偶尔出现符号不一致的现象. 这说明, 策略表现好坏与市场整体走势密切相关. 由此读者也应意识到设定基准的重要性.

表 2.3　各年平均收益率

| 年份 | 2011 | 2012 | 2013 | 2014 | 2015 |
|---|---|---|---|---|---|
| 平安银行 | −1.44% | 3.67% | 22.23% | 46.68% | −9.12% |
| 万科 A | −8.57% | 33.02% | −22.71% | 61.87% | 61.66% |
| 等权重组合 | −5.14% | 19.67% | −1.47% | 54.17% | 32.99% |
| 上证综指 | −25.23% | 3.24% | −7.40% | 43.65% | 9.29% |
| 年份 | 2016 | 2017 | 2018 | 2019 | 2020 |
| 平安银行 | −8.04% | 40.66% | −34.57% | 59.17% | 18.53% |
| 万科 A | −13.60% | 46.12% | −23.58% | 35.17% | −8.12% |
| 等权重组合 | −11.76% | 44.31% | −27.02% | 43.03% | 2.10% |
| 上证综指 | −13.56% | 6.56% | −29.27% | 20.79% | 13.47% |

类似地, 表 2.4 展示了三种策略以及上证综指的各年收益率标准差. 具体地, 我们计算每日的连续复利收益率的标准差, 再乘以 $\sqrt{252}$ 将结果年化. 沿时间比较表 2.4 可以发现, 各策略以及上证综指在 2015 年的收益率波动率均达到高点. 这在一定程度上是因为, 2015 年 6 月前我国市场一路上行达到高值, 6 月后则一路下跌, 市场整体发生剧烈震荡. 沿纵向比较可以发现, 等权重组合的收益率标准差通常低于单独持有平安银行或单独持有万科 A 的标准差; 而上证综指收益率标准差在这十年内始终均低于三种策略的标准差. 事实上, 等权重组合收益率是两只股票收益率的平均, 而上证综指收益率则相当于全市场一系列股票收益率的加权平均. 因此, 我们似乎可以总结出一个规律: 适当增加投资组合中的资产, 有助于降低投资组合整体的风险. 事实上, 这正是现代投资组合理论的开端. 我们将在后续章节中进一步认识这一思想.

表 2.4　各年收益率标准差

| 年份 | 2011 | 2012 | 2013 | 2014 | 2015 |
|---|---|---|---|---|---|
| 平安银行 | 26.19% | 22.88% | 48.90% | 32.64% | 45.30% |
| 万科 A | 27.47% | 28.43% | 38.23% | 35.45% | 48.50% |
| 等权重组合 | 23.68% | 22.37% | 38.31% | 30.25% | 42.89% |
| 上证综指 | 18.40% | 17.36% | 18.44% | 17.22% | 39.25% |
| 年份 | 2016 | 2017 | 2018 | 2019 | 2020 |
| 平安银行 | 19.34% | 25.67% | 33.86% | 31.59% | 34.49% |
| 万科 A | 38.84% | 37.22% | 42.53% | 29.06% | 30.99% |
| 等权重组合 | 27.45% | 28.08% | 37.21% | 27.14% | 29.14% |
| 上证综指 | 23.37% | 8.69% | 19.76% | 18.09% | 20.89% |

观察完各年的收益率均值和标准差之后, 我们进一步计算其他策略评判指标. 图 2.11 展示了三种策略与上证综指的 P&L 曲线. 从曲线中, 我们可以非常直观地了解各个策略的走势, 并加以比较. 比较各条曲线可以发现, 三种策略整体均高于上证综指的走势, 说明这十年内, 三种策略整体均优于市场. 此外, 沿时间来看, 2015 年和 2018 年, 各条曲线均出现明显下行, 这也与市场在这两年内的表现一致.

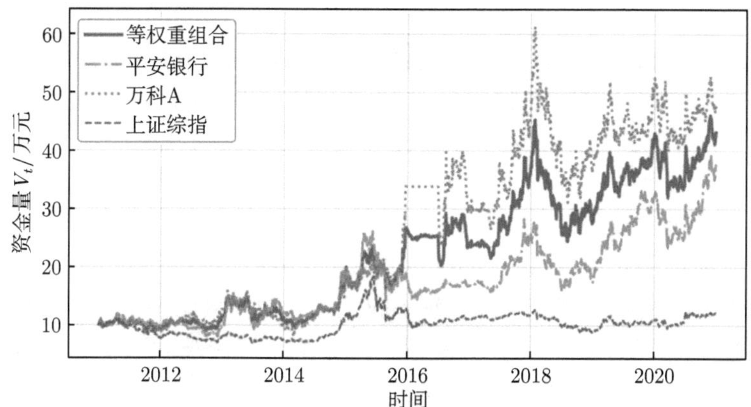


图 2.11　三种策略与上证综指的 P&L 曲线 (初始资金 10 万元)

表 2.5 展示了三种策略以及上证综指在这十年内的其他度量指标表现 (指标均已年化). 如前所述, 计算这些指标时, 无风险利率取为十年期国债收益率, 市场收益率取为上证综指收益率. 读者可以发现, 从夏普比率与信息比率的角度, 等权重组合的表现优于单独持有两只股票的表现. 而等权重组合的特雷诺比率略低于万科 A, 这是因为等权重组合的 $\beta$ 系数更大, 承担了相对更高的系统性风险. 三

**表 2.5　其他策略评判指标 (2011 年至 2020 年, 年化结果)**

| 年份 | 平均收益率 | 标准差 | 夏普比率 | 詹森 $\alpha$ |
|---|---|---|---|---|
| 平安银行 | 13.79% | 33.23% | 0.3094 | 11.71% |
| 万科 A | 16.26% | 36.24% | 0.3519 | 13.91% |
| 等权重组合 | 15.17% | 31.27% | 0.3729 | 12.92% |
| 上证综指 | 2.20% | 21.44% | −0.0609 | 0.00% |

| 年份 | $\beta$ | 特雷诺比率 | 信息比率 | 最大回撤/万元 |
|---|---|---|---|---|
| 平安银行 | 1.0937 | 0.0940 | 0.4973 | 12.17 |
| 万科 A | 0.8878 | 0.1436 | 0.4511 | 30.27 |
| 等权重组合 | 0.9650 | 0.1208 | 0.5511 | 20.88 |
| 上证综指 | 1.0000 | −0.0131 | 0.0000 | 9.62 |

种策略的詹森 $\alpha$ 均为正值, 意味着三种策略在这十年内均实现了超出市场的收益. 从最大回撤的角度, 等权重组合介于单独持有平安银行与万科 A 之间. 三种策略的最大回撤均超过 10 万元, 也即均超出了初始本金. 这在一定程度上说明三种策略其实均具有较大风险. 从图 2.11 的 P&L 曲线不难看出, 最大回撤发生在 2018 年. 最后, 表格中没有给出换手率的信息, 因为我们的三种简单策略均无需换手, 也即换手率为 0, 意味着无需考虑换手成本.

5. 结论

(1) 沿时间的维度比较, 三种投资策略在 2014 年、2017 年、2019 年具有更高的收益率, 而在 2011 年、2016 年、2018 年出现回撤. 2015 年的收益率波动程度最大, 这与当时全市场的行情密切相关.

(2) 与基准相比, 三种投资策略的平均收益率均高于上证综指, 但与此同时, 三者也具有更高的风险 (具有更高的标准差和更大的回撤). 这说明, 持有少量股票可能收获更高的超额收益, 但同时也要承担更高的风险.

(3) 比较三种投资策略, 可以发现等权重组合的风险比持有单个股票的风险更低, 具有更高的夏普比率. 这在一定程度上说明, 分散投资可以降低风险, 提升策略表现.

至此, 我们完成了对三个简单投资策略的分析. 读者应当能感受到, 本例并未着眼于投资模型的构建, 而是将主要笔墨落在了数据的选取以及回测结果分析之上. 这是因为, 一方面, 优秀的量化投资策略很大程度上取决于优质的数据; 另一方面, 优秀的投资策略应当在各个方面均能撑得住考验. 而初学者通常会忽视这两方面, 以为量化投资的重点只在于高端的量化模型. 虽然本书后续章节将更注重于投资模型的构建, 但读者不应因此忽视数据处理与结果分析的过程, 而是应当在学习的过程中不断强化这两点.

## 习 题 二

(1) 下载中国 A 股的十只股票在过去十年内的历史日收盘价数据, 给出从各个月份的首个交易日开始持仓至当前日期的 "买入并持有" 策略的年化收益率、标准差、夏普比率, 并用图像展示这些指标随开始持仓月份变化的时间序列图像.

(2) 对于习题 (1) 中的十只股票, 构造由十只股票组成的等权重投资组合, 给出 "买入并持有" 该投资组合在过去十年内的 P&L 曲线, 计算其年化收益率、标准差、夏普比率, 并与习题 (1) 中持有单个股票的结果进行比较.

(3) 收集中国 A 股的十个行业指数的历史日收盘价数据, 计算各个行业指数日收益率之间的相关系数, 并用热力图展示.

(4) 收集沪深 300ETF 自上市以来的历史日收盘价数据. 对于 $m=1,2,\cdots,12$, 考虑如下策略: 每年第 $m$ 月第一个交易日买入, 该月最后一个交易日卖出. 计算第 $m$ 个月的策略的年化收益率与年化夏普比率, 并汇总结果.

(5) 收集沪深 300 指数、沪深 300ETF 和中国金融期货交易所的 IF (股指期货) 主力合约日收盘价数据, 比较买入并持有沪深 300 指数、沪深 300ETF 和同样名义额 IF 主力合约这三种持仓方式的历史日收益率, 并参照表 2.1, 给出三种持仓方式的基本统计量.

# 第 3 章　量化择时模型

投资就是在不同时间节点进行现金流的互换, 因此选择时间节点自然就是投资所关注的要点之一. 所谓择时, 就是选择不同时间节点来投资的方法. 证券价格的走势有高有低, 而且曲线并不光滑. 作为投资者, 一个永恒不变的原则就是"买低卖高", 即在价格低时买入, 在价格高时卖出. 如果投资者能做到所谓的买低卖高, 就会不断盈利; 反之如果是"买高卖低", 就会不断亏损.

众多"股评专家"在讨论证券价格历史走势的时候经常给出的建议就是"买低卖高". 依照历史的价格曲线讲述一个"买低卖高"的故事很容易, 但面向未来判断当前是高点还是低点却很难.

量化投资的理论和实际操作的一个重点课题就是如何判断当前的价格在未来属于一个什么位置. 我们在本章会从一个比较固定的视角来介绍择时方法, 那就是信号处理中的降噪原则.

## 3.1　均　　线

如 2.4 节看到的那样, 我们经常见到的证券价格本身在任何一个固定的时间频率上都不会是光滑的曲线. 在技术分析的时候, 我们通常把一定观察频率下绘制的曲线称为该频率下的频率线. 周观察频率就是周线, 月观察频率就是月线. 而不论是月线、周线、日线还是小时线, 这些证券价格曲线都有一种共同特点, 就是极端不光滑.

数学上看, 这些曲线如同分形结构, 任何一部分放大以后都有强烈的自相似性. 因此, 我们不能指望通过选择观察频率让曲线更加光滑. 从不光滑曲线中看出市场方向和走势就成为择时的重要目标. 我们将借助一些信号处理方法来处理证券价格, 这些方法的核心都是把信号 (这里就是证券价格) 中的高频噪声去掉, 从而显露出来低频的走势.

市面上的商用看盘软件中, 不可缺少的一个指标就是均线. 许多交易员喜欢利用均线这类的技术指标来指导投资, 其中一个原因就是均线技术指标可以降噪. 而之所以要降噪, 是因为金融市场信息噪声比较低, 市场价格中包含了太多噪声. 为了去除噪声, 看清楚市场的走势, 交易员使用了各种的技术指标, 其中最基础也最常用的就是均线.

我们先用一个简单例子来说明, 为何计算算术平均值可以起到降噪的目的. 假设我们能观测到一系列独立同分布样本 $y_i$, 每个样本都由不可观测的信号项 $x_i$ 与噪声项 $\epsilon_i$ 叠加而成, 即

$$y_i = x_i + \epsilon_i, \quad i = 1, 2, \cdots, n,$$

其中噪声 $\epsilon_i \sim N(0, \sigma^2)$ 服从正态分布, 噪声项与信号项独立, 且噪声项之间也相互独立. 那么如果对等式两边同时取算术平均, 就自然有

$$\frac{y_1 + y_2 + \cdots + y_n}{n} = \frac{x_1 + x_2 + \cdots + x_n}{n} + \frac{\epsilon_1 + \epsilon_2 + \cdots + \epsilon_n}{n},$$

我们注意到, 噪声部分均值的期望满足

$$E\left(\frac{\epsilon_1 + \epsilon_2 + \cdots + \epsilon_n}{n}\right) = 0,$$

但是其方差为

$$\mathrm{Var}\left(\frac{\epsilon_1 + \epsilon_2 + \cdots + \epsilon_n}{n}\right) = \frac{\sigma^2}{n}.$$

所以, 随着 $n$ 越来越大, 噪声部分的算术平均值的方差就越接近 0. 因此, 求平均值可以达到降噪的目的.

把这个例子应用到金融当中, 通过计算证券价格时间序列的算术平均值来降噪, 就形成了所谓的 “均线”. 假定某证券在第 $i$ 天的价格为 $S_i$. 如果当前是第 $n$ 天, 那么该证券价格的历史 $k$ 天 (第 $n-k+1$ 天, $\cdots$, 第 $n-1$ 天, 第 $n$ 天) 的平均值 $\mathrm{MA}(n,k)$ 就是

$$\mathrm{MA}(n,k) = \frac{S_n + S_{n-1} + \cdots + S_{n-k+1}}{k}.$$

而把 $\mathrm{MA}(n,k)$ 绘制的图形, 就是我们常说的 “ $k$ 日均线”, 如图 3.1 所示. 从图 3.1 中可以看到, 虽然原始证券价格非常不光滑, 但是均线比较光滑, 说明均线可以降噪, 观察均线便可识别出证券价格的上升或下降趋势.

然而, 均线也有副作用, 其会带来信号的滞后. 例如, 假设某证券的价格永远与所处日期相等, 即第 $i$ 天的证券价格 $S_i = i$, 不含噪声. 某交易者在第 $n$ 天时希望找到该证券价格中的信号. 如果他将 $k$ 日均线作为信号, 他得到的结果将是

$$\mathrm{MA}(n,k) = \frac{n + (n-1) + \cdots + (n-k+1)}{k} = n - \frac{k-1}{2}.$$

图 3.1　均线

这与第 $n$ 天的真实价格信号 $n$ 相差 $(k-1)/2$. 一般来讲, 如果使用 $k$ 日均线, 就会带来 $(k-1)/2$ 日的信号滞后. 利用算术平均值构造的技术指标普遍具有这种 "降噪同时滞后" 的特性. 如果使用过长的历史数据, 虽然噪声会得到进一步降低, 但滞后性也会进一步加强. 这个现象在图 3.1 也同样明显. 其中 20 日的均线就比原始价格曲线滞后, 而 60 日均线更加滞后.

由于均线具有降噪但是滞后的特点, 因此人们开始探索其他的方法以避免这种滞后, 并发展出来更多的指标, 这些指标被称为 "技术指标", 我们在下一节陆续介绍. 对技术分析理论研究有兴趣的读者可以参阅相关经典文献, 例如 Lo 等 (2000) 等.

## 3.2　常见趋势型技术指标

均线是技术指标的一种, 但是技术指标不仅仅有均线, 历史上还发展出来许多其他指标. 这些指标虽然个个不同, 但是构造的思想都相对一致, 都是计算历史数据的某种 "平均", 通过平均来降低噪声.

本节介绍一些建立在均线基础之上的技术指标. 由于均线反映了价格的趋势, 因此我们称这些指标为 "趋势型技术指标". 记证券为 $S$, 其在第 $n$ 个时间单位的价格为 $S_n$.

(1) 简单移动平均线 (simple moving average, SMA):

$$\mathrm{SMA}(S,n,k)=\frac{1}{k}(S_n+S_{n-1}+\cdots+S_{n-k+1}).$$

简单移动平均线是对历史 $k$ 个时间单位的数据直接计算算术平均, 其对历史 $k$ 个时间单位的数据一视同仁.

(2) 指数移动平均线 (exponential moving average, EMA): 简单移动平均线赋予每天的价格同样的权重, 忽略了数据的时间先后, 而指数移动平均线考虑对越远的价格赋予越低的权重. 指数移动平均线使用无穷长度的历史数据进行加权平均, 加权的方式是

$$\mathrm{EMA}(S,n,\alpha)=\alpha S_n+\alpha(1-\alpha)S_{n-1}+\alpha(1-\alpha)^2S_{n-2}+\cdots.$$

该式也可以写为迭代形式:

$$\mathrm{EMA}(S,n,\alpha)=\alpha S_n+(1-\alpha)\mathrm{EMA}(S,n-1,\alpha).$$

由此可见, 指数移动平均线认为信号随时间推移呈指数衰减. 其将当前时刻的信号赋予权重 $\alpha$, 而将历史信号迭代赋予权重 $(1-\alpha)$.

(3) 加权移动平均线 (weighted moving average, WMA): 简单移动平均线与指数移动平均线均使用特定常数来加权, 投资人自然也可以根据自己的选择使用其他加权方式

$$\mathrm{WMA}(S,n,k)=\frac{1}{m}(w_0S_n+w_1S_{n-1}+\cdots+w_kS_{n-k}),$$

其中

$$m=w_0+w_2+\cdots+w_k.$$

加权移动平均线是对简单移动平均线的拓展. 投资者可以依据自己对不同历史时刻的看重程度, 选择自己偏好的权重, 计算历史数据的加权平均值. 一种常用的权重取值方式是令

$$w_i=k-i,\quad i=0,1,2,\cdots,k, \tag{3.1}$$

即权重随时间线性衰减. 另一种常见的取值是

$$w_i=a^i\sin\left(\frac{\pi}{m}i\right),\quad 0<a<1,\quad i=1,2,\cdots,k,$$

即权重取为衰减的正弦函数的形式, 用以体现权重波动的性质.

(4) 动态移动平均线 (variable moving average, VMA): 如果希望让权重随着价格调整, 那么可以考虑动态移动平均线

$$\mathrm{VMA}(S,n,\alpha,k)=(\alpha\mathrm{VI}(S,n,k))\,S_n+(1-\alpha\mathrm{VI}(S,n,k))\,\mathrm{VMA}(S,n-1,\alpha,k),$$

这里的 $\mathrm{VI}(S,n,k)$ 表示波动率指数 (volatility index). 它有多种定义方式, 例如可以定义为

$$\mathrm{VI}(S,n,k)=\frac{|S_n-S_{n-k}|}{\sum_{i=0}^{k-1}|S_{n-i}-S_{n-i-1}|}.$$

动态移动平均线是对指数移动平均线的拓展, 将权重随不同市场环境加以调整. 如果近期市场波动剧烈, VI 较小, 当前数据的权重就随之降低; 而如果近期市场稳步运行, VI 较大, 当前数据的权重就随之上升.

(5) 双指数移动平均线 (double exponential moving average, DEMA): 有了简单移动平均线或者是指数移动平均线以后, 我们可以把不同周期的均线复合成为新的指标. 例如, 双指数移动平均线的定义为

$$\mathrm{DEMA}(S,n,\alpha)=2\cdot\mathrm{EMA}_1(S,n,\alpha)-\mathrm{EMA}_2(S,n,\alpha),$$

其中

$$\mathrm{EMA}_1(S,n,\alpha)=\alpha S_n+(1-\alpha)\mathrm{EMA}_1(S,n-1,\alpha),$$

且

$$\mathrm{EMA}_2(S,n,\alpha)=\alpha\mathrm{EMA}_1(S,n,\alpha)+(1-\alpha)\mathrm{EMA}_2(S,n-1,\alpha),$$

即, $\mathrm{EMA}_1$ 是原价格序列的指数移动平均线, 而 $\mathrm{EMA}_2$ 是 $\mathrm{EMA}_1$ 序列的指数移动平均线. 双指数移动平均线可被视作对指数移动平均线的拓展.

(6) TRIX 指标 (triple exponential moving average):

$$\mathrm{TRIX}(S,n,\alpha)=\mathrm{EMA}(\mathrm{EMA}(\mathrm{EMA}(S,n,\alpha),n,\alpha),n,\alpha),$$

即对原始价格序列进行三次指数移动平均. 这种均线能得到更为长期的趋势.

(7) 赫尔移动平均线 (Hull's moving average, HMA):

$$\mathrm{HMA}(S,n,k)=\mathrm{WMA}\left(2\cdot\mathrm{WMA}\left(S,n,\frac{k}{2}\right)-\mathrm{WMA}(S,n,k),n,\sqrt{k}\right),$$

其中 WMA 的权重选为 (3.1) 式. 这种均线可在降噪的同时尽可能减少信息滞后.

(8) MACD 指标 (moving average convergence/divergence):

$$\mathrm{MACD}(S,n,k_1,k_2,k)=\mathrm{SMA}\big(\mathrm{SMA}(S,n,k_1)-\mathrm{SMA}(S,n,k_2),n,k\big),$$

其中 $k_1<k_2$. 因此, MACD 衡量的是短期均线与长期均线的差值. 如果 MACD 为正, 说明短期较之长期有上升趋势, 否则有下降趋势.

从这些指标的定义中我们可以看出, 市面上各种流行的技术指标都是以均线系统为出发点, 经过一系列复合得到.

## 3.3 常见反转型技术指标

3.2 节介绍的指标是趋势型技术指标, 通过均线反映价格趋势. 本节我们介绍一些反转型技术指标, 它们具有天然的上下界, 当指标达到上界附近时, 我们有理由认为其未来将下降; 当指标达到下界附近时, 我们有理由认为其未来将上升. 仍然记证券为 $S$, 其在第 $n$ 个时间单位的价格为 $S_n$.

(1) 布林带 (Bollinger bands): 均线是一定区间内的价格的均值, 我们还可以考虑这段区间内价格的标准差. 记 $\sigma(S,n,k)$ 为

$$S_n, S_{n-1}, \cdots, S_{n-k+1}$$

这 $k$ 个历史价格数据的样本标准差, 则布林带的定义如下:

$$\begin{aligned}
\text{中轨} &= \mathrm{SMA}(S,n,k),\\
\text{上轨} &= \mathrm{SMA}(S,n,k) + m\cdot\sigma(S,n,k),\\
\text{下轨} &= \mathrm{SMA}(S,n,k) - m\cdot\sigma(S,n,k),
\end{aligned}$$

其中 $m$ 用于调节布林带宽度 (通常取为 2). 本质上来看, 使用布林带的投资者关注的其实是

$$z = \frac{S_n - \mathrm{SMA}(S,n,k)}{\sigma(S,n,k)},$$

其中, $\mathrm{SMA}(S,n,k)$ 是用历史数据估计的股价均值, 而 $\sigma(S,n,k)$ 是用历史数据估计的股价标准差. 若 $z$ 值超出预期, 意味着股价与历史走势存在较大偏离. 图 3.2 展示了布林带的形态.

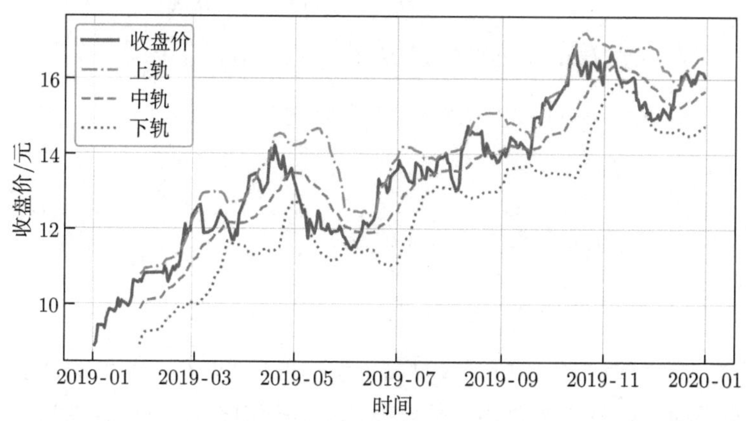


图 3.2 布林带

(2) RSI 指标 (relative strength index): 把一定区间价格的涨跌的绝对值之和取均值作为分母, 把涨的部分取均值作为分子, 就得到了下面的指标.

$$\mathrm{RSI}(S,n,k)=\frac{\mathrm{SMA}(\max(S_n-S_{n-1},0),n,k)}{\mathrm{SMA}(|S_n-S_{n-1}|,n,k)}.$$

RSI 可以衡量近一段时间内涨幅 $\max(S_n-S_{n-1},0)$ 占所有价格变化的占比, 即买方的强度占买卖双方强度之比例. 从这个定义可以看到, RSI 指标的取值介于 0 和 1 之间 (图 3.3).

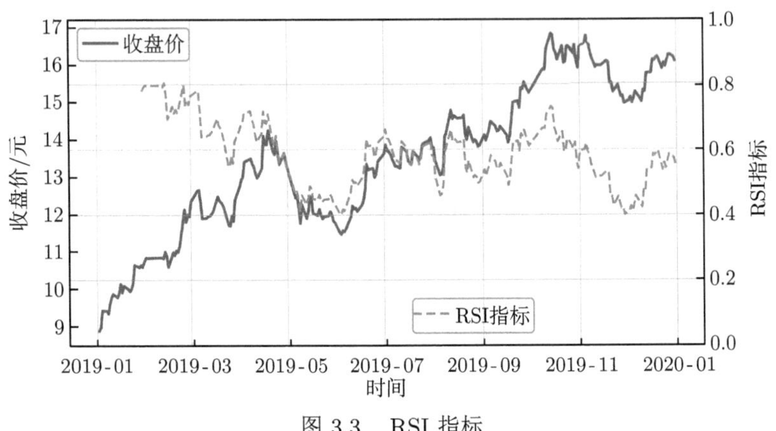

图 3.3　RSI 指标

(3) KDJ 指标: KDJ 指标考虑价格在一段时间内的相对位置.

$$K(S,n,k,\alpha)=\mathrm{EMA}\left(\frac{S_n-L(S,n,k)}{H(S,n,k)-L(S,n,k)},n,\alpha\right),$$

$$D(S,n,k,\alpha)=\mathrm{EMA}\big(K(S,n,k,\alpha),n,\alpha\big),$$

$$J(S,n,k,\alpha)=3\cdot K(S,n,k,\alpha)-2\cdot D(S,n,k,\alpha),$$

其中,

$$H(S,n,k)=\max(S_n,S_{n-1},\cdots,S_{n-k+1}),$$

$$L(S,n,k)=\min(S_n,S_{n-1},\cdots,S_{n-k+1}).$$

KDJ 利用当日价格与近一段时间内最高价的接近程度 ($K$ 值) 来衡量买方力量所占强度. $D$ 值是 $K$ 值的指数移动平均线, 因此其相比 $K$ 值更为滞后. $J$ 值衡量二者的差距, 表示与前一段时间相比, 当前的买方势力较之前而言高低 (图 3.4).

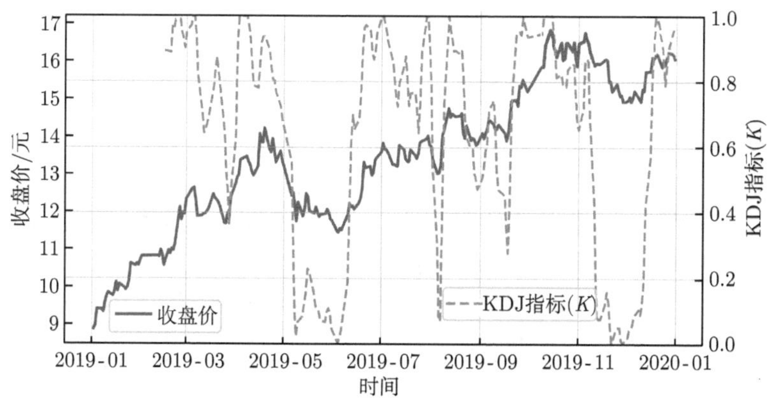


图 3.4 KDJ 指标

构造上述各种技术指标的目的是构建择时策略, 即回答下面的问题: 在什么时间节点买入, 买入多少; 什么时间节点卖出, 卖出多少. 历史上通常把择时策略的基本方法归为两大类, 一类是趋势型策略, 一类是反转型策略. 趋势型策略的想法是, 当证券价格的技术指标反映了价格正在升高时, 买入, 下跌时则卖出. 反转型策略的想法是, 当证券价格的技术指标反映了价格正在升高时, 卖出, 下跌时则买入.

趋势型指标通常用于构造趋势型策略, 反转型指标通常用于反转型策略. 然而, 趋势和反转并不是精确描述的语言, 仅仅是一个模糊的想法. 具体落实到买卖信号上, 还需要结合具体指标. 趋势型指标本身也可以用于构造反转型策略, 反转型指标也可以用于构造趋势型策略.

## 3.4 线 性 滤 波

在传统的信号处理领域, 人们提出过许多降噪方法, 这些方法统称为 “滤波” (filtering). 我们已经介绍的均线正是一种滤波的手段. 一般情况下, 利用特定的数学方法, 将信号中不希望保留的成分剔除, 或将信号中所需要的成分增强, 就是滤波的目标. 由于量化投资的重点之一正是在大量的历史证券价格数据中提取有用的信号, 而证券价格数据含有噪声, 因此滤波方法可以被应用于量化投资领域之中.

下面我们从数学角度叙述滤波的主要思想. 滤波就是从一个原始数列 $\{x_n\}$ 变换到另一个数列 $\{y_n\}$ 的方法, 其中 $\{x_n\}$ 是我们观察到的原始数列, 而 $\{y_n\}$ 是滤波后得到的信噪比更高的数列. 所谓线性滤波, 即序列 $\{y_n\}$ 是原始序列 $\{x_n\}$ 的线性变换. 例如, 简单移动平均线的定义是

$$y_n = \frac{1}{k}x_n + \cdots + \frac{1}{k}x_{n-k+1},$$

而指数移动平均线是

$$y_n = \alpha x_n + \alpha(1-\alpha)x_{n-1} + \cdots.$$

二者均为线性滤波, $\{y_n\}$ 是原始序列 $\{x_n\}$ 的线性变换. 线性滤波的重点就在于选取线性变换的权重系数. 图 3.5 展示了指数移动平均线的权重系数. 可以看到, 随着滞后期数 $i$ 增加, 权重系数 $\alpha(1-\alpha)^i$ 以指数形式递减.

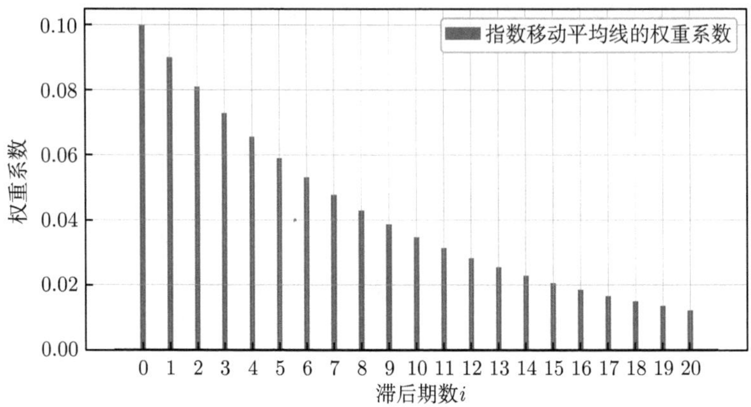


图 3.5　指数移动平均线的权重系数 $\alpha(1-\alpha)^i$ 的图像

除了可以对价格序列进行滤波以外, 我们还可以对其他序列进行滤波, 例如价差序列. 考虑传统的双均线策略, 即根据长均线 (历史 $k$ 期的简单移动平均线) 与短均线 (历史 $m$ 期的简单移动平均线, 其中 $m < k$) 之差来构造策略. 我们把长短均线分别记作

$$L(n) = a_0x_n + a_1x_{n-1} + \cdots + a_nx_0,$$

$$S(n) = b_0x_n + b_1x_{n-1} + \cdots + b_nx_0,$$

其中,

$$a_0 = a_1 = \cdots = a_{k-1} = 1/k, \quad a_k = a_{k+1} = \cdots = 0,$$

$$b_0 = b_1 = \cdots = b_{m-1} = 1/m, \quad b_m = b_{m+1} = \cdots = 0,$$

这里两组系数相加都是 1. 双均线策略通常把短均线与长均线之差作为开仓信号, 即

$$S(n) - L(n) = c_0x_n + c_1x_{n-1} + \cdots + c_nx_0,$$

其中 $c_i = b_i - a_i, i = 0, 1, \cdots, n$. 于是有 $\sum_{i=1}^{n} c_i = 0$. 对此式进行变形, 即得

$$
\begin{aligned}
S(n) - L(n) &= c_0(x_n - x_{n-1}) + (c_0 + c_1)(x_{n-1} - x_{n-2}) + \cdots + \left(\sum_{i=0}^{n} c_i\right) x_0 \\
&= d_0(x_n - x_{n-1}) + d_1(x_{n-1} - x_{n-2}) + \cdots + d_{n-1}(x_1 - x_0),
\end{aligned}
$$

其中 $d_i = \sum_{j=0}^{i} c_j, i = 0, 1, \cdots, n$. 因此, 双均线策略的信号可以看成是价差序列的线性滤波. 图 3.6 展示了长均线为 20 日、短均线为 5 日的双均线策略的 $d_i$ 的图像.

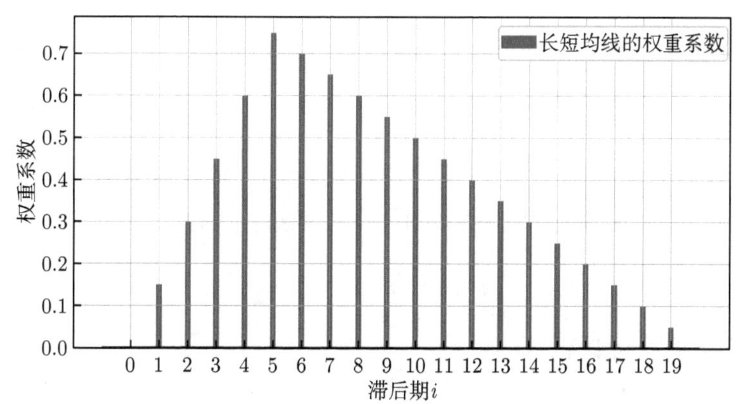


图 3.6　双均线策略 $d_i$ 的图像

一般而言, 给定一个无穷的序列

$$\cdots, a_{-1}, a_0, a_1, \cdots,$$

我们就可以用此数列构造一个线性滤波器

$$y_n = \cdots + a_{-1}x_{n+1} + a_0 x_n + a_1 x_{n-1} + \cdots.$$

如果上式中的求和是收敛的, 我们就得到了一个线性滤波. 而由于实际数据均为有限长度, 因此我们选取的序列 $\{a_n\}$ 总是有限长度的, 例如

$$y_n = a_{-m}x_{n+m} + \cdots + a_0 x_n + \cdots + a_k x_{n-k}$$

就对应一个线性滤波.

理论上说, 如果只是为了得到第 $n$ 个时间点的滤波值 $y_n$, 使用在这个时间点前面和后面的数值都可以. 然而, 在构建量化交易策略时候, 如果希望得到第 $n$ 个

时间点的滤波的值, 我们不可能使用这个时刻以后的数据. 因此, 我们感兴趣的是那些 $a_n, n \geqslant 0$. 从而, 在量化投资中, 我们考虑的线性滤波总是具有如下形式:

$$y_n = a_0 x_n + a_1 x_{n-1} + \cdots + a_k x_{n-k}.$$

## 3.5 线性回归

线性滤波权重的选取与我们如何使用滤波密切相关. 例如, 如果我们希望用滤波以后的信号正负作为多或空的信号, 就相当于我们使用滤波后的结果 $y_n$ 来预测未来一期的收益 $x_{n+1}$. 线性回归就是一种简单的预测方式, 为此, 我们回顾一下线性回归的基本原理.

给定一组二维数据, 其中第一个维度看成是数据或者是自变量, 第二个维度看成是标签或者是因变量

$$(x_1, z_1), (x_2, z_2), \cdots, (x_n, z_n),$$

其中 $x_i \in \mathbb{R}^k, z_i \in \mathbb{R}$. 我们希望寻找 $\mathbb{R}^k \to \mathbb{R}$ 的线性函数

$$f(x) = w^\top x = x^\top w,$$

在 $L^2$ 意义下逼近因变量, 即让

$$\sum_{i=1}^{n} (x_i^\top w - z_i)^2$$

达到最小, 其中参数 $w \in \mathbb{R}^k$. 如果用矩阵的语言, 令 $X$ 是个 $n \times k$ 矩阵, $z$ 为一个 $n$ 维向量:

$$X = \begin{pmatrix} x_1^\top \\ x_2^\top \\ \vdots \\ x_n^\top \end{pmatrix}, \quad z = \begin{pmatrix} z_1 \\ z_2 \\ \vdots \\ z_n \end{pmatrix},$$

那么目标函数用矩阵的写法便可表述为

$$\sum_{i=1}^{n} (x_i^\top w - z_i)^2 = \|Xw - z\|_2^2,$$

其中 $\|a\|_2$ 表示向量 $a$ 的 $L^2$ 范数. 展开有

$$(w^\top X^\top - z^\top)(Xw - z) = w^\top X^\top X w - z^\top X w - w^\top X^\top z + z^\top z.$$

为使目标函数最小化, 令上述右式关于 $w$ 求导等于 0, 即有

$$2X^\top Xw - 2X^\top z = 0.$$

从而最小值在

$$X^\top Xw = X^\top z$$

取得, 所以有最优解

$$w = (X^\top X)^{-1}X^\top z.$$

这样对于任何给定数据构成的矩阵 $X$, 我们有

$$\hat{z} = X(X^\top X)^{-1}X^\top z,$$

作为原来的 $z$ 的 $L^2$ 的最佳逼近, 即为线性回归滤波后序列.① 由此可见, $\hat{z}$ 是对 $z$ 的线性变换, 所以线性回归是一种特殊的线性滤波.

作为一个特例, 现在我们考虑一个自回归 (autoregressive, AR) 模型

$$x_{n+1} = w_1x_n + w_2x_{n-1} + \cdots + w_kx_{n-k+1} + \epsilon_{n+1},$$

这里 $\epsilon_n$ 是相互独立同分布的噪声. 在给定历史数据 $\{x_n\}$ 的情况下, 我们便可回归出这些线性系数 $w = (w_1, w_2, \cdots, w_k)^\top$. 根据上面讲述的内容, 该模型相当于给出矩阵

$$X = \begin{pmatrix} x_k & x_{k-1} & \cdots & x_1 \\ x_{k+1} & x_k & \cdots & x_2 \\ \vdots & \vdots & & \vdots \\ x_n & x_{n-1} & \cdots & x_{n-k+1} \end{pmatrix}.$$

同时令

$$z = (x_{k+1}, x_{k+2}, \cdots, x_{n+1})^\top.$$

因此, 线性回归的结果是

$$\hat{w} = (X^\top X)^{-1}X^\top z.$$

① 上述推导过程用到了如下线性函数与二次型的梯度的计算方法:

$$f(w) = w^\top x, \quad g(w) = w^\top \Omega w,$$

对应的梯度计算为

$$\nabla_w f = x, \quad \nabla_w g = 2\Omega w.$$

读者可以自行验证.

## 3.6 HP 滤波

除了均线以及线性回归以外, 还有其他滤波方式. 本节我们介绍 HP 滤波. HP 滤波由经济学家 Hodrick 与 Prescott 提出, 曾被广泛应用于宏观经济周期的研究.

给定原数列 $x_1, x_2, \cdots, x_n$, 我们希望寻找一个新数列

$$y_1, y_2, \cdots, y_n,$$

使得其与原数列 $\{x_n\}$ 足够接近, 而且相对平滑. 使得和原来数列接近需要优化下述目标

$$\sum_{i=0}^{n}(y_i - x_i)^2.$$

但是让其自身也相对平滑, 需要什么度量呢? 类比函数理论, 如果一个函数 $f(x)$ 在 $x$ 处是二阶可导的, 应该有

$$\lim_{h\to 0}\frac{f(x+h)+f(x-h)-2f(x)}{h^2}$$

存在. 从而, 如果希望一个数列相对平滑, 我们可以要求

$$\sum_{i=2}^{n}(y_i - 2y_{i-1} + y_{i-2})^2$$

也尽量小. 从而综合两个方面的要求, 我们给出 HP 滤波的定义.

**定义 3.1** (HP 滤波) 给定实数 $\lambda > 0$. 对于原数列 $\{x_n\}$, 若新数列 $\{y_n\}$ 能使目标函数

$$\sum_{i=0}^{n}(y_i - x_i)^2 + \lambda\sum_{i=2}^{n}(y_i - 2y_{i-1} + y_{i-2})^2 \tag{3.2}$$

达到最小, 就称 $\{y_n\}$ 是对原数列 $\{x_n\}$ 进行 HP 滤波后得到的数列.

HP 滤波的目标函数由两项组成. 第一项为 $\sum_{i=0}^{n}(y_i - x_i)^2$, 即新数列 $\{y_n\}$ 与原数列 $\{x_n\}$ 的 $L^2$ 距离的平方. 这一项越小, 说明新数列与原数列的差距越小. 第二项中的 $y_i - 2y_{i-1} + y_{i-2}$ 是新数列 $\{y_n\}$ 的二阶差分, 表示该数列的光滑程度. 第二项越小, 说明新数列随时间变化越平滑. 目标函数还含有一个调节系数 $\lambda$, $\lambda$ 越大, 说明目标函数对第二项 (光滑性) 更重视; $\lambda$ 越小, 说明目标函数对第一项 (逼近性) 更重视.

利用线性代数的工具, 我们可以求出 HP 滤波的显式解. 定义 $(n-1)\times(n+1)$ 的矩阵

$$D=\begin{pmatrix}1 & -2 & 1 & 0 & \cdots & 0\\ 0 & 1 & -2 & 1 & \ddots & \vdots\\ \vdots & \ddots & \ddots & \ddots & \ddots & \\ 0 & \cdots & 0 & 1 & -2 & 1\end{pmatrix}. \tag{3.3}$$

利用矩阵 $D$, 我们可将优化问题 (3.2) 式改写为

$$\min_{y}\quad \|y-x\|_2^2+\lambda\|Dy\|_2^2,$$

其中 $\lambda>0$, $x$ 与 $y$ 的定义为

$$x=(x_1,x_2,\cdots,x_n)^\top, \tag{3.4}$$

$$y=(y_1,y_2,\cdots,y_n)^\top. \tag{3.5}$$

如果使用矩阵写法, 将目标函数对 $y$ 求导, 则 $y$ 为最优解的一阶条件为

$$2(y-x)+2\lambda D^\top Dy=0.$$

因此, HP 滤波优化问题 (3.2) 式的解为

$$y=\left(I+\lambda D^\top D\right)^{-1}x,$$

其中, $I$ 表示单位矩阵. 根据解的形式, 我们可以发现, HP 滤波就是一种线性滤波. HP 滤波的结果如图 3.7 所示.

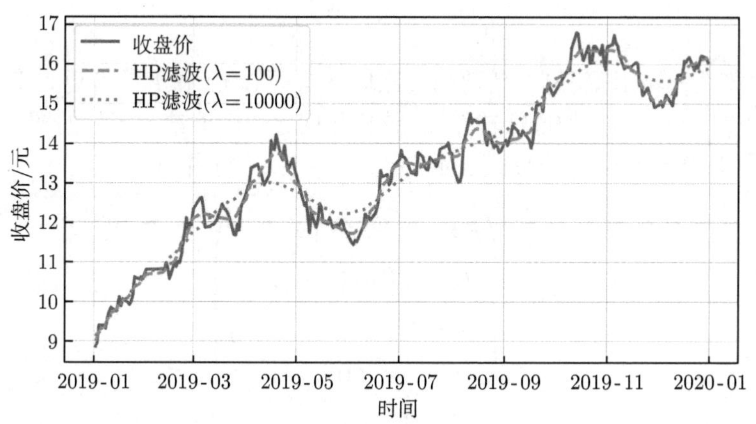


图 3.7 HP 滤波

## 3.7 $L^1$ 滤波

近年来, 人们通过实践研究发现, HP 滤波得到的结果虽然光滑, 但有时可能无法充分揭示市场趋势. 于是, $L^1$ 滤波的想法应运而生. 其思想在于, 改变 HP 滤波的目标函数, 使滤波后的数列能更好地反映市场趋势.

**定义 3.2** ($L^1$ 滤波) 给定实数 $\lambda > 0$. 对于原数列 $\{x_n\}$, 若新数列 $\{y_n\}$ 能使目标函数

$$\sum_{i=0}^{n}(y_i - x_i)^2 + \lambda\sum_{i=2}^{n}|y_i - 2y_{i-1} + y_{i-2}| \tag{3.6}$$

达到最小, 就称 $\{y_n\}$ 是对原数列 $\{x_n\}$ 进行 $L^1$ 滤波后得到的数列.

比较 $L^1$ 滤波与 HP 滤波, 我们不难发现, 二者区别在于 $L^1$ 滤波将目标函数的第二项从平方形式改为绝对值形式. 理论研究表明, $L^1$ 滤波得到的新数列具有局部线性、整体连续的特性. 从而, 这种滤波方法可以将信号趋势进一步凸显出来.

若将原函数用矩阵语言表示, $L^1$ 滤波的优化问题 (3.6) 式可改写为

$$\min_y \quad \|y - x\|_2^2 + \lambda\|Dy\|_1,$$

其中, $x$ 与 $y$ 的定义见 (3.4) 式和 (3.5) 式, $D$ 的定义见 (3.3) 式, $\|a\|_1$ 表示向量 $a$ 的 $L^1$ 范数.

我们还可将 $L^1$ 滤波进一步拓展. 若将原优化问题中的二阶差分改为一阶差分, 即考虑

$$\min_y \quad \sum_{i=0}^{n}(y_i - x_i)^2 + \lambda\sum_{i=1}^{n}|y_i - y_{i-1}|. \tag{3.7}$$

理论研究表明, 该问题得到的新数列要比优化问题 (3.6) 得到的解更为平坦. 如果原始序列中的信号具有均值反转特性, 该优化问题一般能给出更好的解答.

问题 (3.7) 也可用矩阵形式表示. 定义 $n \times (n+1)$ 矩阵

$$\tilde{D} = \begin{pmatrix} -1 & 1 & 0 & \cdots & 0 \\ 0 & -1 & 1 & \ddots & \vdots \\ \vdots & \ddots & \ddots & \ddots & 0 \\ 0 & \cdots & 0 & -1 & 1 \end{pmatrix},$$

问题 (3.7) 便可改写为

$$\min_y \quad \|y - x\|_2^2 + \lambda\|\tilde{D}y\|_1.$$

最后,我们还可将 (3.6) 式与 (3.7) 式的优良特性结合起来. 给定实数 $\lambda_1, \lambda_2 > 0$, 考虑优化问题

$$\min_y \quad \sum_{i=0}^{n}(y_i - x_i)^2 + \lambda_1 \sum_{i=1}^{n} |y_i - y_{i-1}| + \lambda_2 \sum_{i=2}^{n} |y_i - 2y_{i-1} + y_{i-2}|.$$

该优化目标可兼顾均值反转与趋势的特点. 若用矩阵形式表示, 该优化问题即为

$$\min_y \quad \|y - x\|_2^2 + \lambda_1 \|\tilde{D}y\|_1 + \lambda_2 \|Dy\|_1.$$

与 HP 滤波不同, $L^1$ 滤波的优化问题通常没有显式解. 因此, 人们常借助二次规划的方法数值求解 $L^1$ 滤波问题. 图 3.8 展示了 $L^1$ 滤波后的序列形态. 该图表明, 滤波以后的信号明显具有分段线性的形式, 这就是 $L^1$ 滤波和 HP 滤波的明显区别.

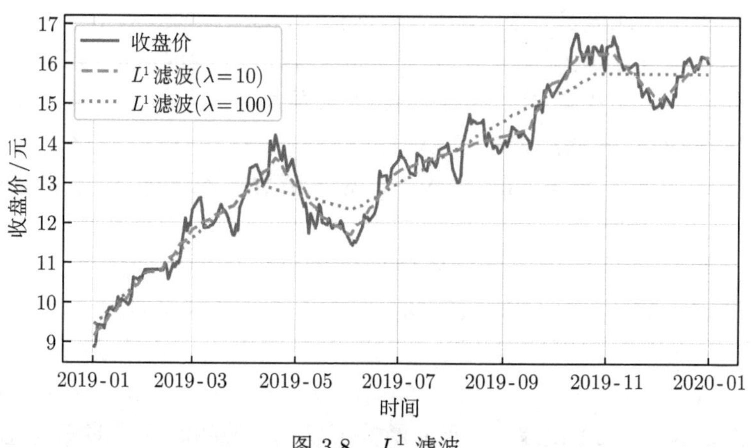


图 3.8 $L^1$ 滤波

## 3.8 Fourier 滤波

到目前为止, 我们已经介绍了均线等线性滤波方法, 以及由此衍生而来的 HP 滤波和 $L^1$ 滤波. 滤波的重要目的就是降噪. 噪声往往转瞬即逝, 而滤波就是为了抹去观测到的价格序列中的噪声, 剥离出价格序列的长周期规律. 这给我们一种直觉: 噪声是一种高频 (短周期) 信息, 价格内在规律是一种低频 (长周期) 信息. 数学、物理学、信息学等领域中应用广泛的傅里叶 (Fourier) 分析就是研究周期函数中高低频信号成分的重要方法, 与之相伴的 Fourier 滤波也成为量化投资中常用的滤波手段. 本节我们介绍 Fourier 滤波.

首先我们简单介绍 Fourier 级数. 对于以 2π 为周期的函数 $f(x)$, 其 Fourier 级数被定义为

$$f(x) \sim a_0 + \sum_{k=1}^{\infty} a_k \sin kx + \sum_{k=1}^{\infty} b_k \cos kx, \tag{3.8}$$

其中, 对于 $k = 1, 2, \cdots$,

$$a_0 = \frac{1}{2\pi} \int_0^{2\pi} f(x) \mathrm{d}x,$$

$$a_k = \frac{1}{\pi} \int_0^{2\pi} f(x) \sin kx \mathrm{d}x, \quad b_k = \frac{1}{\pi} \int_0^{2\pi} f(x) \cos kx \mathrm{d}x,$$

经典的 Fourier 分析理论可以证明在一些条件下, 等式 (3.8) 式右侧的级数将在一定意义下收敛至原函数 $f(x)$, 该式的 "$\sim$" 即可被替换为等号.

我们这里不去深究等号成立的条件, 而只探讨其 Fourier 级数的主要应用. 如果我们将原函数 $f(x)$ 视作一个 "波" (例如水波、声波) 的波形, 那么 (3.8) 式右侧则表示这个波由哪些简单的正弦波与余弦波叠加而成. 例如, 如果 $f(x) = \sin x$, 就是简单的周期为 2π 的正弦波; 如果 $f(x) = 2\sin x$, 其周期仍然是 2π, 但强度是原先的 2 倍. 如果 $f(x) = \sin x + \sin 2x$, 则该函数即为周期为 2π 的正弦波与周期为 π 的正弦波的叠加.

对于一般的 $f(x)$, 只要函数性质足够好, 理论证明, 我们总可以对该函数进行这样的正弦波分解. 因此, (3.8) 式中的 $k$ 即对应正弦波的频率, $k$ 越大, 频率越高, 周期越短; $a_k$ 与 $b_k$ 则对应各个正弦 (余弦) 波的强度, $a_k$ 越大, 则 $f(x)$ 中频率为 $k$ 的正弦波成分越强. 从而 $a_k$ 与 $b_k$ 的信息蕴含了各种波的成分对应的频率与强度大小, 将原函数 $f(x)$ 复原. 由于原函数可以代表波随时间的演变过程, 因此其所处空间叫做 "时域". 另外 $a_k, b_k$ 这些系数表示各个频率的波对应强度, 因此其所处空间叫做 "频域". Fourier 级数就是将时域信息转为频域信息.

此外对于平方可积函数, 有帕塞瓦尔 (Parseval) 等式

$$\int_0^{2\pi} f^2(x) \mathrm{d}x = a_0^2 + \frac{1}{2} \sum_{k=1}^{\infty} a_k^2 + \frac{1}{2} \sum_{k=1}^{\infty} b_k^2. \tag{3.9}$$

如果将左侧 $\int_0^{2\pi} f^2(x) \mathrm{d}x$ 视作原先的周期函数 $f(x)$ 蕴含的 "能量", 则该等式表明, 蕴含的总能量就等于组成该函数的各个频率的波的能量之和. 这说明, 从时域转换到频域, Fourier 级数没有损失信息.

用三角函数书写 Fourier 级数十分直观, 但较为冗长. 我们也常将其写为复指数形式

$$f(x) \sim \sum_{k=-\infty}^{+\infty} c_k \mathrm{e}^{\mathrm{i}kx}, \tag{3.10}$$

其中

$$c_k = \int_0^{2\pi} f(x)\mathrm{e}^{\mathrm{i}kx}\mathrm{d}x, \quad k = 0, \pm 1, \pm 2, \cdots,$$

而 $\mathrm{i} = \sqrt{-1}$, 是虚数单位. 注意这里的 $k$ 并不只取值于正整数, 而是取值于全部整数. 另外, 这里的各个系数 $c_k$ 未必是实数, 很可能是虚数. 之所以能将 (3.8) 改写成 (3.10) 形式, 是因为复指数有重要的公式

$$\mathrm{e}^{\mathrm{i}x} = \cos x + \mathrm{i}\sin x.$$

我们可以将上面的想法拓展到离散数列. 对于时域中的一个离散的数列

$$x_0, \quad x_1, \quad \cdots, \quad x_n,$$

我们可以对其进行 Fourier 变换, 得到频域的序列

$$y_0, \quad y_1, \quad \cdots, \quad y_n,$$

其中 Fourier 变换的形式为

$$y_j = \sum_{k=0}^{n} x_k \mathrm{e}^{2\pi\mathrm{i}\frac{kj}{n+1}}, \quad j = 0, 1, \cdots, n.$$

与 (3.10) 不同的是, 这里的指数上添加了系数 $2\pi/(n+1)$. 这是为了将最大周期调整为 $n+1$. 可以证明

$$\sum_{j=0}^{n} x_j^2 = \frac{1}{n+1}\sum_{j=0}^{n} y_j^2.$$

这与 (3.9) 异曲同工.

通过 Fourier 变换将时域信息转换至频域信息, 我们便可掌握原序列的各个频率组成, 进而剔除高频噪声, 保留低频信号. 但我们还需将处理完的频域信息转换回时域. 理论证明, 我们可以通过 Fourier 逆变换将频域信息转换回时域:

$$x_k = \frac{1}{n+1}\sum_{j=0}^{n} y_j \mathrm{e}^{-2\pi\mathrm{i}jk/(n+1)}.$$

可以看出, Fourier 变换与逆变换的主要差别在于指数的正负号, 同时需要做一个常数 $n+1$ 的调整.

由于 Fourier 变换得到的结果未必是实数, 因此我们需要找到一种可操作的方法, 使得滤波后的结果仍是实数. 这需要对称化的手段. 给定数据

$$x_0, \quad x_1, \quad \cdots, \quad x_n,$$

我们先做对称化, 得到对称化序列

$$x_{-n}, \quad \cdots, \quad x_{-1}, \quad x_0, \quad x_1, \quad \cdots, \quad x_n,$$

其中对于 $j=1,\cdots,n$, 有 $x_{-j}=x_j$. 再进行 Fourier 变换

$$y_j=\sum_{k=-n}^{n} x_k \mathrm{e}^{2\pi \mathrm{i} kj/(2n+1)}, \quad j=-n,\cdots,n,$$

容易验证每个 $y_j$ 都是实数, 且满足 $y_{-j}=y_j$. 接下来我们可以消除高频信息, 构造频域的新序列

$$\tilde{y}_j=\begin{cases} y_j, & |j| \leqslant k, \\ 0, & |j|>k, \end{cases}$$

其中 $k$ 人为选定. 在消除高频数据后, 再对 $\tilde{y}_j$ 序列取 Fourier 逆变换

$$\tilde{x}_k=\frac{1}{2n+1} \sum_{j=-n}^{n} \tilde{y}_j \mathrm{e}^{-2\pi \mathrm{i} kj/(2n+1)}, \quad k=-n,\cdots,n.$$

即可得到降噪以后的数列

$$\tilde{x}_{-n}, \quad \cdots, \quad \tilde{x}_{-1}, \quad \tilde{x}_0, \quad \tilde{x}_1, \quad \cdots, \quad \tilde{x}_n.$$

可以验证, 新数列 $\tilde{x}_0,\tilde{x}_1,\cdots,\tilde{x}_n$ 仍都是实数, 高频噪声已被消除. 我们称这一过程为 Fourier 滤波 (图 3.9).

图 3.9 展示了 Fourier 滤波的结果. 可以看到, 选取不同的消除高频信息的阈值 $k$ 会得到不同的滤波结果. $k$ 的取值越大, 保留的频率就越多, 与原序列越贴合.

图 3.9 Fourier 滤波

## 3.9 Kalman 滤波

Kalman (卡尔曼) 滤波也是工程中常用的一种滤波方法. 为了讲清楚 Kalman 滤波, 我们先考虑一个简单的贝叶斯 (Bayes) 问题. 一个正态分布的随机变量, 如果知道其初始满足 $X \sim N(x_0, u^2)$, 其中 $x_0$ 已知, 但是随机变量 $X$ 本身并不可以直接观察. 如果可以观察到另外一个与之密切相关的正态分布的随机变量 $Y = X + \epsilon$, 其中噪声 $\epsilon \sim N(0, v^2)$. 通过观察 $Y$, 我们可以来对 $X$ 进行最优的估计. 用期望的语言就是求解

$$E(X|Y).$$

用 Bayes 的想法来解决这个问题可以知道

$$E(X|Y) = x_0 + \frac{\text{Cov}(X,Y)}{\text{Var}(Y)}(Y - x_0).$$

直接计算可得

$$\text{Cov}(X,Y) = \text{Var}(X) = u^2, \quad \text{Var}(Y) = u^2 + v^2.$$

从而最后得到

$$E(X|Y) = \frac{v^2}{u^2+v^2}x_0 + \frac{u^2}{u^2+v^2}Y,$$

而且也容易计算在给定观察值 $Y$ 的时候, 对于 $X$ 的方差估计也有变化

$$\text{Var}(X|Y) = \frac{u^2v^2}{u^2+v^2}.$$

从上述公式可以看到, $u$ 和 $v$ 相比较而言, $u$ 比较大的时候, $Y$ 较为可信; $v$ 比较大的时候原来的估计 $x_0$ 比较可信. 而且很容易验证 $\mathrm{Var}(X|Y) < u^2, \mathrm{Var}(X|Y) < v^2$. 这个过程既是 Bayes 估计的一个体现也是最简单的 Kalman 滤波的一个缩影.

现在考虑一个服从正态分布的序列 $x_n$, 其满足随机游走:

$$x_n = x_{n-1} + u_n, \quad n = 1, 2, \cdots,$$

其中 $u_n$ 是一组独立同分布白噪声序列, 服从 $N(0, u^2)$. 现在假设有一组和其密切相关的序列 $y_n$, 满足

$$y_n = x_n + v_n,$$

其中 $v_n$ 是一组服从 $N(0, v^2)$ 的独立同分布白噪声序列, 且与全部信号 $\{x_n\}$ 独立. 两组白噪声 $\{v_n\}$ 与 $\{u_n\}$ 也相互独立. $u, v$ 是两个给定确定的参数.

在这样的框架下, 我们来探讨如何逐步根据 $y_n$ 来给出 $x_n$ 的最优估计. 根据前述想法, 还可以采取 Bayes 估计的思想, 分成两步走. 第一步是计算所谓先验估计, 其建立在所有 $n-1$ 时刻及之前的数据之上; 第二步是计算所谓后验估计, 其建立在所有 $n$ 时刻及之前的数据之上. 为了记号上的明晰, 在 $n$ 时刻, $x_n$ 的先验估计使用 $\tilde{x}_n$ 来表示, 而后验估计使用 $\hat{x}_n$ 来表示.

由于我们假设 $x_n = x_{n-1} + u_n$, 因此我们可以基于 $n-1$ 时刻的后验估计给出 $n$ 时刻的先验估计

$$\tilde{x}_n = \hat{x}_{n-1}.$$

对于正态分布模型而言, $n$ 时刻的后验估计应当为先验估计与后验信息的加权平均, 即具有

$$\hat{x}_n = \tilde{x}_n + k(y_n - \tilde{x}_n) \tag{3.11}$$

的形式, 其中 $k$ 待定.

下面确定待定参数 $k$. 记 $p_n = \mathrm{Var}(\hat{x}_n - x_n), q_n = \mathrm{Var}(\tilde{x}_n - x_n)$. 我们希望找到最优的 $k$, 使得后验估计与真实信号之间的误差的方差 $p_n$ 达到最小. 注意

$$\hat{x}_n - x_n = \tilde{x}_n - x_n + k(x_n - \tilde{x}_n + v_n) = (1-k)(\tilde{x}_n - x_n) + kv_n,$$

从而

$$p_n = \mathrm{Var}(\hat{x}_n - x_n) = (1-k)^2 q_n + k^2 v^2. \tag{3.12}$$

令此式关于 $k$ 的导数为 0, 即知当

$$k = \frac{q_n}{q_n + v^2}$$

时, 估计误差的方差 $p_n$ 可达到最小. 将此最优的 $k$ 代回 (3.11) 与 (3.12), 即得

$$\hat{x}_n = \tilde{x}_n + \frac{q_n}{q_n + v^2}(y_n - \tilde{x}_n),$$

$$p_n = \frac{q_n v^2}{q_n + v^2}.$$

此外, 还有

$$q_n = \mathrm{Var}(\tilde{x}_n - x_n) = \mathrm{Var}(\hat{x}_{n-1} - x_{n-1} - u_n) = p_{n-1} + u^2.$$

至此, 我们已经可以利用 $n-1$ 时刻的信息 $\hat{x}_{n-1}, p_{n-1}, q_{n-1}$ 以及 $n$ 时刻的观测值 $y_n$ 来更新 $n$ 时刻的信息. 所以我们看到, Kalman 滤波的主要想法是不断利用观察值和估计值之间的区别来合理插值, 且插值的目标是使得方差达到最小. 我们总结 Kalman 滤波如下.

**定义 3.3** (Kalman 滤波, 一维情形) 对于一维真实观测序列 $y_n$, 选定 $u, v$, 给定 0 时刻初值 $\hat{x}_0, p_0$, 进行如下迭代:

$$\text{更新先验估计} \quad \tilde{x}_n = \hat{x}_{n-1};$$

$$\text{更新先验方差} \quad \tilde{x}_n = q_n = p_{n-1} + u^2;$$

$$\text{更新参数} \quad \lambda = \frac{v^2}{q_n + v^2};$$

$$\text{更新后验估计} \quad \hat{x}_n = \lambda \tilde{x}_n + (1-\lambda) y_n;$$

$$\text{更新后验方差} \quad p_n = \frac{q_n v^2}{q_n + v^2}.$$

得到的 $\hat{x}_n$ 即为对原序列 $y_n$ 的 Kalman 滤波. 图 3.10 展示了一维 Kalman 滤波的结果. 可以看到, 参数 $u$ 与 $v$ 的选取会影响滤波结果.

上面考虑的是一维的 Kalman 滤波, 当然其想法不仅仅限于一维, 也可以拓广到高维情形. 假设真实观测序列 $Y_n$ 为 $q$ 维列向量. 出发点是一组真实信号 $X_n$ 满足向量自回归模型

$$X_n = AX_{n-1} + U_n,$$

其中 $X_n$ 都是 $p$ 维的向量, $A$ 也是给定的 $p \times p$ 维矩阵, $U_n$ 是一组 $p$ 维独立同分布的白噪声向量序列. 观测值 $Y_n$ 都是一些 $q$ 维的向量, 与真实信号向量 $X_n$ 之间的关系为

$$Y_n = HX_n + V_n,$$

其中 $H$ 为给定的 $q \times p$ 矩阵, $V_n$ 是一组 $q$ 维独立同分布的白噪声向量序列, 且与白噪声序列 $U_n$ 独立. 令

$$U_n \sim N(0, U), \quad V_n \sim N(0, V),$$

其中 $U$ 和 $V$ 分别是两个给定的 $p \times p$ 和 $q \times q$ 的协方差矩阵. 下面我们的目的是根据观察的信号来对真实信号进行校准.

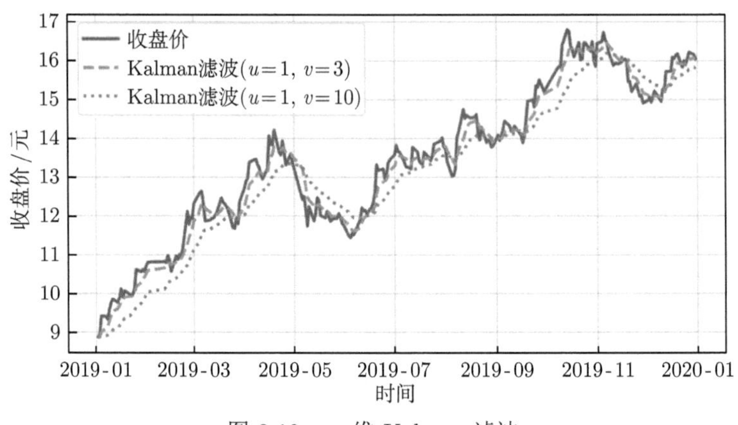


图 3.10 一维 Kalman 滤波

记对信号 $X_n$ 的先验估计为 $\tilde{X}_n$, 后验估计为 $\hat{X}_n$. 则先验估计

$$\tilde{X}_n = A\hat{X}_{n-1}.$$

后验估计的形式为

$$\hat{X}_n = \tilde{X}_n + K(Y_n - H\tilde{X}_n),$$

其中 $K$ 也是待定的 $p \times q$ 矩阵. 下面寻找最优的矩阵 $K$. 定义

$$\hat{e}_n = \hat{X}_n - X_n, \quad P_n = E(\hat{e}_n\hat{e}_n^\top),$$
$$\tilde{e}_n = \tilde{X}_n - X_n, \quad Q_n = E(\tilde{e}_n\tilde{e}_n^\top).$$

最优的 $K$ 应当使得后验估计与真实信号之间的误差的协方差矩阵 $P_n$ 达到最优. 注意到

$$\begin{aligned}\hat{e}_n = \hat{X}_n - X_n &= \tilde{X}_n - X_n + K(HX_n + V_n - H\tilde{X}_n) \\ &= (I - KH)(\tilde{X}_n - X_n) + KV_n = (I - KH)\tilde{e}_n + KV_n,\end{aligned}$$

其中, $I$ 表示单位矩阵. 于是

$$\begin{aligned} P_n = E(\hat{e}_n\hat{e}_n^\top) &= E\left((I-KH)\tilde{e}_n\tilde{e}_n^\top(I-H^\top K^\top)\right) + E\left(KV_nV_n^\top K^\top\right) \\ &= (I-KH)Q_n(I-H^\top K^\top) + KVK^\top. \end{aligned} \tag{3.13}$$

注意到 $P_n$ 是个矩阵, 不是一个常数, 从而我们没法直接进行优化. 但是作为一个正定矩阵, 优化矩阵的迹, 就等同于优化所有特征值之和, 从而我们需要解决的问题成为

$$\min_K \operatorname{Tr} P_n = \min_K \operatorname{Tr}\left((I-KH)Q_n(I-H^\top K^\top) + KVK^\top\right).$$

为此我们考虑一个下面一般的问题. 对于一个对称矩阵 $A_{q\times q}$ 和矩阵 $B_{p\times q}$, 下面的优化问题

$$\min_{X_{p\times q}} \operatorname{Tr}\left(XAX^\top + XB^\top + BX^\top\right)$$

的解是

$$X^\top = A^{-1}B^\top, \quad X = BA^{-1}.$$

把上述一般性的二次优化问题应用到目前的问题上, 有

$$K(V+HQ_nH^\top) = Q_nH^\top,$$

从而最优的 $K$ 矩阵为

$$K = Q_nH^\top(V+HQ_nH^\top)^{-1}.$$

将其代入 (3.13) 即得

$$P_n = (I-KH)Q_n.$$

此外, 我们还有

$$\tilde{X}_n - X_n = A\hat{X}_{n-1} - AX_{n-1} - U_n,$$

对两侧同时取协方差矩阵, 即得

$$Q_n = AP_{n-1}A^\top + U.$$

至此, 我们得到 $p$ 维情形下的 Kalman 滤波.

**定义 3.4** (Kalman 滤波, 多维情形) 对于 $p$ 维真实观测序列 $Y_n$, 选定 $p\times p$ 矩阵 $U, V, A, H$, 给定 0 时刻初值 $\hat{X}_0, P_0$, 进行如下迭代:

$$\text{更新先验估计} \quad \tilde{X}_n = A\hat{X}_{n-1};$$

$$\begin{aligned}\text{更新先验协方差矩阵}\quad & Q_n = AP_{n-1}A^\top + U;\\ \text{更新参数矩阵}\quad & K = Q_nH^\top(V + HQ_nH^\top)^{-1};\\ \text{更新后验估计}\quad & \hat{X}_n = \tilde{X}_n + K(Y_n - H\tilde{X}_n);\\ \text{更新后验协方差矩阵}\quad & P_n = (I - KH)Q_n.\end{aligned}$$

得到的 $\hat{X}_n$ 即为对原序列 $Y_n$ 的 Kalman 滤波.

使用 $p$ 维矩阵形式的 Kalman 滤波有如下两种情形. 第一种是针对多个彼此关联的指数, 例如我们可以将不同风格的市场指数进行过滤, 从而得到各自的最佳估计值. 第二种是将其应用于一维情形中. 例如, 如果我们认为

$$x_n = \frac{1}{2}x_{n-1} + \frac{1}{2}x_{n-2} + u_n$$

是更合适的信号模型, 那么令

$$X_n = \begin{pmatrix} x_n \\ x_{n-1} \end{pmatrix}.$$

我们就可以设定

$$A = \begin{pmatrix} 1/2 & 1/2 \\ 1 & 0 \end{pmatrix},$$

进而套用 $p$ 维 Kalman 滤波的框架. 除此之外, $U, V$ 等协方差矩阵参数仍需自己确定.

## 3.10　案例: 螺纹钢期货主力合约分钟频率择时

本节我们将本章介绍的滤波方法应用于实际择时策略中. 择时策略经常被用于期货的量化投资之上, 这有几方面原因. 第一, 与股票相比, 期货品种较少, 一些投资者只会选择交易其中一个或几个熟悉的期货品种. 对于这类投资者而言, 重要的是决定何时进行买卖, 而非买卖何种标的. 第二, 期货 (尤其是期货主力合约) 交易活跃, 交易频率高, 适合用于构建量化择时策略. 第三, 我国期货交易允许卖空, 因此投资者可以在预期未来价格上涨时开多仓, 预期未来价格下跌时开空仓, 充分发挥择时的优势.

本节展示如何将本章介绍的择时策略与滤波思想应用于螺纹钢期货主力合约的择时之上. 螺纹钢期货是我国一种交易十分活跃的大宗商品期货品种, 其在上

海期货交易所进行交易, 交易时间段为每日 9:00~10:15, 10:30~11:30, 13:30~15:00, 以及晚间 21:00~23:00. 本节将应用螺纹钢期货主力合约的每日分钟频率 (高频) 价格数据, 构建择时策略并进行回测.

1. 案例研究目的

本案例的研究目的如下:

(1) 了解期货高频数据特征以及期货交易规则;

(2) 掌握趋势与反转策略的思想, 掌握 MACD 策略等常见策略的构建方法;

(3) 掌握常见滤波方法, 以及如何将滤波方法应用于投资策略之中;

(4) 掌握期货高频投资的回测与结果分析方法, 并了解常见的期货择时策略的表现;

(5) 理解当换手率较高时交易费用对回测结果的重要影响.

2. 策略基本设定

投资策略与回测的基本参数设定如下:

**投资标的** 螺纹钢期货主力合约.

**初始资金** 初始资金 10 万元.

**调仓频率** 每隔 10 分钟判断是否需要调仓.

**回测时段** 2021 年全年.

**数据** 螺纹钢主力合约分钟频率收盘价数据.

图 3.11 展示了 2021 年每分钟收盘价的走势图. 从图中可以看出, 螺纹钢期货在这一年中经历了几轮大涨大跌, 波动较为剧烈.

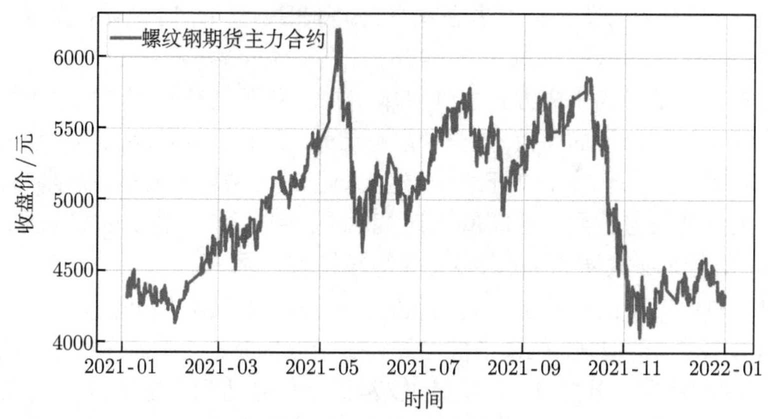


图 3.11 螺纹钢期货主力合约分钟频率收盘价, 2021 年全年

3. 投资策略

对于每一交易日, 开盘后 30 分钟内不持仓. 从开盘后 $t = 30$ 分钟开始, 投资信号的生成方式如下.

(1) 获取历史 30 分钟的收盘价时间序列 $x_{t-30}, x_{t-29}, \cdots, x_{t-1}$.

(2) 若对该序列进行 Kalman 滤波, 则得到滤波后序列 $y_{t-30}, y_{t-29}, \cdots, y_{t-1}$; 若不对其滤波, 则直接将原始收盘价时间序列作为 $y_{t-30}, y_{t-29}, \cdots, y_{t-1}$.

(3) 计算序列 $y_{t-30}, y_{t-29}, \cdots, y_{t-1}$ 对应的 MACD 序列 $z_{t-30}, z_{t-29}, \cdots, z_{t-1}$.

(4) 根据最后一刻的 MACD 取值 $z_{t-1}$ 以及上一时刻的仓位判断接下来 10 分钟的持仓 ($\tau > 0$ 为某一预设参数).

若上一时刻为多仓, 且

- $z_{t-1} \geqslant 0$, 则接下来 10 分钟仍持有多仓;
- $-\tau \leqslant z_{t-1} < 0$, 则接下来 10 分钟不持仓;
- $z_{t-1} < -\tau$, 则接下来 10 分钟开空仓.

若上一时刻为空仓, 且

- $z_{t-1} \leqslant 0$, 则接下来 10 分钟仍持有空仓;
- $0 < z_{t-1} \leqslant \tau$, 则接下来 10 分钟不持仓;
- $z_{t-1} > \tau$, 则接下来 10 分钟开多仓.

若上一时刻为未持仓, 且

- $z_{t-1} > \tau$, 则接下来 10 分钟开多仓;
- $z_{t-1} < -\tau$, 则接下来 10 分钟开空仓;
- $-\tau \leqslant z_{t-1} \leqslant \tau$, 则接下来 10 分钟仍不持仓.

(5) 将 $t$ 改为 $t + 10$, 重复上述步骤, 直至当日最后时刻.

(6) 若当日最后时刻仍持有多仓或空仓, 则在最后一个时刻强行要求平仓 (不持仓).

我们对投资信号的生成方式加以解释. 首先, 前面已经介绍, MACD 指标大致是短期均线与长期均线的差值, 是一种趋势信号. 我们的策略现在要求当 $z_{t-1} > \tau$ 时, 开多仓; 当 $z_{t-1} < -\tau$ 时, 开空仓. 这实质上是一种趋势策略. 而且, 只有在上涨或下跌的趋势信号达到一定阈值 $\tau$ 时, 我们才会开仓. 这背后的想法是, 如果信号不够强, 信号未必真实, 开仓未必会取得理想的效果.

此外, 如果当前已经处于多仓的状态, 那么只要 MACD 信号 $z_{t-1} \geqslant 0$, 我们就保持开多仓; 类似地, 如果当前已经处于空仓的状态, 那么只要 MACD 信号 $z_{t-1} \leqslant 0$, 我们就保持开空仓. 也就是说, 虽然当信号达到一定阈值 $\tau$ 时我们才会开仓, 但只要接下来信号的方向保持不变, 我们就不调整仓位. 这种方式可以减少调仓次数, 降低调仓成本.

有了这些投资信号, 我们便知晓何时开多仓、何时开空仓, 以及何时平仓. 而在使用这些投资信号进行具体投资时, 投资者还需确定每次开仓的持仓量 (投资额). 具体地, 本案例设定: 投资者每次开多仓或开空仓时, 买入或卖空的期货价值始终为初始本金 10 万元. 因此, 若记 $t$ 时刻的期货收盘价为 $x_t$, 那么如果 $t_1$ 时刻至 $t_2$ 时刻开多仓, 投资者在这段时间内的损益即为

$$t_1 \text{ 至 } t_2 \text{ 时刻的损益 } = \frac{\text{本金 10 万元}}{x_{t_1}} \times (x_{t_2} - x_{t_1}),$$

而如果 $t_1$ 时刻至 $t_2$ 时刻开空仓, 投资者在这段时间内的损益即为

$$t_1 \text{ 至 } t_2 \text{ 时刻的损益 } = \frac{\text{本金 10 万元}}{x_{t_1}} \times (x_{t_1} - x_{t_2}).$$

投资者在全年内的损益即为每次开仓的损益之和.

由此可见, 本案例中, 我们相当于使用的是单利的损益计算方法, 每次开仓的投资额不随当前总资产改变. 之所以采取这种计算方式, 是因为期货具有特殊的交易机制——保证金交易制度. 每日结算时, 当日的盈利会进入保证金账户, 而当日的亏损也会从保证金账户扣除. 如果投资者账户中的保证金高于监管要求, 投资者可以从中取出多余的保证金; 而如果保证金低于监管要求, 投资者需要及时补足. 本案例要求每次开仓的投资额均为 10 万元, 在实际投资时易于操作, 而且可以保证投资风险不随账户总价值变化而变化, 在一定程度上可以降低风险.

读者还应注意到, 投资策略最后一步要求每日最后一个时刻不持仓, 即使持有仓位也要立刻平仓. 这有两方面原因. 一方面, 期货有另一重要交易机制——逐日盯市结算制度, 也叫当日无负债结算制度. 每日交易结束后, 交易所会自动根据当日期货交易情况来计算每个投资者账户的盈亏. 因此, 回测时我们也仿照这种方法来每日结算. 另一方面, 我们当前构建的是高频择时策略, 而我们很难相信前一天的价格走势对第二天的价格仍有明显预测力. 因此, 本案例将始终遵循当日生成择时信号、当日交易、当日平仓、当日结算的原则.

该投资策略的具体参数设定如表 3.1 所示.

**表 3.1 MACD 择时策略参数设定**

| 参数 | 设定值 |
|---|---|
| 历史数据预测窗口 | 30 分钟 |
| 调仓时间间隔 | 10 分钟 |
| Kalman 滤波参数 | $u = 1, v = 3$ |
| MACD 参数 | MACD$(S, n, 5, 20, 1)$ |
| MACD 开仓阈值 $\tau$ | 3 |

4. 回测结果与分析

现在对我们列出的 MACD 策略进行回测. 和之前一样, 我们仍然给出回测结果的 P&L 曲线以及一系列策略评判指标, 并对结果加以分析. 图 3.12 展示了该 MACD 策略的 P&L 曲线. 图中分别给出了加上 Kalman 滤波以及不加 Kalman 滤波的结果. 从图中可以看出, 该策略在 2021 年具有非常好的走势: P&L 曲线整体稳步上行, 且具有较高的上行斜率, 这在一定程度上说明该策略在 2021 年表现十分出色. 此外, 在策略中添加 Kalman 滤波后得到的 P&L 曲线略高于不添加滤波方法得到的曲线, 但二者差距并非十分明显.

图 3.12 MACD 择时策略回测结果, 2021 年全年 (无手续费)

表 3.2 给出了该策略的一系列评判指标. 由于我们的投资标的是期货, 因此这里没有呈现与股票相关的一些指标 ($\alpha$, $\beta$ 等). 可以看到, 该策略全年的收益率为 93.84%, 而使用 Kalman 滤波后的收益率达到了 100.80%; 夏普比率也从 5.2768 上升到 5.6875. (由于我们考虑的是分钟级别的高频投资策略, 因此在计算夏普比率时, 我们将无风险利率设定为 0.) 但与此同时, 最大回撤稍有增加. 有趣的是, 引入 Kalman 滤波后, 平均每日开仓次数有所降低 (从平均每日 7.1250 次降至 6.5625 次). 这启发我们, 滤波方法通常能够过滤掉原始序列中的一些噪声, 帮助我们更好地捕捉真正的信号, 进而提升策略表现.

值得指出的是, 该策略看似具有很好的表现, 但在实际投资中很难实现. 一个重要原因是, 对于这种分钟级别的投资策略, 交易成本在其中会起到重要影响. 所谓的交易成本主要来自两大方面. 一方面, 现实投资中投资者无法直接使用收盘价进行买卖, 而是需要按照交易所的规则, 提交报价指令进行交易. 实际成交价格与收盘价会有一定差距, 而且这一差距通常对我们是不利的. 本书最后两章将重点探讨这一问题. 另一方面, 在实际交易时, 交易所会收取一定的交易费用. 不同的交易品种以及不同的交易时期, 收取的交易费用不尽相同.

**表 3.2 MACD 择时策略评判指标 (2021 年全年, 年化结果)**

| | 全年收益率 | 标准差 | 夏普比率 | 最大回撤/万元 | 平均每日开仓/次 |
|---|---|---|---|---|---|
| 螺纹钢期货 | −0.37% | 31.67% | −0.0117 | 4.9988 | |
| | | | 无手续费 | | |
| MACD | 93.84% | 17.78% | 5.2768 | 1.1339 | 7.1250 |
| MACD + 滤波 | 100.80% | 17.72% | 5.6875 | 0.8896 | 6.5625 |
| | | | 双边 0.02%手续费 | | |
| MACD | 25.44% | 22.84% | 1.1138 | 1.5570 | 7.1250 |
| MACD + 滤波 | 37.80% | 22.06% | 1.7138 | 1.2392 | 6.5625 |

为了呈现手续费带来的影响, 现在我们假定对每次开仓 (包括开多仓和开空仓) 与平仓时各收取投资额 0.02%的手续费 (即 "双边" 手续费). 因此, 对于我们的策略而言, 每次开仓平仓将收取手续费

$$\text{每次开仓平仓手续费} = 10\ \text{万元} \times 0.02\% \times 2 = 40\ \text{元}.$$

图 3.13 与表 3.2 分别展示了考虑双边手续费后该 MACD 策略的 P&L 曲线和评判指标. 可以看到, 策略表现与不考虑手续费时有了明显下降. 不使用滤波时的全年收益率降至 25.44%, 夏普比率降至 1.1138; 使用 Kalman 滤波时的全年收益率降至 37.80%, 夏普比率降至 1.7138. 值得指出的是, 使用滤波与不使用滤波的结果在考虑手续费的情况下差距更为明显, 使用滤波的策略明显好于不使用滤波. 如前所述, 这是因为滤波帮助我们过滤掉数据中的一部分噪声, 降低了开仓次数, 让我们找到更准确的投资信号.

图 3.13 MACD 择时策略回测结果, 2021 年全年 (双边 0.02%手续费)

5. 结论

(1) 使用 MACD 趋势策略对螺纹钢期货主力合约进行分钟级别投资, 在 2021 年取得了较好效果.

(2) 灵活使用滤波方法, 可以帮助提升策略表现.

(3) 对于高频投资而言, 手续费会对结果起到很大影响.

至此, 我们完成了使用 MACD 趋势策略对螺纹钢期货主力合约进行分钟级别择时的案例研究. 本案例着眼于择时策略的设计、回测方案的制定以及结果分析. 最后需要指出的是, 这里为大家介绍的 MACD 趋势与 Kalman 滤波相结合的策略仅仅是为了讲解如何用模型和数据生成期货择时信号, 以及如何将本书介绍的各种方法论有机结合到一起. 虽然案例的结果表现较好, 但不意味着读者应当直接用此方法来进行实际投资, 毕竟优异的历史回测结果永远无法代表良好的未来策略表现, 很可能该策略在其他时间段或在其他资产品种上就会完全失效. 我们希望读者学习完本案例, 能尝试将自己所学的方法论巧妙结合, 创造出适合自己的量化投资策略.

## 习 题 三

(1) 收集沪深 300ETF 自上市以来的日频收盘价数据. 从常见趋势型技术指标与反转型技术指标中各选取一种技术指标, 分别构造动量策略与反转策略, 使用沪深 300ETF 历史数据回测, 并参照案例中“回测结果与分析”一节, 对回测结果进行展示与分析.

(2) 对习题 (1) 中的日频收盘价数据分别采用线性滤波、HP 滤波、$L^1$ 滤波、Fourier 滤波以及 Kalman 滤波进行滤波处理, 对使用处理后的数据重新实现习题 (1) 中的策略, 并比较各类滤波方式的表现.

(3) 收集五只股票与五种大宗商品期货主力合约最近一年的历史分钟频收盘价数据, 分别采用 HP 滤波与 $L^1$ 滤波两种方式对收盘价数据进行滤波, 重新实现习题 (1) 中的策略, 并比较两种滤波方式在各种产品上的表现.

(4) 对于习题 (3) 中的数据, 分别采用 Fourier 滤波与 Kalman 滤波两种方式对收盘价数据进行滤波, 重新实现习题 (1) 中的策略, 并比较两种滤波方式在各种产品上的表现.

第3章彩图

# 第 4 章　经典资产定价模型及量化策略

资产定价的经典理论包括 Markowitz (1952) 的投资组合理论、Sharpe (1964) 的资本资产定价模型 (capital asset pricing model, CAPM) 和 Ross (1976) 的套利定价理论 (arbitrage pricing theory, APT) 等. 这些理论的主要研究目的是探索金融资产的定价机制, 理论推导的基本逻辑是, 给定风险资产池的分布, 提出投资者或者资产价格应满足的基本原理, 通过优化或演绎推理得到最优的资产组合或者资产收益率数学期望的模型. 最优组合理论和 CAPM 是对投资者的投资偏好提出假设, 在此框架内基于对个体或者市场的最优化, 得到最优的资产组合或资产收益率期望的基本关系式; APT 理论假设资产价格满足无套利条件, 在此框架内基于对无套利条件的数学化和推导, 得到资产收益率期望应该满足的基本关系式.

从数学的角度看, 上述经典的资产定价模型都是在对多个资产收益率加以一定的概率假设的情况下得到的结论, 这些理论并不回答资产收益率联合分布的估计问题, 因此, 并不能直接简单地应用于现实的某个资本市场建立投资组合或者量化策略, 但这些理论模型也为量化投资提供了基本的出发点, 为建立科学合理的低频量化投资策略发挥重要的作用. 本章将首先对经典的资产定价理论进行简单的介绍, 并通过案例来说明如何应用这些理论来构造相应的量化投资策略.

## 4.1　收益和风险度量

首先, 我们给出资产池中资产的概率模型. 假设市场中有 $n+1$ 个资产, 其中前 $n$ 个是风险资产, 最后一个是无风险资产. 无风险资产的收益率记为 $r_f$, 为退化的确定性变量, 即期望为 $r_f$, 方差为零. 将 $n$ 个风险资产依次编号为 $1, 2, \cdots, n$, 并记它们在未来特定时间内的收益率依次为 $R_1, R_2, \cdots, R_n$, 均为非退化随机变量. 这 $n$ 个风险资产的预期收益率向量与协方差矩阵分别记为

$$\mu = \begin{pmatrix} E(R_1) \\ E(R_2) \\ \vdots \\ E(R_n) \end{pmatrix}, \quad \Omega = \begin{pmatrix} \mathrm{Cov}(R_1, R_1) & \mathrm{Cov}(R_1, R_2) & \cdots & \mathrm{Cov}(R_1, R_n) \\ \mathrm{Cov}(R_2, R_1) & \mathrm{Cov}(R_2, R_2) & \cdots & \mathrm{Cov}(R_2, R_n) \\ \vdots & \vdots & & \vdots \\ \mathrm{Cov}(R_n, R_1) & \mathrm{Cov}(R_n, R_2) & \cdots & \mathrm{Cov}(R_n, R_n) \end{pmatrix}. \tag{4.1}$$

考虑一种投资方式: 假定投资者要将一笔资金分配到 $n$ 个风险资产之上, 投资在各个资产上的资金比例 (即投资权重) 分别为 $w_1, w_2, \cdots, w_n$, 不投资无风险资产. 为了后文论述方便, 我们引入以下符号:

$$w = \begin{pmatrix} w_1 \\ w_2 \\ \vdots \\ w_n \end{pmatrix}, \quad \iota = \begin{pmatrix} 1 \\ 1 \\ \vdots \\ 1 \end{pmatrix}. \tag{4.2}$$

那么由这 $n$ 个风险资产组成的投资组合的期望收益率就可简单地表示为

$$E\left(\sum_{k=1}^{n} w_k R_k\right) = w^\top \mu,$$

而投资组合收益率的方差即为

$$\mathrm{Var}\left(\sum_{k=1}^{n} w_k R_k\right) = w^\top \Omega w.$$

由于权重之和应当为 1, 因此我们通常要使用如下约束条件:

$$w^\top \iota = 1.$$

再考虑另一种投资方式. 除了 $n$ 个风险资产以外, 投资者还会将一部分资金投资于无风险资产. 那么, 假设投资者在 $n$ 个风险资产上的投资权重分别为 $w_1, w_2, \cdots, w_n$, 则风险资产的总权重为 $\sum_{k=1}^{n} w_k$. 由于所有 $n+1$ 资产的权重之和仍应当为 1, 那么无风险资产的权重为 $1 - \sum_{k=1}^{n} w_k$. 于是, 含有无风险证券的资产组合的收益率可以表示为

$$\sum_{k=1}^{n} w_k R_k + \left(1 - \sum_{k=1}^{n} w_k\right) r_f.$$

该资产组合的期望收益为

$$E\left[\sum_{k=1}^{n} w_k R_k + \left(1 - \sum_{k=1}^{n} w_k\right) r_f\right] = w^\top \mu + (1 - w^\top \iota) r_f.$$

而由于无风险资产方差为 0, 与其他各个风险资产均不相关, 因此该资产组合的方差仍是

$$\mathrm{Var}\left[\sum_{k=1}^{n} w_k R_k + \left(1 - \sum_{k=1}^{n} w_k\right) r_f\right] = w^\top \Omega w.$$

有了无风险资产的加入, 我们不再需要 $w^\top \iota = 1$ 的约束条件.

## 4.2 现代资产组合理论

在已知资产收益率的联合分布的条件下, 资产组合问题就成为各个资产的权重选择问题, 也即寻找最优的权重向量 $w$. 现代组合理论的基础是对投资者的投资偏好提出假设, 经典的组合理论假设投资者是 "理性的", 且是 "风险厌恶" 的, 具体表现为下面两个原则.

(1) 在期望收益相等的可选资产组合中, 投资者将选择风险 (方差) 最小的组合;

(2) 在风险 (方差) 相等的可选资产组合中, 投资者将选择期望收益最大的组合.

所以, 投资者只有在有更高期望收益作为补偿时才会接受更高的风险. 相反地, 投资者为了得到更高的收益也必须接受更大的风险.

### 1. 全局最小方差组合

假设投资者希望在由 $n$ 个风险资产组成的风险资产池中构造方差最小的投资组合. 那么该投资者面对的优化问题为

$$\begin{aligned} \min_{w} \quad & w^\top \Omega w, \\ \text{且满足} \quad & w^\top \iota = 1. \end{aligned} \tag{4.3}$$

该最优化问题的结果用以下定理表述.

**定理 4.1** (全局最小方差组合) 优化问题 (4.3) 式的权重向量的最优解是

$$w = \frac{\Omega^{-1}\iota}{\iota^\top \Omega^{-1}\iota}, \tag{4.4}$$

该组合的方差为

$$\frac{1}{\iota^{-1}\Omega^{-1}\iota}. \tag{4.5}$$

**证明**　我们用拉格朗日 (Lagrange) 乘子法求解此最优化问题. 引入 Lagrange 函数

$$\mathcal{L} = w^\top \Omega w - \lambda(w^\top \iota - 1).$$

将 $\mathcal{L}$ 分别对 $w$ 和 $\lambda$ 求偏导数, 得到

$$\frac{\partial \mathcal{L}}{\partial w} = 2\Omega w - \lambda \iota,$$

$$\frac{\partial \mathcal{L}}{\partial \lambda} = w^\top \iota - 1.$$

令上面两式均等于 0, 即有

$$2\Omega w = \lambda \iota, \tag{4.6}$$

$$w^\top \iota = 1. \tag{4.7}$$

由 (4.6) 式, 得到

$$w = \Omega^{-1}(\lambda \iota)/2, \tag{4.8}$$

将其代入 (4.7) 式, 整理后可得

$$\lambda = \frac{2}{\iota^\top \Omega^{-1} \iota},$$

再代入 (4.8) 式, 最终得到组合权重向量的最优解

$$w = \frac{\Omega^{-1}\iota}{\iota^\top \Omega^{-1} \iota}.$$

该资产组合达到了最小方差, 且最小方差为

$$w^\top \Omega w = \frac{1}{\iota^\top \Omega^{-1} \iota}.$$

证毕

2. 均值-方差最优组合

进一步, 假设投资者希望在风险资产池中构造给定期望收益为 $b$ 且方差最小的投资组合, 该投资者的最优化问题即为

$$\min_{w} \quad w^\top \Omega w,$$

$$\text{且满足} \quad \begin{cases} w^\top \mu = b, \\ w^\top \iota = 1. \end{cases} \tag{4.9}$$

这种均值-方差投资原则同时考虑了收益 (均值) 与风险 (方差) 两方面, 对理论与实际投资都具有重要指导意义. 我们给出如下定义.

**定义 4.1** (均值-方差最优组合) 给定期望收益 $b$, 我们称按照优化问题 (4.9) 得到的投资组合是给定期望收益为 $b$ 的均值-方差最优组合.

均值-方差最优组合的具体表达式用以下定理表述.

**定理 4.2** (均值-方差最优组合) 如果指定投资组合期望收益为 $b$, 则优化问题 (4.9) 式的最优解是

$$w = by + z, \tag{4.10}$$

该均值-方差最优组合的方差为

$$w^\top \Omega w = (by^\top + z^\top)\Omega(by + z), \tag{4.11}$$

其中, $y$ 和 $z$ 的定义见 (4.16) 与 (4.17) 式.

**证明** 我们仍用 Lagrange 乘子法求解此最优化问题. 引入 Lagrange 函数:

$$\mathcal{L} = w^\top \Omega w - \lambda(w^\top \mu - b) - \gamma(w^\top \iota - 1).$$

将 $\mathcal{L}$ 分别对 $w, \lambda, \gamma$ 求偏导数, 得到

$$\begin{aligned}
\frac{\partial \mathcal{L}}{\partial w} &= 2\Omega w - \lambda\mu - \gamma\iota, \\
\frac{\partial \mathcal{L}}{\partial \lambda} &= w^\top \mu - b, \\
\frac{\partial \mathcal{L}}{\partial \gamma} &= w^\top \iota - 1.
\end{aligned}$$

令上面三式均等于 0, 即有

$$2\Omega w = \lambda\mu + \gamma\iota, \tag{4.12}$$

$$w^\top \mu = b, \tag{4.13}$$

$$w^\top \iota = 1. \tag{4.14}$$

由 (4.12) 可得

$$w = \Omega^{-1}(\lambda\mu + \gamma\iota)/2. \tag{4.15}$$

将 (4.15) 代入 (4.13) 与 (4.14), 即得到关于 $\lambda$ 与 $\gamma$ 的线性方程组

$$\lambda\mu^\top \Omega^{-1}\mu + \gamma\iota^\top \Omega^{-1}\mu = 2b,$$

$$\lambda\mu^{\top}\Omega^{-1}\iota+\gamma\iota^{\top}\Omega^{-1}\iota=2.$$

该方程组的解为

$$\lambda=\frac{2bD-2B}{AD-BC},\quad \gamma=\frac{2A-2bC}{AD-BC}.$$

其中,

$$A=\mu^{\top}\Omega^{-1}\mu,\quad B=\iota^{\top}\Omega^{-1}\mu,$$

$$C=\mu^{\top}\Omega^{-1}\iota,\quad D=\iota^{\top}\Omega^{-1}\iota.$$

再将上述解代回 (4.15), 即得到最优权重的解为已知向量 $y$ 乘以权重 $b$ 与已知向量 $z$ 之和的形式:

$$w=by+z,$$

其中,

$$y=\frac{D}{AD-BC}\Omega^{-1}\mu-\frac{C}{AD-BC}\Omega^{-1}\iota, \tag{4.16}$$

$$z=\frac{A}{AD-BC}\Omega^{-1}\iota-\frac{B}{AD-BC}\Omega^{-1}\mu. \tag{4.17}$$

该最优组合的方差为

$$w^{\top}\Omega w=(by^{\top}+z^{\top})\Omega(by+z).$$

证毕

由此可见, 均值-方差最优组合的权重为两个已知向量关于给定的组合期望收益 $b$ 和 1 的加权和, 其方差为给定的组合期望收益 $b$ 的二次函数.

在此框架下, 我们还有如下结论.

**定理 4.3** (两基金分离定理) 假设两个期望收益分别为 $b_p$ 与 $b_q$ 的均值-方差最优组合的权重向量分别为 $w_p$ 和 $w_q$, 则有对于任意实数 $a$, 以 $aw_p+(1-a)w_q$ 为投资权重向量的投资组合是给定期望收益为 $ab_p+(1-a)b_q$ 的均值-方差最优组合.

**证明** 注意到, 事实上等式 (4.16) 与 (4.17) 中的 $y$ 和 $z$ 只与资产池的联合分布有关, 与组合的给定期望收益无关. 于是根据 (4.10) 有

$$w_p=b_py+z,$$

$$w_q=b_qy+z,$$

所以

$$aw_p+(1-a)w_q=(ab_p+(1-a)b_q)y+z.$$

其仍是一个最优化组合, 期望收益为 $ab_p + (1-a)b_q$.　证毕

不难验证, 给定两个不同的均值-方差最优组合, 任何均值-方差最优组合的权重均可由这两个组合的权重线性表示. 因此, 两个不同的均值-方差最优组合的线性组合可以生成各种给定期望收益的均值-方差最优组合, 该定理又被称作两基金分离定理.

3. 二次效用最优组合

效用函数是微观经济学有效市场竞争下商品定价研究的基本工具, 财富的效用函数反映了财富的持有者对财富价值的评估. 最常见的效用函数是二次系数为负的效用函数, 也称边际效用递减的效用函数. 对于金融资产的投资者, 其财富即为资产组合, 沿用经济学效用函数的方法, 可以得到基于期望效用函数最优的资产组合理论. 特别地, 若考虑二次效用函数, 则有如下的组合期望效用的表示:

$$\text{组合收益率的期望效用} = \text{组合收益率的期望} - \frac{\alpha}{2}\cdot\text{组合收益率的方差}, \tag{4.18}$$

其中 $\alpha$ 是给定的正数. 从函数形式可以看出, 期望收益越高, 效用越高; 而方差越大, 效用越低. 投资者希望最大化效用函数与理性投资者的风险厌恶假设是一致的, 只不过基于效用的最优化可以更精细地区分各个投资者的风险偏好程度. 我们称系数 $\alpha$ 为投资者的风险厌恶系数, $\alpha$ 越大, 表示风险厌恶程度越高.

如果某投资者的效用函数如 (4.18) 的形式, 则投资者的组合最优化问题为

$$\begin{aligned} \max_{w}\quad & w^\top\mu - \frac{\alpha}{2}w^\top\Omega w, \\ \text{且满足}\quad & w^\top\iota = 1. \end{aligned} \tag{4.19}$$

该问题的最优解如下定理所示, 其证明留给读者练习.

**定理 4.4** (二次效用最优组合)　如果某投资者以效用函数 (4.18) 式为目标函数, 求解优化问题 (4.19), 则最优权重向量为

$$w = \frac{\Omega^{-1}\iota}{\iota^\top\Omega^{-1}\iota} + \frac{1}{\alpha}\Omega^{-1}(\mu - \gamma\iota), \tag{4.20}$$

其中

$$\gamma = \frac{\iota^\top\Omega^{-1}\mu}{\iota^\top\Omega^{-1}\iota}. \tag{4.21}$$

可以看到, 这个最优组合权重 (4.20) 由两部分结合而成: 全局最小方差组合的权重 (4.4), 以及向量 $\Omega^{-1}(\mu-\gamma\iota)$ 除以风险厌恶系数 $\alpha$. 这意味着, 风险厌恶系数 $\alpha$ 在最优组合权重中的作用为反向的: 投资者的风险厌恶系数越大, 组合就越偏向全局最小方差组合, 反之亦然.

4. 含无风险资产的均值-方差最优组合

在含无风险资产的情形下, 若投资者希望资产组合的期望收益为常数 $b$, 且方差达到最小. 则投资者面对的最优化问题可以表示为

$$\begin{aligned}\min_{w} \quad & w^{\top}\Omega w, \\ \text{且满足} \quad & w^{\top}\mu+(1-w^{\top}\iota)r_f=b. \end{aligned} \tag{4.22}$$

类似地, 我们给出如下定义.

**定义 4.2** (含无风险资产的均值-方差最优组合)　给定期望收益 $b$, 我们称按照优化问题 (4.22) 得到的投资组合是给定期望收益为 $b$ 的含无风险资产的均值-方差最优组合.

用与前面类似的方法, 可以得出该最优化问题的如下定理.

**定理 4.5** (含无风险资产的均值-方差最优组合)　在包含无风险资产、组合收益均值为 $b$ 的情形下, 优化问题 (4.22) 对应的风险资产的权重向量最优解为

$$w=\frac{(b-r_f)\Omega^{-1}(\mu-r_f\iota)}{(\mu-r_f\iota)^{\top}\Omega^{-1}(\mu-r_f\iota)}, \tag{4.23}$$

该投资组合收益率的方差为

$$w^{\top}\Omega w=\frac{(b-r_f)^2}{(\mu-r_f\iota)^{\top}\Omega^{-1}(\mu-r_f\iota)}. \tag{4.24}$$

由此可见, 含无风险资产的均值-方差最优组合的权重之和不一定等于 1(这里的权重是风险资产的权重), 具有将向量 $\Omega^{-1}(\mu-r_f\iota)$ 按照 $(b-r_f)$ 的比例进行缩放的形式, 且该向量与目标均值 $b$ 无关. 如果将最优权重进行单位标准化 (即除以权重之和), 我们得到下面这个权重之和等于 1 的向量:

$$w_M:=\frac{\Omega^{-1}(\mu-r_f\iota)}{\iota^{\top}\Omega^{-1}(\mu-r_f\iota)}. \tag{4.25}$$

由于 $w_M$ 的各个分量之和为 1, 因此这个组合不含无风险资产. 定理 4.5 表明, 含无风险资产的均值-方差组合的风险资产权重总是与 $w_M$ 这一风险资产组合的权重成比例. 于是我们有如下定理.

**定理 4.6** (两基金分离定理)　在含无风险资产的情形下, 均值-方差最优投资组合总是以一定比例投资于如下的组合:

$$w_M=\frac{\Omega^{-1}(\mu-r_f\iota)}{\iota^{\top}\Omega^{-1}(\mu-r_f\iota)}.$$

即含无风险资产的均值-方差最优组合总是在 $w_M$ 和无风险资产中进行比例分配.

由于 $w_M$ 具有如此特殊的地位, 按照均值-方差原则投资的理性投资者一定会将风险资产的权重配置为 $w_M$, 因此我们常称 $w_M$ 为市场组合. 该定理告诉我们, 在按照均值-方差原则投资的投资者组成的市场中, 理论上本质只有两种资产组合: 无风险资产以及市场组合. 所有投资者都将在这二者之间进行资金分配.

5. 含无风险资产的效用最优组合

定理 4.5 表明含无风险资产的均值-方差最优组合一定是无风险资产与市场组合的组合, 进而我们需要根据二次效用函数来确定各个投资者在这二者之间的具体配置. 在考虑无风险资产的情形下, 如果某投资者以 (4.18) 式为效用函数, 则投资者面对的最优化问题即为

$$\max_{w} \quad w^\top \mu + (1 - w^\top \iota) r_f - \frac{\alpha}{2} w^\top \Omega w. \tag{4.26}$$

该最优化问题的解为如下定理.

**定理 4.7** (含无风险资产的二次效用最优组合) 在考虑无风险资产的情形下, 若投资者以效用函数 (4.18) 式为目标函数, 求解优化问题 (4.26), 则其风险资产的最优权重向量为

$$w = \frac{1}{\alpha} \Omega^{-1} (\mu - r_f \iota). \tag{4.27}$$

不难验证, (4.27) 式仍是按照 (4.25) 式定义的 $w_M$ 的比例放缩. 因此, 含无风险资产的二次效用最优组合仍可视作无风险资产与市场组合 $w_M$ 的加权, 与我们此前的结论一致. 具体可以看出, 风险厌恶系数 $\alpha$ 决定了投资者在市场组合 (风险资产) 与无风险资产之间分配的权重, 风险厌恶程度 $\alpha$ 越高, 投资市场组合的比重越低. 这与我们的直观理解是一致的.

6. 夏普比率

在含无风险资产的情况下, 根据定理 4.5, 在给定资产组合期望收益 $b$ 下的均值-方差最优组合的权重向量 $w$ 满足

$$\frac{b - r_f}{\sqrt{w^\top \Omega w}} = \sqrt{(\mu - r_f \iota)^\top \Omega^{-1} (\mu - r_f \iota)} \tag{4.28}$$

等式右侧是与期望收益 $b$ 无关的常数. 这个量通常被称作夏普比率:

$$\text{夏普比率} = \frac{\text{期望收益} - \text{无风险利率}}{\text{收益标准差}}.$$

方程 (4.28) 表明, 理论上, 任意给定组合期望收益的含无风险资产的均值-方差最优组合的夏普比率都相等. 夏普比率是最常用的投资策略评判指标之一. 夏普比

率计算公式中, 分子是期望收益与无风险利率之差, 其表示该投资组合的期望收益超出无风险利率多少, 即所谓的"超额收益". 分母是投资组合收益率的标准差, 表示投资组合的波动程度. 因此, 超额收益越高, 夏普比率越高; 风险 (标准差) 越小, 夏普比率越高.

在现实的投资实践中, 投资者一般无法确认其投资组合是否为均值-方差最优组合. 但是一个基本的常识是, 以无风险利率通过借贷来融资的投资组合的夏普比率不依赖于融资比例. 假设有一个投资组合 $S$ (不一定是均值-方差最优组合), 它的期望收益为 $E(S)$, 标准差为 $\sigma(S)$. 我们建立一个资产组合, 包括比例为 $a$ 的 $S$ 和比例为 $1-a$ 的无风险资产, 无风险利率为 $r_f$. 注意这里的 $a$ 可以大于 100% . $a$ 越大, 融资总量就越大. 资产组合的均值为

$$\text{期望收益} = aE(S) + (1-a)r_f,$$

$$\text{收益标准差} = a\sigma(S).$$

于是,

$$\text{夏普比率} = \frac{\text{期望收益} - r_f}{\text{收益标准差}} = \frac{aE(S) - ar_f}{a\sigma(S)} = \frac{E(S) - r_f}{\sigma(S)},$$

与 $a$ 无关. 所以任意投资组合的夏普比率都与其融资比例无关.

7. 资产收益率相互独立的情形

本小节我们考虑一种特殊的情况, 从而加深对前面结论的理解. 假设 $n$ 个风险资产的收益率 $R_1, R_2, \cdots, R_n$ 相互独立. 因此, 协方差矩阵是对角矩阵, 形如

$$\Omega = \begin{pmatrix} \sigma_1^2 & 0 & \cdots & 0 \\ 0 & \sigma_2^2 & \cdots & 0 \\ \vdots & \vdots & \ddots & \vdots \\ 0 & 0 & \cdots & \sigma_n^2 \end{pmatrix}. \tag{4.29}$$

在此情况下, 我们试图寻找最优的资产组合权重向量 $w$.

若投资者不投资无风险资产, 只投资 $n$ 种风险资产. 投资者选择寻找全局的最小方差组合, 则根据定理 4.1, 最优解为

$$w = \frac{\Omega^{-1}\iota}{\iota^\top \Omega^{-1}\iota}.$$

当 $\Omega$ 具有 (4.29) 的形式时, 我们可显式求解出各个资产的权重为

$$w_i = \frac{1/\sigma_i^2}{\sum_{k=1}^n 1/\sigma_k^2}, \quad i = 1, 2, \cdots, n. \tag{4.30}$$

因此, 方差 (风险) 越大, 权重越低. 这与我们的直觉一致.

事实上, 我们也可以用简单的不等式工具得到这一结论. 由于各个资产收益率相互独立, 因此资产组合收益率的方差应该是

$$\sigma_1^2 w_1^2 + \sigma_2^2 w_2^2 + \cdots + \sigma_n^2 w_n^2.$$

根据柯西不等式, 我们有

$$(\sigma_1^2 w_1^2 + \sigma_2^2 w_2^2 + \cdots + \sigma_n^2 w_n^2)\left(\frac{1}{\sigma_1^2} + \frac{1}{\sigma_2^2} + \cdots + \frac{1}{\sigma_n^2}\right) \geqslant (w_1 + w_2 + \cdots + w_n)^2 = 1.$$

柯西不等式的取等条件表明, 当对于所有 $i, j = 1, 2, \cdots, n$, 都有

$$\sigma_i^2 w_i = \sigma_j^2 w_j$$

时, 资产组合的方差达到最小. 因此, 全局最小方差组合的权重应当取为 (4.30) 式.

再考虑投资者既投资风险资产又投资无风险资产的情形. 该投资者以二次效用函数 (4.18) 为目标函数. 根据定理 4.7, 最优解为

$$w = \frac{1}{\alpha}\Omega^{-1}(\mu - r_f \iota).$$

当 $\Omega$ 具有 (4.29) 的形式时, 我们也可显式求解出各个风险资产的权重为

$$w_i = \frac{(\mu_i - r_f)/\sigma_i^2}{\alpha}, \quad i = 1, 2, \cdots, n.$$

由此可见, 风险资产的配置比例应该与超额收益率 $\mu_i - r_f$ 成正比, 与风险 $\sigma_i^2$ 成反比, 与风险厌恶系数 $\alpha$ 成反比.

注意在上面的分析中, 所有的最优化组合的权重并不总是为正, 所以这种最优化资产组合可能需要我们进行卖空操作. 如果现实的市场不允许卖空, 我们就要在原始的优化问题中加上下面的约束条件: $x_i \geqslant 0$. 这类优化问题一般得不到解析解, 需要使用更为复杂的最优化方法求解.

## 4.3 资本资产定价模型和单因子模型

前面讨论的组合理论主要关心在已知资产池中的最优组合问题, 这个问题与资产定价问题并不完全相同. 资产定价问题的终极目标是得到金融资产价格的形成机制, 或者说得到决定资产价格的因素以及其对价格的影响过程. 组合理论的出发点是最优配置, 但其结论建立了资产价格或期望收益率之间的关系, 这对于

研究资产价格关系有重要的启发和实质性的贡献. 本节将从组合理论的结论出发, 引进威廉 • 夏普等人给出的资本资产定价模型 (CAPM), 并简单说明 CAPM 与单因子统计模型的关系.

首先, 我们利用前面的资产组合理论的结论, 可以很容易地推出下面关于风险资产期望收益率表示的定理.

**定理 4.8** 现有 $n$ 个风险资产的未来收益率分别为 $R_1, R_2, \cdots, R_n$ 以及收益率为固定常数 $r_f$ 的无风险资产, 共同构成可投资的资产池. 设 $R_x$ 是某个包含无风险资产的均值-方差最优组合的未来收益率, 则任意风险资产 $i$ 的预期收益率 $E(R_i)$ 可以表示为

$$E(R_i) - r_f = \frac{\operatorname{Cov}(R_i, R_x)}{\operatorname{Var}(R_x)}\big(E(R_x) - r_f\big). \tag{4.31}$$

**证明** 设 $E(R_x) = b$, 记投资组合 $R_x$ 在风险资产的权重向量为 $x$. 则由定理 4.5 的 (4.23) 式, 其权重 $x$ 可以表示为

$$x = \frac{(b - r_f)\Omega^{-1}(\mu - r_f \iota)}{(\mu - r_f \iota)^\top \Omega^{-1}(\mu - r_f \iota)},$$

其中 $\mu$ 是各风险资产的期望收益组成的向量, $\Omega$ 是各风险资产收益率的协方差矩阵. 记向量 $x_i = (0, \cdots, 1, 0, \cdots, 0)^\top$ 为除了第 $i$ 项为 1 外其余各项均为 0 的向量, 则第 $i$ 个资产的组合权重向量为 $x_i$. 从而, 有

$$\begin{aligned}
\operatorname{Cov}(R_i, R_x) &= x_i^\top \Omega x \\
&= \frac{(b - r_f) x_i^\top \Omega\, \Omega^{-1}(\mu - r_f \iota)}{(\mu - r_f \iota)^\top \Omega^{-1}(\mu - r_f \iota)} \\
&= \frac{(b - r_f)(E(R_i) - r_f)}{(\mu - r_f \iota)^\top \Omega^{-1}(\mu - r_f \iota)}.
\end{aligned}$$

注意定理 4.5 的 (4.24) 式还给出了最优组合 $x$ 的方差

$$\operatorname{Var}(R_x) = \frac{(b - r_f)^2}{(\mu - r_f \iota)^\top \Omega^{-1}(\mu - r_f \iota)}.$$

将两式整理到一起, 即得

$$\frac{\operatorname{Cov}(R_i, R_x)}{\operatorname{Var}(R_x)} = \frac{E(R_i) - r_f}{b - r_f},$$

也就是

$$E(R_i) - r_f = \frac{\text{Cov}(R_i, R_x)}{\text{Var}(R_x)}(E(R_x) - r_f),$$

即我们要证明的等式. 证毕

该定理表明, 在均值-方差最优化的投资框架下, 每个风险资产的期望收益率都可以用某个均值-方差最优组合的期望收益率进行表示, 且影响两者关系的主要因素是两者之间的协方差和最优组合的方差. 进一步, 在证明了单个资产满足关系式 (4.31) 以后, 我们将定理 4.8 推广至资产组合.

**定理 4.9** 现有 $n$ 个风险资产的未来收益率分别为 $R_1, R_2, \cdots, R_n$, 以及收益率为固定常数 $r_f$ 的无风险资产, 共同构成可投资的资产池. 设 $R_x$ 是某个包含无风险资产的均值-方差最优组合的未来收益率. 则对任意权重之和为 1、未来收益率为 $R_y$ 的资产组合, 有以下关系式成立

$$E(R_y) - r_f = \frac{\text{Cov}(R_y, R_x)}{\text{Var}(R_x)}(E(R_x) - r_f).$$

**证明** 设资产组合 $R_y$ 的权重向量为 $y = (y_1, y_2, \cdots, y_n)^\top$, 其权重之和满足 $y_1 + y_2 + \cdots + y_n = 1$. 由 (4.31) 式, 我们有

$$E(R_i) - r_f = \frac{\text{Cov}(R_i, R_x)}{\text{Var}(R_x)}(E(R_x) - r_f).$$

于是

$$\begin{aligned} E(R_y) - r_f &= \sum_{i=1}^{n} y_i E(R_i) - \sum_{i=1}^{n} y_i r_f \\ &= \sum_{i=1}^{n} y_i \frac{\text{Cov}(R_i, R_x)}{\text{Var}(R_x)}(E(R_x) - r_f) \\ &= \frac{\text{Cov}(R_y, R_x)}{\text{Var}(R_x)}(E(R_x) - r_f). \end{aligned}$$

结论得证. 证毕

如果我们将 $R_x$ 选定为按照 (4.25) 式定义的市场组合 $w_M$ 的收益率 $R_M$, 并定义

$$\beta_i = \frac{\text{Cov}(R_i, R_M)}{\text{Var}(R_M)}, \quad i = 1, 2, \cdots, n, \tag{4.32}$$

就得到了经典的资本资产定价模型 (capital asset pricing model, CAPM).

**定理 4.10** (资本资产定价模型)　如果资本市场上的投资者按照定理 4.5 的均值-方差原则进行投资, 那么第 $i$ 个资产的期望收益率 $E(R_i)$ 与市场组合的期望收益率 $E(R_M)$ 之间满足以下的关系:

$$E(R_i) - r_f = \beta_i\big(E(R_M) - r_f\big), \quad i = 1, 2, \cdots, n, \tag{4.33}$$

其中 $\beta_i$ 由 (4.32) 定义.

资本资产定价模型给我们的启示是, 虽然单个资产 (或者由单个资产组成的组合) 具有独立于整体市场的一些特征, 但它们的超额收益率始终受整体市场的影响, 并且与市场的超额收益率呈现线性关系.

资本资产定价模型基于对市场和投资者的假设给出了各个资产的预期收益率与市场组合的预期收益率之间的关系, 现在我们通过资产收益率与市场组合收益率的统计建模来说明资本资产定价模型的统计意义. 记第 $i$ 个资产的超额收益率与市场组合的超额收益率分别为

$$r_i = R_i - r_f, \quad r_M = R_M - r_f.$$

假设这两个随机变量之间存在如下的线性回归模型:

$$r_i = \alpha_i + \beta_i r_M + \epsilon_i,$$

其中 $\epsilon_i$ 是与 $r_M$ 不相关的均值为 0、方差存在的误差项, $\alpha_i$ 和 $\beta_i$ 为待定系数. 若我们希望这两个待定系数使得误差 $\epsilon_i$ 的方差达到最小, 根据线性回归的最小二乘法则, 需要求解如下的优化问题:

$$\min_{\beta_i, \alpha_i} E\left((r_i - \beta_i r_M - \alpha_i)^2\right).$$

注意

$$E\left((r_i - \beta_i r_M - \alpha_i)^2\right) = E\left(r_i^2 + \beta_i^2 r_M^2 + \alpha_i^2 - 2\beta_i r_i r_M - 2\alpha_i r_i + 2\beta_i \alpha_i r_M\right).$$

将此式对 $\beta_i$ 和 $\alpha_i$ 求偏导数并令它们为 0,

$$\beta_i E(r_M^2) + \alpha_i E(r_M) = E(r_i r_M),$$

$$\beta_i E(r_M) + \alpha_i = E(r_i).$$

解这个线性方程组, 得到

$$\beta_i = \frac{E(r_i r_M) - E(r_i)E(r_M)}{E(r_M^2) - E^2(r_M)} = \frac{\text{Cov}(R_i, R_M)}{\text{Var}(R_M)},$$

$$\alpha_i = E(r_i) - \beta_i E(r_M).$$

我们注意到, 上述推导的框架是线性模型和误差项的方差最小化, 并不需要对投资者的假设, 而结论表明: ① $\beta_i$ 的最优解与资本资产定价模型的市场组合系数的表达式完全一致, 主要原因是资本资产定价模型的基础是均值-方差最优化, 这一点与最小二乘法的原理是一致的; ② $\alpha_i$ 的最优解代表了实际的资产超额期望收益 $E(r_i)$ 与资本资产定价模型给出的超额期望收益 $\beta_i E(r_M)$ 的差异, 如果第 $i$ 个资产满足资本资产定价模型, 则线性回归模型的系数 $\alpha_i$ 应该为零, 从一定意义上看, $\alpha_i$ 系数是否为零代表了资本资产定价模型对该资产收益的解释程度.

在实际应用中, 我们很难保证投资者都像现代资产组合理论所假设的那样, 认为所有投资者都风险厌恶, 并将自己的投资组合的方差最小化. 因此, 实际市场与资本资产定价模型的结论难免存在偏差.

从统计学的视角来看, 线性回归模型

$$r_i = \alpha_i + \beta_i r_M + \epsilon_i \tag{4.34}$$

假设资产超额收益率只与单个变量 $r_M$ 相关, 因此我们也称之为单因子模型, 其本质上这是一个统计回归模型. 单因子模型让我们可以对资产收益的来源进行归因. 在单因子模型下, 整个资产的超额收益 $r_i$ 由以下三部分组成: $\beta_i r_M$ 是市场组合贡献的部分, $\alpha_i$ 是该资产自身的超出市场组合的部分, 而 $\epsilon_i$ 是统计误差部分, 前两者对资产的预期收益率和方差有影响, 误差部分只对收益率的方差有贡献. 因此, 我们也常常将随市场变化而变化的收益简称为 beta (即 $\beta$), 将因自身因素获得的超出市场的收益简称为 alpha (即 $\alpha$).

## 4.4 套利定价理论和多因子模型

前面介绍的资本资产定价模型 (CAPM) 建立在组合理论之上, 我们假设资本市场上的投资者按照均值-方差原则进行投资, 推导出单个资产的收益率与市场组合的期望收益率之间具有线性关系, 对资产定价问题作出了回答. 本节将集中介绍 Ross(1976) 提出的套利定价理论 (arbitrage pricing theory, APT). APT 与 CAPM 的区别主要体现在两方面. 第一, 对资产收益率结构的假设不同. 组合理论和 CAPM 只假设各个资产收益率的一阶矩 (均值) 和二阶矩 (方差) 存在, 并未做其他假设, 而 APT 则假设所有资产收益率由几个因子线性决定, 其对资产收益率的结构作出了较强的假设. 第二, 对投资者行为的假设不同. CAPM 假设投资者按照均值-方差原则进行投资, 而 APT 假设投资者会找出所有套利机会, 并最终保证市场无套利. 虽然 APT 与 CAPM 的基本假设有很大区别, 但二者殊途同归, 均给出了市场上各个资产的期望收益率应当具备的关系.

1. 基本假设

首先, 我们给出 APT 对风险资产收益率结构作出的概率假设. 对于 $i = 1, 2, \cdots, n$, 假设第 $i$ 个风险资产的收益率 $R_i$ 满足下述 $K$ 因子模型:

$$R_i = E(R_i) + \beta_{i1}\big(F_1 - E(F_1)\big) + \beta_{i2}\big(F_2 - E(F_2)\big) + \cdots + \beta_{iK}\big(F_K - E(F_K)\big) + \epsilon_i, \tag{4.35}$$

其中, $F_1, F_2, \cdots, F_K$ 是影响证券收益的 $K$ 种因子, 例如宏观经济金融的种种因素 (GDP、利率、汇率等)、市场因素、行业因素等, 均为随机变量; $\beta_{i1}, \beta_{i2}, \cdots, \beta_{iK}$ 均为常数, 表示该证券对各个因子随机变化的暴露程度, 我们称之为因子暴露; $\epsilon_i$ 是该风险资产自身的 (不由因子决定的) 误差项, 表示该证券自身的未预料的好消息或坏消息产生的影响, 是随机变量. 误差项满足 $E(\epsilon_i) = 0$, $\epsilon_i$ 与 $F_1, F_2, \cdots, F_K$ 不相关, $i = 1, 2, \cdots, n$; 且 $\epsilon_1, \epsilon_2, \cdots, \epsilon_n$ 之间互不相关.

不难看出, APT 对风险资产收益率结构的假设 (4.35) 可视作单因子模型 (5.1) 的推广, 因此 (4.35) 常被称作多因子模型. 具体地, APT 对单因子模型的推广包括如下几方面. 第一, 因子个数不再局限于 1 个, 而是可以有 $K$ 个 (且该模型并未要求 $K$ 具体需要等于多少). 第二, 因子种类并未加以限制, 甚至并没有要求单因子模型的市场组合超额收益率 $r_M$ 必须作为一个因子. 第三, 直接对资产收益率进行建模, 而无需考虑减去无风险利率后的超额收益率. 值得指出的是, 量化投资领域探讨的多因子模型并非局限于 (4.35) 式的形式. 量化投资者经常混用 "多因子模型" 的概念, 甚至称任何具有多个自变量的模型为多因子模型. 本书下一章将系统介绍量化投资领域使用的多因子模型, 而本章所说的多因子模型仅为 (4.35) 式.

为便于后续论述, 我们引入如下向量记号:

$$B_k = \begin{pmatrix} \beta_{1k} \\ \beta_{2k} \\ \vdots \\ \beta_{nk} \end{pmatrix}, \quad k = 1, 2, \cdots, K; \qquad R = \begin{pmatrix} R_1 \\ R_2 \\ \vdots \\ R_n \end{pmatrix}. \tag{4.36}$$

即, $B_k$ 表示由市场上 $n$ 个风险资产对第 $k$ 个因子的因子暴露组成的向量, $R$ 表示由市场上 $n$ 个风险资产的收益率组成的向量.

接下来, 我们对投资者行为作出假设. 投资者会不断找出市场中的套利机会, 最终导致市场上不存在套利机会. 套利的定义如下.

**定义 4.3** (套利组合) 设投资组合的权重向量为 $w$. 若该投资组合满足

$$w^\top \iota = 0, \tag{4.37}$$

$$w^\top B_k = 0, \quad k = 1, 2, \cdots, K, \tag{4.38}$$

$$w^\top R \geqslant 0, \tag{4.39}$$

$$P(w^\top R > 0) > 0, \tag{4.40}$$

则称该投资组合为套利组合.

在套利组合的定义中, (4.37) 式即要求权重之和为 0, 这与先前投资组合理论的权重和为 1 的要求有所不同. 这是因为, 组合理论探讨的是如何将一笔初始资金分配到不同资产之上, 自然应当要求分配比例之和为 1; 而套利组合是希望在没有初始资金的状态下套取一笔利润. (4.38) 式要求该投资组合对各个因子的因子暴露均为 0, 从而屏蔽了所有因子带来的风险. (4.39) 式要求套利组合的收益率一定为非负, 即不可能出现亏损; 而 (4.40) 式则要求套利组合必须有一定的可能性来赚取大于 0 的利润. 总而言之, 所谓套利, 就是在初始资金为 0 的情况下能稳赚不赔, 即 "空手套白狼".

现在考察套利组合的收益率. 在资产收益率满足 (4.35) 的假设下, 根据套利组合的要求 (4.38), 可以发现

$$\begin{aligned} w^\top R &= \sum_{i=1}^n w_i E(R_i) + \sum_{i=1}^n w_i \beta_{i1}\big(F_1 - E(F_1)\big) \\ &\quad + \cdots + \sum_{i=1}^n w_i \beta_{iK}\big(F_K - E(F_K)\big) + \sum_{i=1}^n w_i \epsilon_i \\ &= \sum_{i=1}^n w_i E(R_i) + \sum_{i=1}^n w_i \epsilon_i. \end{aligned} \tag{4.41}$$

而由于 $\epsilon_i$ 具有随机性, 因此套利组合的要求 (4.39) 很难达到. 如果不对 $\epsilon_i$ 加一些较强的假设, 我们无法保证该组合的收益率 $w^\top R$ 一定非负. 然而, 若风险资产数 $n$ 足够多, 我们有理由认为 $\sum_{i=1}^n w_i \epsilon_i$ 将接近为 0. 考察投资者进行等权重投资的特殊情形, 此时 $w_i = 1/n$, 从而

$$\mathrm{Var}\left(\sum_{i=1}^n w_i \epsilon_i\right) = \mathrm{Var}\left(\sum_{i=1}^n \frac{1}{n}\epsilon_i\right) = \frac{1}{n^2}\sum_{i=1}^n \mathrm{Var}(\epsilon_i). \tag{4.42}$$

若再假设 $\epsilon_i$ 方差有一致上界, 即存在常数 $C$, 使得对于任意 $n$, 都有 $\mathrm{Var}(\epsilon_i) < C, i = 1, 2, \cdots, n$ 成立, 则

$$\mathrm{Var}\left(\sum_{i=1}^n w_i \epsilon_i\right) = \frac{1}{n^2}\sum_{i=1}^n \mathrm{Var}(\epsilon_i) \leqslant \frac{nC}{n^2} = \frac{C}{n} \to 0 \quad (n \to +\infty).$$

同时,

$$E\left(\sum_{i=1}^{n} w_i\epsilon_i\right) = \sum_{i=1}^{n} w_i E(\epsilon_i) = 0,$$

因此 $\sum_{i=1}^{n} w_i\epsilon_i$ 将接近于 0. 这一现象对应于现代投资学的一种重要观点, "分散投资可以降低特异性风险". 所谓特异性风险, 就是不随其他系统性因素变动的资产自身的风险, 也就是这里的 $\epsilon_i$. 由此可见, 我们有理由认为 $\epsilon_i$ 在资产数量足够多的情况下是可忽略的. 下文中, 我们将首先研究不考虑误差项 $\epsilon_i$ 的 APT, 再研究考虑误差项 $\epsilon_i$ 时的 APT. 前者的证明较为简洁直观, 有助于读者理解 APT 的原理; 而后者的数学推导较为繁杂, 但结论更为严谨且符合实际.

2. *不考虑误差项的* APT

为便于读者理解套利定价理论的证明思路, 我们首先忽略 $\epsilon_i$ 带来的影响. 具体而言, 对于 $i = 1, 2, \cdots, n$, 我们暂且先假定第 $i$ 个风险资产的收益率 $R_i$ 完全由 $K$ 个因子决定:

$$R_i = E(R_i) + \beta_{i1}\big(F_1 - E(F_1)\big) + \beta_{i2}\big(F_2 - E(F_2)\big) + \cdots + \beta_{iK}\big(F_K - E(F_K)\big), \quad (4.43)$$

与 (4.35) 相比, (4.43) 剔除了 $\epsilon_i$ 一项. 在此假设下, 我们有如下结论.

**定理 4.11** (套利定价理论)　假设资产池由 $n$ 个风险资产组成, 其未来收益率分别为 $R_1, R_2, \cdots, R_n$. 对于 $i = 1, 2, \cdots, n$, 资产 $i$ 的收益率满足 (4.43) 式假设. 那么, 如果投资者无法用该资产池构造出任何套利组合, 则必存在 $\lambda_0, \lambda_1, \lambda_2, \cdots, \lambda_K$, 使得各个资产收益率满足下式:

$$E(R_i) = \lambda_0 + \lambda_1\beta_{i1} + \lambda_2\beta_{i2} + \cdots + \lambda_K\beta_{iK}, \quad i = 1, 2, \cdots, n. \quad (4.44)$$

用向量形式表示即为

$$\mu = \lambda_0\iota + \lambda_1 B_1 + \lambda_2 B_2 + \cdots + \lambda_K B_K. \quad (4.45)$$

**证明**　对于满足 (4.38) 式的权重向量 $w$, 其对应的投资组合收益率为

$$\begin{aligned} w^\top R &= \sum_{i=1}^{n} w_i E(R_i) + \sum_{i=1}^{n} w_i\beta_{i1}\big(F_1 - E(F_1)\big) + \cdots + \sum_{i=1}^{n} w_i\beta_{iK}\big(F_K - E(F_K)\big) \\ &= \sum_{i=1}^{n} w_i E(R_i) = w^\top\mu, \end{aligned}$$

是一个非随机常数. 在此情况下, 套利组合要求中的 (4.39) 式与 (4.40) 式即退化为 $w^\top\mu > 0$. 于是, 对于满足 (4.37) 式与 (4.38) 式的权重向量 $w$, 倘若 $w^\top\mu > 0$,

这就是一个套利组合; 而倘若 $w^\top\mu<0$, 只需将权重设为 $-w$, 也将是一个套利组合. 于是, 在投资者无法构造出套利组合的假设下, 必有

$$w^\top\mu=0. \tag{4.46}$$

即 (4.37) 式与 (4.38) 式可以推出 (4.46) 式.

记由向量 $\iota,B_1,B_2,\cdots,B_K$ 张成的 $\mathbb{R}^n$ 线性子空间为 $S$. 注意 (4.37) 式即为 $w\perp\iota$, 而 (4.38) 式即为 $w\perp B_k,k=1,2,\cdots,n$, 于是两式同时成立即为 $w\perp S$, 也即 $w\in S^\perp$, 这里 $S^\perp$ 表示 $S$ 的正交补空间. 而根据先前推导出的 (4.46) 可知, 对于任意 $w\in S^\perp$, 一定有 $w\perp\mu$, 因此 $\mu\in(S^\perp)^\perp=S$. 所以根据 $S$ 的定义, 存在常数 $\lambda_0,\lambda_1,\lambda_2,\cdots,\lambda_K$, 使得 (4.45) 成立. 证毕

定理 4.11 给出了 APT 的核心结论. 在假定资产收益率满足多因子模型 (4.43) 且市场没有套利机会的假设下, 由各个资产的期望收益率组成的向量 $\mu$ 一定可被资产的因子暴露 $B_1,B_2,\cdots,B_K$ 以及全 1 向量 $\iota$ 线性表出. 读者或许认为这一结论很自然: 资产收益率满足线性模型, 那期望收益率自然应当能写成线性组合的形式. 但事实上, 我们无法直接从 (4.43) 式得到期望收益率应当满足的性质. 另外, 该结论不平凡的地方在于, 常数 $\lambda_0,\lambda_1,\lambda_2,\cdots,\lambda_K$ 是对所有资产共同成立的常数, 与单个资产无关. 在线性代数的帮助以及无套利假设之下, 我们得出了这一结论.

值得指出的是, 定理 4.11 并未给出常数 $\lambda_0,\lambda_1,\lambda_2,\cdots,\lambda_K$ 的具体构造, 也未指明其含义. 现在我们尝试对这些系数加以理解. 首先, 考察满足如下条件的 “零 $\beta$ 资产组合” 权重向量 $w$:

$$\sum_{i=1}^n w_i=1,\quad \sum_{i=1}^n w_i\beta_{ik}=0,\quad k=1,2,\cdots,K. \tag{4.47}$$

当 $n$ 足够大时, 方程组 (4.47) 有解 (可不唯一). 于是, 在 (4.43) 式的假设下, 结合 (4.44) 的结论, 满足 (4.47) 的投资组合的收益率为

$$\begin{aligned}
w^\top R&=\sum_{i=1}^n w_iE(R_i)+\sum_{i=1}^n w_i\beta_{i1}\big(F_1-E(F_1)\big)+\cdots+\sum_{i=1}^n w_i\beta_{iK}\big(F_K-E(F_K)\big)\\
&=\sum_{i=1}^n w_iE(R_i)=\sum_{i=1}^n w_i(\lambda_0+\lambda_1\beta_{i1}+\lambda_2\beta_{i2}+\cdots+\lambda_K\beta_{iK})\\
&=\lambda_0\sum_{i=1}^n w_i+\lambda_1\sum_{i=1}^n w_i\beta_{i1}+\lambda_2\sum_{i=1}^n w_i\beta_{i2}+\cdots+\lambda_K\sum_{i=1}^n w_i\beta_{iK}=\lambda_0,
\end{aligned}$$

因此, 该投资组合是无风险的. 如果市场没有套利机会, 且市场上还存在一种可以自由借贷的无风险资产, 其收益率为 $r_f$, 那么一定有 $\lambda_0 = r_f$. 若不然, 则可以买入零 $\beta$ 资产组合与无风险资产中收益率较高者、卖出收益率较低者, 实现套利.

接下来, 对于 $k_0 = 1, 2, \cdots, K$, 我们依次构造满足下述条件的 "纯 $F_{k_0}$ 因子组合" 权重向量 $w$:

$$\sum_{i=1}^{n} w_i = 1, \quad \sum_{i=1}^{n} w_i \beta_{ik_0} = 1, \quad \sum_{i=1}^{n} w_i \beta_{ik} = 0, \quad k = 1, 2, \cdots, K, \quad k \neq k_0. \tag{4.48}$$

当 $n$ 足够大时, 方程组 (4.48) 有解 (可不唯一). 于是, 在 (4.43) 式的假设下, 结合 (4.44) 的结论, 满足 (4.48) 的投资组合的收益率为

$$\begin{aligned}
w^\top R &= \sum_{i=1}^{n} w_i E(R_i) + \sum_{i=1}^{n} w_i \beta_{i1} \big(F_1 - E(F_1)\big) + \cdots + \big(F_K - E(F_K)\big) \\
&= \sum_{i=1}^{n} w_i E(R_i) + \big(F_{k_0} - E(F_{k_0})\big) \\
&= \sum_{i=1}^{n} w_i (\lambda_0 + \lambda_1 \beta_{i1} + \lambda_2 \beta_{i2} + \cdots + \lambda_K \beta_{iK}) + \big(F_{k_0} - E(F_{k_0})\big) \\
&= \lambda_0 + \lambda_{k_0} + \big(F_{k_0} - E(F_{k_0})\big).
\end{aligned}$$

因此, 该投资组合的收益波动完全由 $F_{k_0}$ 决定, 而该投资组合的期望收益率为 $\lambda_0 + \lambda_{k_0}$. 所以, 如果认为 $\lambda_0 = r_f$, 那么 $\lambda_{k_0}$ 即可视作 "纯 $F_{k_0}$ 因子组合" 超出无风险利率的超额期望收益率.

至此, 我们对 APT 的结论 (4.44) 有了深入的理解. 如果市场中存在无风险资产, 那么市场中风险资产的收益率可以表示成如下形式:

$$E(R_i) = r_f + \beta_{i1}\lambda_1 + \beta_{i2}\lambda_2 + \cdots + \beta_{iK}\lambda_K, \quad i = 1, 2, \cdots, n. \tag{4.49}$$

其中, $r_f$ 是无风险利率, $\lambda_1, \lambda_2, \cdots, \lambda_K$ 是 $K$ 种因子的纯因子组合对应的超额期望收益率. 该式表明, 资产的超额期望收益率可以写为各个纯因子组合的超额期望收益率的线性组合, 且线性表示的系数即为该资产的因子暴露 $\beta_{i1}, \beta_{i2}, \cdots, \beta_{iK}$.

在 (4.49) 的表示方法下, APT 的结论可视作 CAPM 的推广. 定理 4.10 表明, 资产的超额期望收益率与市场组合的超额期望收益率具有线性关系, 而 (4.49) 告诉我们, 资产的超额期望收益率与一系列纯因子组合的超额期望收益率具有线性关系. 值得再次强调的是, 虽然 APT 与 CAPM 都对资产定价问题给出了类似的答案, 但二者的基本假设有很大区别. 二者殊途同归, 共同奠定了现代资产定价理论的基础.

### 3. 考虑误差项的 APT

如前所述, 套利组合的收益率必须具有 (4.41) 式的形式, 即

$$w^\top R = \sum_{i=1}^{n} w_i E(R_i) + \sum_{i=1}^{n} w_i \epsilon_i. \tag{4.50}$$

然而, 误差项 $\epsilon_i$ 的存在导致该组合的收益率很难一定非负, 即套利组合的定义中的条件 (4.39) 很难达到. 为此, 我们需要将套利的定义适当放宽. 由于增加投资组合中的资产数目可以降低误差项的影响, 因此我们引入如下渐近套利的概念.

**定义 4.4** (渐近套利组合序列) 假设某资产池有无穷多个资产. 考虑一个由向量 (维数不同) 组成的序列 $w_{(1)}, w_{(2)}, \cdots$, 其中对于 $n = 1, 2, \cdots$, $w_{(n)} \in \mathbb{R}^n$ 是一个权重向量, 表示使用该资产池中的某 $n$ 个资产组成的一种投资组合, 该投资组合使用的这 $n$ 个资产的收益率组成的随机向量记作 $R_{(n)} \in \mathbb{R}^n$, 由这 $n$ 个资产对第 $k$ 个因子的因子暴露组成的向量记作 $B_{k(n)}$, $k = 1, 2, \cdots, K$. 记 $n$ 维全 1 列向量为 $\iota_n$. 若权重向量序列 $w_{(1)}, w_{(2)}, \cdots$ 满足

$$w_{(n)}^\top \iota_n = 0, \quad n = 1, 2, \cdots, \tag{4.51}$$

$$w_{(n)}^\top B_{k(n)} = 0, \quad k = 1, 2, \cdots, K; n = 1, 2, \cdots, \tag{4.52}$$

$$\lim_{n \to +\infty} E\left[w_{(n)}^\top R_{(n)}\right] = +\infty, \tag{4.53}$$

$$\lim_{n \to +\infty} \mathrm{Var}\left[w_{(n)}^\top R_{(n)}\right] = 0, \tag{4.54}$$

则称权重向量序列 $w_{(1)}, w_{(2)}, \cdots$ 对应的投资组合序列为渐近套利组合序列.

渐近套利组合序列的要求 (4.51) 与 (4.52) 和套利组合一致, 而 (4.53) 和 (4.54) 分别要求该投资组合序列随着资产数增多, 期望收益率趋于正无穷, 而收益率的方差趋于 0. 不难想象, 若期望收益率足够高、方差足够小, 该投资组合收益率为负的可能性将会非常小. 因此, 若 $w_{(1)}, w_{(2)}, \cdots$ 是一个渐近套利组合序列, 那么对于足够大的 $n$, $w_{(n)}$ 将近似为一个套利组合.

若一个证券无穷多的市场中不存在渐近套利的机会, 我们有如下结论.

**定理 4.12** (套利定价理论) 假设资产池由无穷多个风险资产组成, 依次编号为 $1, 2, \cdots$. 对于 $i = 1, 2, \cdots$, 假设资产 $i$ 的收益率 $R_i$ 满足 (4.35) 式. 进一步假设误差项方差有一致上界, 即 $\sup_i \mathrm{Var}(\epsilon_i) < C < +\infty$. 那么, 如果投资者无法用该资产池构造出任何渐近套利组合序列, 则存在常数 $M > 0$, 使得对于该风险资产池中任意 $n$ 个资产 $n_1, n_2, \cdots, n_n$, 都存在依赖于这些资产的常数 $\lambda_0, \lambda_1, \lambda_2, \cdots, \lambda_K$, 保证这些资产的期望收益率满足下式:

$$\sum_{i=1}^{n}\left[E(R_{n_i})-(\lambda_0+\lambda_1\beta_{n_i1}+\lambda_2\beta_{n_i2}+\cdots+\lambda_K\beta_{n_iK})\right]^2<M. \tag{4.55}$$

**证明**　倘若不存在这样的常数 $M$. 那么对于任意足够大的 $n$, 我们总能找到由其中 $n$ 个资产 $n_1,n_2,\cdots,n_n$ 组成的小资产池, 使得对于任意常数序列 $\lambda_{0n},\lambda_{1n},\lambda_{2n},\cdots,\lambda_{Kn}$, 都有

$$\lim_{n\to+\infty}\sum_{i=1}^{n}\left[E(R_{n_i})-(\lambda_{0n}+\lambda_{1n}\beta_{n_i1}+\lambda_{2n}\beta_{n_i2}+\cdots+\lambda_{Kn}\beta_{n_iK})\right]^2=+\infty. \tag{4.56}$$

下面我们用由这些小资产池组成的序列构造渐近套利组合序列.

固定 $n$, 考虑小资产池 $n_1,n_2,\cdots,n_n$. 为使记号简便, 在不引起歧义的情况下, 我们将这 $n$ 个资产重新编号为 $1,2,\cdots,n$, 并记

$$R_{(n)}=\begin{pmatrix}R_1\\R_2\\\vdots\\R_n\end{pmatrix},\quad \mu_{(n)}=\begin{pmatrix}E(R_1)\\E(R_2)\\\vdots\\E(R_n)\end{pmatrix},\quad B_{k(n)}=\begin{pmatrix}\beta_{1k}\\\beta_{2k}\\\vdots\\\beta_{nk}\end{pmatrix},\quad k=1,2,\cdots,K.$$

考察任一 $n$ 维权重向量 $w_{(n)}=\begin{pmatrix}w_1 & w_2 & \cdots & w_n\end{pmatrix}^\top$. 若该权重向量满足 (4.52), 那么根据 (4.41) 的推导, 对于任一常数 $\theta$, 以 $\theta w_{(n)}$ 为权重向量的投资组合的收益率应当为

$$(\theta w_{(n)})^\top R_{(n)}=\theta\sum_{i=1}^{n}w_iE(R_i)+\theta\sum_{i=1}^{n}w_i\epsilon_i.$$

如果我们还要求该权重向量满足

$$\sum_{i=1}^{n}w_iE(R_i)=\sum_{i=1}^{n}w_i^2, \tag{4.57}$$

那么以 $\theta w_{(n)}$ 为权重向量的投资组合的期望收益率和方差分别为

$$E\left[(\theta w_{(n)})^\top R_{(n)}\right]=\theta\sum_{i=1}^{n}w_i^2,\quad \mathrm{Var}\left[(\theta w_{(n)})^\top R_{(n)}\right]=\theta^2\sum_{i=1}^{n}w_i^2\sigma_i^2.$$

特别地, 如果令 $\theta = \left(w_{(n)}^{\top} w_{(n)}\right)^{-2/3} = \left(\sum_{i=1}^{n} w_i^2\right)^{-2/3}$, 那么根据误差项方差有一致上界的假设, 就有

$$E\left[(\theta w_{(n)})^{\top} R_{(n)}\right] = \left(w_{(n)}^{\top} w_{(n)}\right)^{1/3},$$

$$\operatorname{Var}\left[(\theta w_{(n)})^{\top} R_{(n)}\right] = \frac{\sum_{i=1}^{n} w_i^2 \sigma_i^2}{\left(\sum_{i=1}^{n} w_i^2\right)^{4/3}} < \frac{C \sum_{i=1}^{n} w_i^2}{\left(\sum_{i=1}^{n} w_i^2\right)^{4/3}} = \frac{C}{\left(w_{(n)}^{\top} w_{(n)}\right)^{1/3}}.$$

由此可见, 如果我们能构造出权重向量 $w_{(n)}$ 同时满足 (4.51)、(4.52)、(4.57), 以及

$$\lim_{n \to +\infty} w_{(n)}^{\top} w_{(n)} = +\infty, \tag{4.58}$$

即可得到渐近套利组合序列.

最后给出 $w_{(n)}$ 的构造. 记矩阵 $B_{(n)} = \begin{pmatrix} \iota_n & B_{1(n)} & \cdots & B_{K(n)} \end{pmatrix}$, 再记 $H_{(n)} = B_{(n)} \left(B_{(n)}^{\top} B_{(n)}\right)^{-1} B_{(n)}^{\top}$, 令

$$w_{(n)} = \left(I_n - H_{(n)}\right) \mu_{(n)}, \tag{4.59}$$

读者可以自行验证 $w_{(n)}$ 满足 (4.51)、(4.52) 以及 (4.57). 另外, 如果记

$$\begin{pmatrix} \lambda_{0n} & \lambda_{1n} & \cdots & \lambda_{Kn} \end{pmatrix}^{\top} = \left(B_{(n)}^{\top} B_{(n)}\right)^{-1} B_{(n)}^{\top} \mu_{(n)},$$

那么

$$w_{(n)} = \left(I_n - H_{(n)}\right) \mu_{(n)} = \mu_{(n)} - \left(\lambda_{0n} \iota_n + \lambda_{1n} B_{1(n)} + \cdots + \lambda_{Kn} B_{K(n)}\right).$$

因此, 根据 (4.56) 式, (4.58) 式亦成立. 至此我们构造出渐近套利组合序列, 于是根据反证法, 定理成立. 证毕

定理 4.12 的结论 (4.55) 表明, 在误差项存在的情况下, 如果市场没有渐近套利的机会, 那么虽然我们无法保证资产收益率一定能写成因子暴露的线性组合的形式, 但资产收益率与因子暴露的线性组合之间的误差是可以被一致上界 $M$ 控制的.

## 4.5 案例: 低 beta 择股策略

在本章的最后, 我们来考察一种建立在资本资产定价模型上的量化投资策略——低 beta 择股策略. 如本章所述, 资本资产定价模型的 beta 可以衡量资产的

超额收益中随市场变化的部分. 如果市场整体的期望超额收益为正 (即 $E(r_M) > 0$), 那么按照资本资产定价模型

$$E(r_i) = \beta_i E(r_M),$$

beta 取值越高的资产, 其期望超额收益应该越高. 基于这种思想, Frazzini 和 Pedersen (2014) 曾指出, 许多投资者会更偏好具有潜在高收益可能性的资产 (即高 beta 资产), 导致这些资产的价格偏高、预期收益下降. 而相比之下, 低 beta 资产则受到冷落, 预期收益会有所提高. 他们通过实证分析指出, 低 beta 资产比高 beta 资产通常具有更高的收益水平. 本案例将基于这种思想, 设计一种简单的低 beta 股票投资策略, 在上证 50 指数成分股中选择具有更高收益水平的低 beta 股票进行投资.

上证 50 指数 (代码 000016) 于 2004 年 1 月 2 日发布, 是能够综合反映上海证券市场最具市场影响力的一批优质大盘企业整体状况的指数, 其成分股为上海证券市场规模大、流动性好的最具代表性的 50 只股票. 这些成分股每半年进行一次调整. 本案例以上证 50 指数成分股为股票池, 一方面是因为其成分股十分优质、具有代表性, 另一方面是因为该股票池只有 50 只股票, 数量不多, 便于读者学习复现.

1. 案例研究目的

本案例的研究目的如下.

(1) 掌握资本资产定价模型的统计建模方法及 beta 沿股票的分布特征;

(2) 理解低 beta 择股策略的基本思想原理;

(3) 深入掌握量化投资策略的回测流程及结果分析方法;

(4) 了解上证综指、上证 50 指数的定义与历史走势;

(5) 体会择股策略与择时策略的区别.

2. 策略基本设定

投资策略与回测的基本参数设定如下.

**投资标的**　上证 50 指数成分股.

**初始资金**　初始资金 10 万元.

**调仓频率**　月频调仓. 具体地, 在每月最后一个交易日换仓.

**回测时段**　2011 年初至 2020 年末, 共 10 年.

**具体策略**　在每月最后一个交易日, 通过如下方式设定接下来一个月的持仓.

(1) 获取当日的上证 50 指数成分股 (共 50 只股票);

(2) 获取这 50 只股票在历史 50 个交易日的日超额收益率数据;

(3) 对于每只股票, 利用其历史 50 日的日超额收益率数据关于上证综指历史 50 日的日超额收益率数据做线性回归, 得到该股票 beta 系数的最小二乘估计值;

(4) 从 50 只股票中选择 beta 系数最小的 10 只股票, 以等权重配置, 持有至下一个月的最后一个交易日.

与第 2 章案例中介绍的 “买入并持有” 策略不同, 本策略将在每月更换投资的股票标的. 我们将从含有 50 个股票的股票池中选择 10 个 beta 系数最小的股票, 这一过程即为 “择股” 的过程. 而与第 3 章案例中的螺纹钢期货择时策略不同, 本案例将调整仓位的时刻简单地定在每月最后一个交易日, 而并非用量化方法去选择更精细的调仓时间. 读者可以比较这些案例, 从中体会择时与择股的差异, 并且可以进一步思考能否将择股与择时有机结合起来, 创造自己的量化投资策略.

此外, 由于该策略每次只持有 10 只股票, 数目较少, 且月频调仓, 频率较低, 因此手续费整体应当较低. 所以, 本案例忽略手续费带来的影响.

3. 数据

为了实现这一策略并进行回测, 我们需要使用如下数据.

- 上证 50 指数各成分股的复权收盘价, 日频数据;
- 十年期国债收益率收盘值, 日频数据;
- 上证 50 指数与上证综指收盘价, 日频数据.

其中, 上证 50 指数成分股是我们的投资标的, 因此我们需要获取其日频数据 (需要注意的是, 指数的成分股在回测期间会不断调整, 因此我们需要获取历史各个时期的该指数的成分股信息, 以及这些成分股对应的日数据); 十年期国债收益率将作为无风险利率, 这与本书第 2 章的案例一致. 上证综指的日收盘价数据则有两个用途: 一方面, 和第 2 章案例一样, 其将作为计算詹森 $\alpha$、信息比率等评判指标的基准; 另一方面, 在对资本资产定价模型进行估计时, 我们将以上证综指来作为 “市场” 的代表, 以其收益率作为市场组合收益率 $R_M$. 此外, 由于我们投资的股票出自上证 50 指数, 因此这一指数本身的走势亦可作为评判基准.

图 4.1 展示了上证综指与上证 50 指数在回测区间内的日收盘价走势. 从图中可以看出, 一方面, 两条曲线具有类似的形态: 2011 年至 2014 年整体震荡且稍下行, 2015 年则经历了一轮大涨大跌. 2016 年至 2017 年整体稳步上涨, 2018 年再次下跌, 2019 年与 2020 年震荡上行. 这一走势即为我国资本市场的历史情况, 读者应当在不断学习以及自己尝试策略的过程中加深对这一走势的印象. 在本书第 5 章的案例中, 我们将通过沪深 300 指数再次观察到这一现象. 另一方面, 上证 50 的收益率整体高于上证综指的收益率. 在回测期间内, 上证综指的初始点位高于上证 50, 但最终时刻上证 50 的点位出现了反超. 上证 50 整体收益率高于上证

综指, 这与上证 50 指数的设计初衷一致, 其挑选的即为上海市场中最优质的一批股票, 自然应当拥有相对更高的收益率.

图 4.1　上证综指与上证 50 指数历史日收盘价走势, 2011 年至 2020 年

4. 回测结果与分析

表 4.1 展示了我们的低 beta 股票等权重投资组合的各年年化收益率. 具体地, 我们先计算每日的连续复利收益率, 然后计算每年里各日收益率的算术平均值, 最后通过乘以 252 将结果年化. 为便于比较, 我们还将上证综指、上证 50 指数的各年平均收益率呈现在表格中, 计算方法相同.

**表 4.1　各年平均收益率**

| | 2011 | 2012 | 2013 | 2014 | 2015 |
|---|---|---|---|---|---|
| 低 beta 股票组合 | −5.79% | 6.05% | −14.21% | 37.86% | 46.66% |
| 上证综指 | −25.23% | 3.24% | −7.40% | 43.65% | 9.29% |
| 上证 50 | −20.74% | 14.35% | −17.49% | 50.84% | −6.64% |
| | **2016** | **2017** | **2018** | **2019** | **2020** |
| 低 beta 股票组合 | 2.19% | 17.05% | −0.88% | 9.56% | −9.93% |
| 上证综指 | −13.56% | 6.56% | −29.27% | 20.79% | 13.47% |
| 上证 50 | −5.88% | 23.11% | −22.93% | 29.91% | 17.91% |

比较表 4.1 中的低 beta 策略与两种指数的表现可以发现, 与上证综指相比, 低 beta 策略在 2013 年、2014 年、2019 年以及 2020 年表现稍弱, 在其他年份取得了超出上证综指的收益. 而与上证 50 指数相比, 除了上述年份之外, 低 beta 策略的收益率在 2012 年、2017 年也稍低. 从这一角度来看, 低 beta 策略仅在部分年份具有超越基准的能力.

除了三者之间的差异以外, 沿时间的角度观察表 4.1 可以看出, 低 beta 策略与两种指数的收益率沿时间的变化具有一定程度上的一致性. 例如, 2011 年三者收益率均为负, 2012 年三者收益率均为正, 而 2013 年又均为负. 这说明, 该投资组合的收益与市场整体走势具有一定的正相关性. 用资本资产定价模型的语言来讲, 这说明我们的低 beta 股票组合具有正 beta.

类似地, 表 4.2 展示了低 beta 策略、上证综指与上证 50 指数的各年收益率标准差. 具体地, 我们计算每日的连续复利收益率的标准差, 再乘以 $\sqrt{252}$ 将结果年化. 与收益率类似, 低 beta 策略与两种指数的标准差沿时间的变化也具有一定程度上的一致性. 特别地, 2015 年左右, 各个收益率的波动率均达到高点. 正如第 2 章案例所述, 2015 年附近正值股灾, 我国市场先是一路上行达到高值, 而后又一路下跌, 市场整体发生剧烈震荡. 我们的低 beta 策略标准差同样在 2015 年达到最大值, 与市场一致, 这一现象也与资本资产定价模型相符.

**表 4.2 各年收益率标准差**

| | 2011 | 2012 | 2013 | 2014 | 2015 |
|---|---|---|---|---|---|
| 低 beta 股票组合 | 14.22% | 13.09% | 13.70% | 15.74% | 36.99% |
| 上证综指 | 18.39% | 17.36% | 18.44% | 17.22% | 39.25% |
| 上证 50 | 20.38% | 19.27% | 25.03% | 22.35% | 40.53% |
| | **2016** | **2017** | **2018** | **2019** | **2020** |
| 低 beta 股票组合 | 15.70% | 9.84% | 16.32% | 13.68% | 17.58% |
| 上证综指 | 23.37% | 8.69% | 19.76% | 18.09% | 20.89% |
| 上证 50 | 20.39% | 11.16% | 22.02% | 19.22% | 22.07% |

沿纵向比较可以发现, 低 beta 组合的收益率标准差仅在 2017 年高于上证综指, 而在其他年份均低于上证 50 指数和上证综指. 这一结果十分有趣, 它似乎与 "分散投资能降低风险" 这一基本原理相悖——低 beta 组合投资的股票数相对更少 (只有 10 只), 似乎不具有分散性, 但其风险 (标准差) 却在大多数年份都更低. 然而, 从资本资产定价模型的角度, 这一结果又较为合理. 低 beta 组合投资的是 beta 取值最低的 10 只股票, 而如前所述, beta 衡量的是资产收益中随市场组合波动的部分, 这部分取值小意味着随市场波动的风险较小. 因此, 选择 beta 最低的股票这一择股方式能够天然地 "降低风险", 尤其是降低随市场波动的风险. 我们的策略相当于在 "选择较少的股票数以降低 beta" 与 "选择较多的股票以分散风险" 之间进行权衡.

图 4.2 展示了低 beta 策略、上证综指与上证 50 指数的 P&L 曲线. 比较各条曲线可以发现, 在回测区间内, 低 beta 策略的收益整体高于上证综指与上证 50 指数. 此外, 沿时间来看, 2015 年和 2018 年, 各条曲线均出现明显下行, 这也与市场在这两年内的表现一致. 图中还可以看出, 低 beta 策略超出市场的收益主要来自于 2015 年至 2018 年, 而在 2014 年之前以及 2019 年之后带来的超出市场的收益较低, 甚至为负. 这与先前表 4.1 的结论一致.

图 4.2　低 beta 策略、上证综指与上证 50 指数的 P&L 曲线 (初始资金 10 万元)

表 4.3 展示了低 beta 组合、上证综指与上证 50 指数在这十年内的其他度量指标表现 (指标均已年化). 计算这些指标时, 无风险利率取为十年期国债收益率, 市场收益率取为上证综指收益率. 从平均收益率、标准差、夏普比率、詹森 $\alpha$、特雷诺比率以及信息比率的角度, 我们的低 beta 投资组合表现均优于上证综指和上证 50 指数两种指数. 这一结果充分体现出我们的低 beta 策略具有十分优异的表现. 值得指出的是, 低 beta 组合具有更高的最大回撤 (9.8194 万元). 从图 4.2 中可以看出, 这一回撤发生在 2015 年股灾期间.

**表 4.3　其他策略评判指标 (2011 年至 2020 年, 年化结果)**

| | 平均收益率 | 标准差 | 夏普比率 | alpha | beta |
|---|---|---|---|---|---|
| 低 beta 股票组合 | 8.94% | 18.14% | 0.2994 | 6.23% | 0.6550 |
| 上证综指 | 2.20% | 21.44% | −0.0609 | 0.00% | 1.0000 |
| 上证 50 | 6.32% | 23.32% | 0.1208 | 4.09% | 0.9979 |
| | **特雷诺比率** | **信息比率** | **最大回撤/万元** | **平均换手率** | |
| 低 beta 股票组合 | 0.0829 | 0.5428 | 9.8194 | 0.2521 | |
| 上证综指 | −0.0131 | 0.0000 | 9.6222 | — | |
| 上证 50 | 0.0282 | 0.4408 | 7.8184 | — | |

由于本案例探究的是低 beta 投资策略, 因此我们还应当对该策略的 beta 加以关注. 表 4.3 表明, 该策略的 beta 为 0.6550, 远低于 1, 这与我们的低 beta 择股方式一致.

为了加深读者对资本资产定价模型的感性认识, 我们来关注 beta 的分布. 具体而言, 我们将每月估计所得的 50 只股票的 beta 值汇总到一起, 绘制成图 4.3 所示的直方图. 图中的曲线是与之具有相同均值、相同标准差的正态分布密度曲线. 有趣的是, beta 的分布似乎与正态分布较为类似. 另外, 仔细观察该图还可看到, 大多数 beta 取值为正、围绕在 1 周围, 但有些股票在部分时间内的 beta 估计结果为负. 也就是说, 存在一些股票在一段时间内收益率与市场整体收益率具有负相关性.

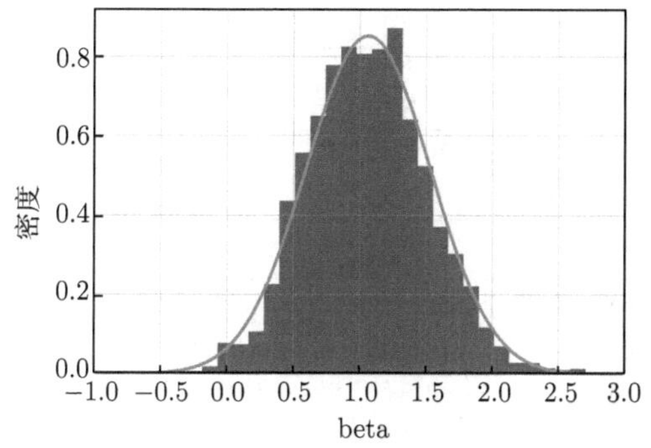


图 4.3 历史 50 个交易日估计所得 beta 系数的直方图

最后, 作为一个择股策略, 我们应当关注该策略具体选择了哪些股票, 以了解该策略的投资风格. 表 4.4 展示了 2011 年与 2020 年该策略每月选择出的 10 只低 beta 股票结果. 从表格中我们可以明显看出, 低 beta 股票以银行股 (工商银行、中国银行等) 与能源股 (国电电力、长江电力等) 为主. 事实上, 以 2011 年 1 月为例, 上证 50 指数中共有 12 只银行股, 而我们的低 beta 策略选出的 10 只股票中就有 5 只为银行股. 这说明, 低 beta 的银行股占比是很多的. 读者应当从本案例中了解到银行股、能源股通常具有低 beta 的特点, 其价格走势与市场整体的关联度相对较小.

**表 4.4 各月择股结果 (按 beta 从小到大排列)**

| | | | | | |
|---|---|---|---|---|---|
| 2011 年 1 月 | 工商银行 | 贵州茅台 | 中国银行 | 中国铁建 | 建设银行 |
| | 农业银行 | 国电电力 | 中国中车 | 大秦铁路 | 民生银行 |
| 2011 年 2 月 | 中国银行 | 工商银行 | 民生银行 | 贵州茅台 | 农业银行 |
| | 交通银行 | 长江电力 | 大秦铁路 | 中信银行 | 招商银行 |
| 2011 年 3 月 | 中国银行 | 民生银行 | 工商银行 | 贵州茅台 | 长江电力 |
| | 农业银行 | 建设银行 | 交通银行 | 大秦铁路 | 中国石油 |
| 2011 年 4 月 | 中国银行 | 贵州茅台 | 农业银行 | 中国石油 | 长江电力 |
| | 工商银行 | 民生银行 | 中国联通 | 上汽集团 | 建设银行 |
| 2011 年 5 月 | 贵州茅台 | 上汽集团 | 农业银行 | 建设银行 | 中国银行 |
| | 工商银行 | 中国石油 | 中信银行 | 长江电力 | 交通银行 |
| 2011 年 6 月 | 贵州茅台 | 中国银行 | 中国石油 | 工商银行 | 农业银行 |
| | 交通银行 | 中国建筑 | 建设银行 | 中信银行 | 中国石化 |
| 2011 年 7 月 | 工商银行 | 中国石油 | 中国银行 | 贵州茅台 | 交通银行 |
| | 农业银行 | 建设银行 | 中国中铁 | 招商银行 | 中国石化 |
| 2011 年 8 月 | 贵州茅台 | 工商银行 | 中国石油 | 建设银行 | 交通银行 |
| | 中金黄金 | 农业银行 | 中国石化 | 山东黄金 | 中国神华 |
| 2011 年 9 月 | 山东黄金 | 中金黄金 | 贵州茅台 | 建设银行 | 紫金矿业 |

续表

| | | | | | |
|---|---|---|---|---|---|
| | 农业银行 | 工商银行 | 中国石油 | 长江电力 | 中国石化 |
| 2011 年 10 月 | 山东黄金 | 中金黄金 | 紫金矿业 | 建设银行 | 农业银行 |
| | 工商银行 | 贵州茅台 | 中国石油 | 长江电力 | 光大银行 |
| 2011 年 11 月 | 工商银行 | 农业银行 | 中国石油 | 建设银行 | 长江电力 |
| | 贵州茅台 | 中国石化 | 山东黄金 | 中金黄金 | 光大银行 |
| 2011 年 12 月 | 工商银行 | 农业银行 | 建设银行 | 中国石油 | 贵州茅台 |
| | 长江电力 | 光大银行 | 中国石化 | 交通银行 | 宝钢股份 |
| ... | ... | ... | ... | ... | ... |
| 2020 年 1 月 | 山东黄金 | 农业银行 | 中国银行 | 万华化学 | 工商银行 |
| | 交通银行 | 建设银行 | 上海机场 | 民生银行 | 中国石化 |
| 2020 年 2 月 | 山东黄金 | 中国石化 | 中国重工 | 中国石油 | 中国银行 |
| | 农业银行 | 建设银行 | 交通银行 | 上海机场 | 中国中免 |
| 2020 年 3 月 | 山东黄金 | 农业银行 | 中国银行 | 复星医药 | 工商银行 |
| | 恒瑞医药 | 中国石化 | 贵州茅台 | 交通银行 | 招商银行 |
| 2020 年 4 月 | 中国石化 | 农业银行 | 中国银行 | 工商银行 | 复星医药 |
| | 交通银行 | 民生银行 | 中国石油 | 恒瑞医药 | 建设银行 |
| 2020 年 5 月 | 中国石化 | 中国银行 | 农业银行 | 交通银行 | 工商银行 |
| | 中国石油 | 民生银行 | 建设银行 | 复星医药 | 光大银行 |
| 2020 年 6 月 | 交通银行 | 中国银行 | 农业银行 | 工商银行 | 民生银行 |
| | 光大银行 | 建设银行 | 中国重工 | 恒瑞医药 | 中国石油 |
| 2020 年 7 月 | 工商银行 | 山东黄金 | 交通银行 | 农业银行 | 中国银行 |
| | 中国重工 | 民生银行 | 邮储银行 | 光大银行 | 浦发银行 |
| 2020 年 8 月 | 药明康德 | 农业银行 | 恒瑞医药 | 工商银行 | 中国石化 |
| | 复星医药 | 交通银行 | 中国银行 | 山东黄金 | 民生银行 |
| 2020 年 9 月 | 恒瑞医药 | 药明康德 | 上海机场 | 中国石化 | 农业银行 |
| | 交通银行 | 工商银行 | 中国银行 | 民生银行 | 中国石油 |
| 2020 年 10 月 | 中国石化 | 农业银行 | 工商银行 | 京沪高铁 | 中国银行 |
| | 中国石油 | 交通银行 | 民生银行 | 邮储银行 | 中国联通 |
| 2020 年 11 月 | 京沪高铁 | 农业银行 | 中国石化 | 中国银行 | 工商银行 |
| | 交通银行 | 中国石油 | 民生银行 | 邮储银行 | 中国联通 |
| 2020 年 12 月 | 邮储银行 | 京沪高铁 | 农业银行 | 中国银行 | 中国石化 |
| | 中国石油 | 交通银行 | 工商银行 | 民生银行 | 中国建筑 |

除此之外, 表 4.4 还说明, 低 beta 策略持有的股票每月都会发生变化. 注意, 上证 50 指数成分股每半年才会变换一次. 这说明, 同一只股票使用历史数据估计得到的 beta 也是会随时间发生变化的, 且不同股票的 beta 大小关系也会随时间改变, 因此每月的持仓会发生变化. 读者应当注意, 本章先前介绍的资本资产定价模型理论是一个 "静态" 模型, 我们并未探讨 beta 可能随时间发生变化的情况. 而现在我们知道, 如果用实际数据对 beta 加以估计, 得到的 beta 系数未必是一成不变的. 这体现出金融市场数据的复杂性. 表 4.3 告诉我们, 该策略的换手率为 0.2521, 即平均每月更换 2.521 只股票, 换手率并不高.

5. 结论

(1) 与市场指数相比, 低 beta 投资策略在回测期间内具有优于市场的收益, 且超出市场的收益集中在 2015 年至 2018 年期间. 沿时间来看, 该投资策略的走势与市场整体走势仍然正相关, 但 beta 系数只有 0.6550, 收益率标准差也低于市场指数, 这说明低 beta 策略能起到降低风险的作用.

(2) 上证 50 指数成分股的 beta 系数普遍为正, 但也有部分资产在部分时间内出现负 beta 的情况. 在上证 50 指数成分股中, 低 beta 股票大多为银行股与能源股.

至此, 我们完成了对低 beta 择股策略的分析. 我们希望读者通过学习本案例能够一方面加深对资本资产定价模型的感性认识, 一方面对择股策略有初步印象. 此外, 我们希望加强读者从多个角度来评判一个策略的回测表现的能力. 在下一章中, 我们将探讨多因子模型, 全方位地介绍这一业界最常用的择股方法论.

## 习 题 四

(1) 收集上证 50 指数当前的 50 只成分股的历史日收盘价数据, 计算年化日收益率的预期收益率向量与协方差矩阵, 并进一步给出等权重组合、全局最小方差组合、均值-方差最优组合 (自行选定组合的期望收益率) 和二次效用最优组合 (自行选定风险厌恶系数) 的权重向量, 以及四种组合的年化收益率、标准差、夏普比率和历史 P&L 曲线.

(2) 对于习题 (1) 中的数据和四种组合构造方法, 分别考虑如下策略: 月频调仓, 每月最后一个交易日结束后, 用历史一年的日收益率数据计算权重向量, 并在下一个月第一个交易日至最后一个交易日持有组合. 计算这四种组合策略的年化收益率、标准差、夏普比率和历史 P&L 曲线. 与习题 (1) 的结果进行比较.

(3) 收集沪深 300 指数历史十年的成分股日收益率数据以及指数本身的日收益率数据, 仿照本章案例, 构造与本章案例相同的低 beta 择股策略, 并参照案例的 "回测结果与分析" 部分进行结果展示与分析.

(4) 任选一个行业, 收集该行业内所有股票的历史日收益率数据, 以及该行业的行业指数和沪深 300 指数的历史日收益率数据. 将该行业指数与沪深 300 指数日收益率作为 APT 模型的两个因子, 构造满足 (4.37) 与 (4.38) 的投资组合, 并仿照习题 (2) 的调仓方式进行月频调仓. 计算该组合的年化收益率、标准差、夏普比率和历史 P&L 曲线, 并说明该组合是否为一个套利组合.

第4章彩图

# 第 5 章　多因子选股模型

第 4 章讲述的投资组合理论对于被动管理具有一定指导作用. 但是对于主动管理, 还欠缺一个关键性的部分, 就是对收益的预测. 为了能够进行收益预测, 就需要在 APT 的理论基础上真正把一个个具体的多因子模型建立起来. 这一章介绍的内容即为建立多因子模型.

有了本章的内容基础和一定数据的支持, 读者就可以建立一套适合自己的股票投资策略.

## 5.1　从单因子到多因子

单因子模型认为, 市场上各只股票的超额收益一同受市场组合超额收益 $r_M$ 的影响, 即

$$r_i = \alpha_i + \beta_i r_M + \epsilon_i. \tag{5.1}$$

但将所有股票的收益完全归因于市场收益似乎并不合适. 一些金融学实证研究发现, 市值、估值等指标似乎也能够解释并且驱动着股票价格的波动. 正如在函数理论中, 高阶泰勒展开的逼近程度优于一阶泰勒展开一样, 用多个因子解释股票的收益, 其解释力度也应当优于单个因子.

假设市场上各个股票的收益 $R_i$ 受 $k$ 个因子影响, 满足

$$R_i = \alpha_i + \beta_{i1} F_1 + \cdots + \beta_{ik} F_k + \epsilon_i, \tag{5.2}$$

其中 $\epsilon_i$ 是相互独立的噪声项, 且与各因子均独立. 这就是多因子模型. 这里为了规范谈及多因子模型时候的具体所指, 我们还需要具体说清楚两个名词. 其中, 对于 $j = 1, \cdots, k$, $F_j$ 叫做第 $j$ 个因子的因子收益, $\beta_{ij}$ 叫做第 $i$ 只股票在第 $j$ 个因子上的因子暴露. 由于实际收益 $R_i$ 与 $r_i$ 仅相差无风险利率 $r_f$, 我们可以将其融入截距项 $\alpha_i$ 之中, 因此在下文中, 我们不再严格区分实际收益与超额收益. 不难看出, 如果令 $k = 1$, 并将因子收益 $F_1$ 选为市场组合收益时, 多因子模型 (5.2) 就退化为单因子模型 (5.1) 的形式.

多因子模型用因子暴露与因子收益来解释各只股票的收益率. 因子收益 $F_1, \cdots, F_k$ 随交易日而变化 (时序), 不同日期有不同的因子收益; 因子暴露则随各个股票而变化 (截面), 不同股票在各个因子上的暴露不尽相同. 因此, 各只股票在不同日期呈现出不同的收益率.

1. 因子暴露与因子收益

在实际应用时，我们除了可以观察到某一时刻各只股票的收益 (截面数据)，还可以观察到各只股票收益随时间变化的情况 (时序数据). 为了在公式中明确表明这两个维度，我们将多因子模型 (5.2) 重新写为

$$R_{it} = \alpha_{it} + \beta_{i1}F_{1t} + \cdots + \beta_{ik}F_{kt} + \epsilon_{it}, \quad t = 1, \cdots, T, \tag{5.3}$$

其中 $t$ 表示某时刻. 请注意，这里我们并未给因子暴露 $\beta_{ij}$ 添加时间 $t$ 的下标，一方面是因为其经济学含义，另一方面是为了避免符号过于冗长. 但在实务中，我们很难保证因子暴露在长时间内一成不变. 实务中，随着时间变化，同一只股票在某一因子上的因子暴露很可能也会随时间变化.

多因子模型本身的形式比较简洁，但需要涉及时序与截面两个维度，在实际应用时需要仔细考究. 很多多因子模型的论述特别注意从计量经济学的角度来探讨截面和时序对多因子模型带来的双重作用，但本书并不准备花费很大力气在这个方面上，因为这需要大量的计量经济学知识. 我们更加从业界实用的角度来快速帮助读者建立多因子模型的投资策略.

应用多因子模型，我们需要得出因子暴露与因子收益的具体数值，才能进一步指导投资. 而市场上的因子众多，有的因子的因子暴露容易获得，而有的因子的因子收益更易计算. 因此，我们要考虑两种途径：先找到因子收益，再估计因子暴露；或者先找到因子暴露，再估计因子收益. 本节我们先讨论在已经获取到因子收益 (因子暴露) 的值之后，如何估计因子暴露 (因子收益). 在下一节中，我们再讨论如何获取原始的因子收益与因子暴露.

2. 已知因子收益，估计因子暴露

假如我们已经获得各个因子在各个时刻的因子收益 $F_{1t}, F_{2t}, \cdots, F_{kt}$，需要估计因子暴露 $\beta_{i1}, \beta_{i2}, \cdots, \beta_{ik}$. 由于各只股票有不同的因子暴露，因此最常用的方法是，对各只股票分别沿时间序列线性回归. 具体地，对于第 $i$ 只股票，我们已知其在历史 $T$ 个时间段内的收益率 $R_{it}, t = 1, 2, \cdots, T$; 并且已知其在历史 $T$ 个时间的因子收益 $F_{1t}, F_{2t}, \cdots, F_{kt}$，进行多元线性回归

$$R_{i1} = \alpha_i + \beta_{i1}F_{11} + \cdots + \beta_{ik}F_{k1} + \epsilon_{i1},$$

$$R_{i2} = \alpha_i + \beta_{i1}F_{12} + \cdots + \beta_{ik}F_{k2} + \epsilon_{i2},$$

$$\cdots\cdots$$

$$R_{iT} = \alpha_i + \beta_{i1}F_{1T} + \cdots + \beta_{ik}F_{kT} + \epsilon_{iT}$$

即可，其中 $\alpha_i, \beta_{i1}, \cdots, \beta_{ik}$ 是待估参数.

3. 已知因子暴露, 估计因子收益

假如我们已经获得各个股票在各个因子上的因子暴露 $\beta_{i1},\cdots,\beta_{ik}$, 希望估计各个时刻各个因子的因子收益 $F_{1t},F_{2t},\cdots,F_{kt}$. 由于不同时刻有不同的因子收益, 因此与前面不同, 此时我们应当对各个交易时刻分别沿截面做线性回归. 具体地, 对于第 $t$ 个交易时间, 我们已知 $n$ 个股票各自的收益率 $R_{it},i=1,2,\cdots,n$ 并且已知它们在各个因子上的因子暴露 $\beta_{i1},\beta_{i2},\cdots,\beta_{ik},i=1,\cdots,n$, 进行多元线性回归

$$
\begin{aligned}
R_{1t} &= \alpha_t + \beta_{11}F_{1t} + \cdots + \beta_{1k}F_{kt} + \epsilon_{1t},\\
R_{2t} &= \alpha_t + \beta_{21}F_{1t} + \cdots + \beta_{2k}F_{kt} + \epsilon_{2t},\\
&\cdots\cdots\\
R_{nt} &= \alpha_t + \beta_{n1}F_{1t} + \cdots + \beta_{nk}F_{kt} + \epsilon_{nt}
\end{aligned}
$$

即可, 其中 $\alpha_t,F_{1t},\cdots,F_{kt}$ 是待估参数.

## 5.2　提取因子收益和因子暴露

1. 市场、行业等因子: 直接利用指数收益率

一些因子的因子收益十分容易获取. 例如, 对于单因子模型中 “市场组合” 这种因子, 获取它的因子收益十分容易, 只需使用某个市场指数 (例如上证综指) 的收益率即可. 另外, 如果某投资者希望考虑 “行业” 因子, 也只需将该股票所处行业的行业指数收益率作为因子收益.

2. 风格因子: 投资组合排序法

除了市场、行业等因子外, 投资者往往还会考虑规模、估值等风格因子, 我们似乎很难找到这类因子对应的指数, 很难直接衡量这些因子的因子收益. 学术界中, 开辟多因子模型实证研究领域的 Fama-French 三因子模型给出了一种解决方案. 该模型由 Fama 和 French(1993) 提出, 其假设股票收益率受三个因素影响: 市场组合、市值 (规模因子)、账面市值比 (估值因子). 该模型是

$$R_{it} = \alpha_{it} + \beta_{iM}R_{Mt} + \beta_{i\mathrm{SMB}}\mathrm{SMB}_t + \beta_{i\mathrm{HML}}\mathrm{HML}_t + \epsilon_{it}, \tag{5.4}$$

其中, SMB 与 HML 分别表示 “市值规模” 与 “账面市值比” 这两个因子的因子收益, $\beta_{i\mathrm{SMB}}$ 与 $\beta_{i\mathrm{HML}}$ 分别表示第 $i$ 只股票在这两个因子上的因子暴露.

该模型计算因子收益 SMB 与 HML 的方法大致为: 将市场上的股票分别按照市值和账面市值比排序, 将所有股票按市值按中位数划分为大市值股票 (B) 和

小市值股票 (S), 并按账面市值比的前 30%、中间 40%和后 30%划分为高账面市值比股票 (H)、中账面市值比股票 (M)、低账面市值比股票 (L). 由此得到 6 组股票 (S/L, S/M, S/H, B/L, B/M, B/H). 每组股票按市值加权, 构造成 6 个投资组合. 接下来, 用小市值的三个组合 (S/L, S/M, S/H) 的收益率的算术平均值减去大市值的三个组合 (B/L, B/M, B/H) 的收益率的算术平均值, 得到市值因子的因子收益 SMB(small minus big); 用高账面市值比的两个组合 (S/H, B/H) 的收益率的算术平均值减去低账面市值比的两个组合 (S/L, B/L) 的收益率的算术平均值, 得到账面市值比因子 (估值因子) 的因子收益 HML(high minus low). 由于各个股票的市值和账面市值比会不断变化, 因此需要定期对 6 组投资组合进行更新.

这种寻找因子收益的方法看似复杂, 但思路比较清晰: 通过排序的方式对股票分组, 再用排名较高 (较低) 的股票与排名较低 (较高) 的股票的收益率之差表示该因子的因子收益.

3. 风格因子: 对因子取值标准化处理

对于市值、估值等风格因子, 我们可以像 Fama-French 三因子模型那样, 通过先排序, 再构造投资组合的方式, 用首尾组合的收益率之差代表计算因子收益. 但在排序时, 我们已经使用了 "市值" 和 "账面市值比" 这些指标的数值. 这些基本面指标往往在较长时间内保持不变, 且不同股票的这些指标各不相同, 因此与因子暴露十分类似. 在实务中, 投资者经常直接将这些指标的数值本身直接 (或经过一定的函数变换, 例如取对数后) 作为因子暴露, 再利用这些因子暴露来估计因子收益.

与因子收益不同, 因子暴露的数量级不尽相同. 例如, 股票市值可能上亿, 而股票的净资产收益率 (return on equity, ROE) 很难超过 100 . 将这两种数值同时放入模型中似乎不太合适. 此外, 因子暴露的原始数据也有可能出现较多异常值. 因此, 在将因子取值作为因子暴露时, 我们往往需要沿截面进行标准化处理. 一般有两种方法: Z-score 方法和排序处理法.

**Z-score 方法** 假设各只股票在某因子上的原始因子暴露分别为 $\beta_1, \cdots, \beta_n$, Z-score 处理得到的结果为

$$\tilde{\beta}_i = \frac{\beta_i - \bar{\beta}}{\mathrm{std}(\beta)}, \tag{5.5}$$

其中

$$\bar{\beta} = \frac{1}{n}\sum_{i=1}^{n}\beta_i, \quad \mathrm{std}(\beta) = \frac{1}{n-1}\sum_{i=1}^{n}(\beta_i - \bar{\beta})^2.$$

Z-score 即是将截面数据减均值, 再除以标准差, 使数据集中在 0 附近.

**排序处理法** 假设各个股票在某因子上的原始因子暴露分别为 $\beta_1,\beta_2,\cdots,\beta_n$，排序处理得到的结果为

$$\tilde{\beta}_i = \text{将}\beta_1,\beta_2,\cdots,\beta_n\text{从小到大排序后，}\beta_i\text{所在位次}. \tag{5.6}$$

因此，因子暴露取值将变为 $1,2,\cdots,n$ 这些值的一个置换.

4. 宏观因子: Fama-MacBeth 回归

除了我们已经讨论的市场、行业、市值、估值等因子以外，还有一些宏观因子 (例如 GDP、CPI 等) 较难处理. 以 GDP 为例，GDP 的因子收益对各只股票而言都相同，我们很难直接知道每只股票在 GDP 上的因子暴露有多大. 此外，我们也很难直接获取 GDP 这一因子带来的因子收益是多少. 由 Fama 和 MacBeth(1973) 提出的著名的 Fama-MacBeth 回归解决了如何寻找这类因子的因子暴露与因子收益的问题. 假设 GDP 的时间序列为 $\text{GDP}_1,\text{GDP}_2,\cdots,\text{GDP}_T$，Fama-MacBeth 回归的做法是，对每只股票，沿时间序列做线性回归

$$\begin{aligned}
R_{i1} &= \alpha_i+\beta_{i\text{GDP}}\text{GDP}_1+\epsilon_{i1},\\
R_{i2} &= \alpha_i+\beta_{i\text{GDP}}\text{GDP}_2+\epsilon_{i2},\\
&\cdots\cdots\\
R_{iT} &= \alpha_i+\beta_{i\text{GDP}}\text{GDP}_T+\epsilon_{iT},
\end{aligned}$$

其中 $\alpha_i,\beta_{i\text{GDP}}$ 是待估参数. 从而可以获得这类因子的因子暴露 $\beta_{i\text{GDP}}$.

5. 多因子模型的灵活性与局限性

多因子模型有两个灵活之处. 一方面，模型并未限定因子个数 $k$，投资者可以根据自身偏好确定因子个数. 另一方面，模型没有指定具体的因子类型，投资者可以根据自身经验或研究结果来选择自己偏好的因子. 这给投资者带来了很大的可操作性，利用多因子模型，不同投资者可以根据自身偏好构造出迥然不同的投资组合. 因此，多因子模型已然成为业界最常使用的投资方法之一.

多因子模型也有其局限性. 一方面，多因子模型的理论基础尚不成熟. 多因子模型不像单因子模型那样是投资组合理论的自然推论，它是人们对单因子模型的推广，其理论性质仍待推敲. 另一方面，多因子模型只能描述线性关系，无法描述因子与收益之间的非线性关系. 因此，近年来，学界与业界都开始不断尝试用非线性方法 (例如机器学习方法) 构造因子策略.

6. 多因子模型的因子应具备的特点

简单而言，多因子模型就是用多个因子来解释各个股票的收益率. 一个好的多因子模型，其因子应当具备几个特点.

(1) 完备性. 一个好的多因子模型应当尽可能完整地解释各个股票的收益率由何而来、为何而生. 这也正是人们在单因子模型的基础上提出多因子模型的原因.

(2) 无关性. 多因子模型中含有的因子并非越多越好, 如果重复添加冗余的因子, 只会在让模型变得更复杂的同时降低预测力. 因此, 在向模型中添加新因子时, 应当尽可能保证这些因子彼此相关性较低.

(3) 可解释性. 良好的因子应当具备充分的数学和金融含义. 一方面, 这为投资者使用这种因子提供了理论支撑; 另一方面, 这排除了数据过拟合带来的不良影响. 事实上, 人们总能用十分复杂的数学函数构造出看似能获取极高的超额收益的因子, 但如果这种因子背后没有数学与金融含义, 这种通过挖掘得到的因子将毫无意义.

## 5.3 因子的类型

学术界和业界已经提出大量可用于建立多因子模型的因子. 由于因子众多, 按照某种统一的、皆大欢喜的标准将所有因子分类并不现实. 因此, 因子分类尚无统一的标准, 不同学者、不同公司可能都会选择自身偏好的分类方式. 本节将介绍一些常见的因子分类方式. 在建立多因子模型时, 投资者可以根据自身喜好, 依据这些类别选择常见的因子. 需要指出的是, 在实际使用时, 读者需要根据因子的特点来判定这些因子应当作为因子收益还是因子暴露.

### 1. 按因子来源分类

按照因子来源, 因子可大致分为宏观经济因子、基本面因子、技术因子三大类.

(1) 宏观经济因子: 宏观经济因子是一些可观测的宏观经济数据序列, 比如通货膨胀率、利率等指标. 使用宏观经济因子的投资者认为, 股票市场和外部经济之间存在关联, 可以利用外部经济指标对股票市场收益率进行刻画.

(2) 基本面因子: 基本面因子是建立在股票自身的基本财务属性之上的统计指标, 例如分红比例、估值水平、换手率等指标. 投资者在使用基本面因子时, 主要应当进行横截面上的比较分析.

(3) 技术因子: 技术因子是从股票历史收益率序列中提取出的一些统计指标, 例如历史收益均值、标准差等指标. 前面介绍的均线和滤波方法即可视作构建技术因子的过程.

### 2. 按风险来源分类

按照风险来源, 因子可大致分为市场因子、行业因子、风格因子三大类.

(1) 市场因子: 市场因子一般指代市场收益率, 或其他与市场收益率相关的因子. CAPM 就可视作以市场收益率为因子的单因子模型. 投资者通常认为, 所有的股票都会受到市场整体供需的影响而呈现出同涨同跌的现象, 即我们所说的牛市和熊市. 市场因子是所有因子中波及面最广、影响最大的因子.

(2) 行业因子: 行业因子一般指代行业收益率, 或其他与行业收益率相关的因子. 从事相同或者相似业务公司的股票, 由于受到共同的产业景气周期影响, 或者共同的产业政策冲击, 抑或是其他宏观环境的影响, 在市场上也会表现出较高的相关性.

(3) 风格因子: 风格因子是指剔除掉市场和行业因素之后, 与股票自身风格紧密相关的因子. 股票市场的结构在一定时期内往往呈现出很强烈的风格特征, 比如小市值股票表现出更优的小市值风格, 前期收益低的股票近期收益更高的反转风格, 成长性高的股票表现出更好的成长风格, 或者是低估值股票表现出更好的低估值风格等等.

风格因子是最常见的一大类因子, 也是量化投资中最常运用的因子. 按照习惯, 我们还可将风格因子进一步细分.

(1) 估值因子: 衡量公司价值的因子, 例如市盈率、市净率.

(2) 规模因子: 衡量公司规模的因子, 例如总资产、总市值.

(3) 成长因子: 衡量公司业绩成长的因子, 例如净利润增长率、营业收入增长率.

(4) 财务质量因子: 衡量公司财务质量和资本结构的因子, 例如 ROE、资产负债率.

(5) 情绪因子: 衡量分析师对公司盈利能力预期的因子, 例如预测评级变动、预测分散度.

(6) 股东因子: 衡量公司股东持有股票情况的因子, 例如户均持有比例、机构持股比例.

(7) 动量因子: 衡量公司股价近一段时间收益率平均水平的因子, 例如 1 个月动量、3 个月动量.

(8) 波动率因子: 衡量公司股价近一段时间收益率波动的因子, 例如收益率标准差、特异性波动率.

(9) 换手率因子: 衡量公司股票近期换手流动情况的因子, 例如 1 个月日均换手率、3 个月日均换手率.

### 3. 财务报表

基本面因子主要建立在公司财务运营情况之上, 因此本节将介绍一些基础的财务报表知识. 虽然量化投资的重点在于, 通过数学建模的方式, 将一些原本需要人工读取的基本因子数据交由计算机处理, 但若想成为一名优秀的量化投资者, 揭开量化投资算法 “黑箱子” 中的秘密, 深入理解这些基础财务数据仍然十分必要.

财务报表主要包括“三大报表”: 资产负债表、利润表、现金流量表.

资产负债表 (balance sheet) 展示了一个公司在某一特定时点的财务状况, 它罗列了公司在该时刻的资产 (asset) 与负债 (liability) 比例关系. 根据会计恒等式,

$$\text{资产} = \text{负债} + \text{所有者权益},$$

可知所有者权益 (equity) 即为资产与负债的差. 资产还可进一步细分为流动资产和非流动资产, 负债也可进一步细分为流动负债和非流动负债等. 它们具体包括以下方面.

- 流动资产: 货币、金融资产、应收票据、应收账款等.
- 非流动资产: 可供出售金融资产、长期应收款、长期股权投资、投资性房地产、在建工程、无形资产等.
- 流动负债: 短期借款、应付票据、应付账款、职工薪酬等.
- 非流动负债: 长期借款、长期应付款、预计负债等.
- 所有者权益: 资本公积金、盈余公积金、未分配利润、归属母公司所有者权益.

利润表 (income statement) 展示了公司在一段时间内的盈利情况, 它罗列了公司在一段时间内获得的收入和产生的费用, 以及净利润. 利润表对应的会计恒等式是

$$\text{收入} - \text{费用} = \text{利润}.$$

现金流量表 (statement of cash flows) 记录公司在一段时间内的现金增减变动情况, 它从经营、投资、筹资三个方面衡量公司的现金流量变化.

4. 财务评价指标

以三大报表为主的财务报表提供了各个公司大量的财务数据. 随着金融学的发展, 人们逐渐基于这些财务报表提出了一系列财务评价指标, 用以衡量公司的运转情况. 这些评价指标大致可以分为盈利能力、清偿能力、运营能力、成长能力、现金流、市场估值情况等方面. 我们以表格的形式列举这些指标, 如表 5.1~表 5.7 所示.

**表 5.1 盈利能力指标**

| 指标 | 计算公式 | 数据来源 |
| --- | --- | --- |
| 资本回报率 (净资产收益率, ROE) | 税后净利率 / 平均所有者权益 | 利润表和资产负债表 |
| 资产回报率 (ROA) | 税后净利率 / 平均总资产 | 利润表和资产负债表 |
| 销售毛利率 | (销售收入 − 销售成本) / 销售收入 | 利润表 |
| 主营业务利率 | (销售毛利 − 各种经营费用) / 销售收入 | 利润表 |
| 净利率 | 净利润 / 销售收入 | 利润表 |

表 5.2　短期清偿能力指标

| 指标 | 计算公式 | 数据来源 |
| --- | --- | --- |
| 流动比率 | 流动资产/流动负债 | 资产负债表 |
| 速动比率 | (流动资产 − 存货 − 其他流动资产)/流动负债 | 资产负债表 |
| 现金比率 | 现金类资产/流动负债 | 资产负债表 |

表 5.3　长期清偿能力指标

| 指标 | 计算公式 | 数据来源 |
| --- | --- | --- |
| 负债比率 | 总负债/总资产 | 资产负债表 |
| 产权比率 | 总负债/总所有者权利 | 资产负债表 |
| 利息保障倍数 | 息税前利润 (EBIT)/利息费用 | 利润表 |

表 5.4　运营能力指标

| 指标 | 计算公式 | 数据来源 |
| --- | --- | --- |
| 存货周转率 | 销售收入/平均存货 | 利润表和资产负债表 |
| 应收账款周转率 | 销售收入/平均应收账款 | 利润表和资产负债表 |
| 总资产周转率 | 销售收入/平均总资产 | 利润表和资产负债表 |
| 固定资产周转率 | 销售收入/平均固定资产净值 | 利润表和资产负债表 |

表 5.5　成长能力指标

| 指标 | 计算公式 | 数据来源 |
| --- | --- | --- |
| 销售收入同比增长 | 本年度销售收入/上一年销售收入 −1 | 利润表 |
| 净利润增长率 | 本年度净利润/上一年净利润 −1 | 利润表 |
| 总资产增长率 | 本年年末总资产/上一年年末总资产 | 资产负债表 |
| 固定资产占比 | 本年年末固定资产/本年年末总资产 | 资产负债表 |

表 5.6　现金流情况指标

| 指标 | 计算公式 | 数据来源 |
| --- | --- | --- |
| 单位销售现金净流入 | 经营活动产生的净现金流<br>/销售收入 | 现金流表和利润表 |
| 债务保障率 | 经营活动产生的净现金流/总负债 | 现金流表和利润表 |
| 自由现金流与经营活动<br>净现金流比值 | (经营活动产生的净现金流 − 资本支出)<br>/经营活动产生的净现金流 | 现金流表 |

表 5.7　市场估值指标

| 财务比率 | 计算公式 | 数据来源 |
| --- | --- | --- |
| 每股收益 | 归属股东净利润/对外发行总股数 | 利润表和市场数据 |
| 市盈率 (P/E) | 股价/每股收益 | 利润表和市场数据 |
| 市净率 (P/B) | 股价/每股账面价值 | 资产负债表和市场数据 |
| 市销率 (P/S) | 股价/每股销售收入 | 利润表和市场数据 |

5. 财务评价指标的应用

财务评价指标类型众多, 它们从不同角度衡量了公司的运转情况. 投资者在使用财务指标时, 可以将它们作为一个个风格因子, 纳入多因子模型之中, 用多因子模型指导投资. 或者, 也可以直接根据这些指标, 采取基本面分析的方法进行投资. 相比之下, 后者更偏向于传统的价值投资, 而前者更侧重于现代的量化投资.

在使用财务评价指标时, 应当注意两方面比较. 一方面, 财务指标会随时间不断变化, 因此每个公司的各个财务指标形成了一个个时间序列. 投资者可以从时间序列的角度, 纵向比较这些财务指标的历史数据, 观察随时间变化, 公司运营情况发生了怎样的改变, 进而指导投资. 另一方面, 同一个行业内部很可能受到宏观政策影响, 财务指标发生同步变化. 在这种情况下, 单独看一个公司的指标没有太大意义, 我们应当进行横向分析, 横向比较行业内部各个公司受外部影响发生变化的情况, 从而指导投资.

## 5.4　因子的选取

因子类型众多, 学界与业界挖掘到的因子甚至已达成百上千. 人们之所以提出多因子模型, 就是因为意识到单因子模型还不足以完全解释众多股票的收益. 虽然因子越多, 解释力看似理应越强, 但事实未必如此. 一方面, 模型越复杂, 引入的噪声就越多, 计算的误差就越大. 市场上可观测的因子总会带有一定的噪声, 过多的因子引入的噪声甚至可能盖过原本的信号, 得不偿失. 另一方面, 过于复杂的模型往往会带来糟糕的样本外表现. 如果不对因子加以筛选, 许多没有任何意义的 “因子” 可能也会被纳入模型之中, 导致模型看似能很好地解释历史数据, 但预测未来的能力十分糟糕. 面对众多的因子, 投资者需要进行细致的筛选, 才能构造出可靠的、合理的多因子策略.

1. 信息系数

信息系数 (information coefficient, IC) 是业界最常用的筛选因子的指标之一. 对于一个因子 $A$, 假设市场 $n$ 只股票 $t$ 时刻在该因子上的因子暴露分别为 $\beta_{1A,t},\cdots,\beta_{nA,t}$(这里添加时间下标 $t$ 是为了强调我们使用的是 $t$ 时刻已知的因子暴露), 在 $t$ 时刻至 $t+1$ 时刻这段时间内的收益率分别为 $R_{1,t+1},\cdots,R_{n,t+1}$, 则因子 $A$ 的 IC 的定义是

$$\mathrm{IC}_{A,t}=\frac{\sum_{i=1}^{n}(\beta_{iA,t}-\bar{\beta}_{A,t})(R_{i,t+1}-\bar{R}_{t+1})}{\sqrt{\sum_{i=1}^{n}(\beta_{iA,t}-\bar{\beta}_{A,t})^2\sum_{i=1}^{n}(R_{i,t+1}-\bar{R}_{t+1})^2}},\tag{5.7}$$

其中

$$\bar{\beta}_{A,t} = \frac{1}{n}\sum_{i=1}^{n}\beta_{iA,t}, \quad \bar{R}_{t+1} = \frac{1}{n}\sum_{i=1}^{n}R_{i,t+1}.$$

注意 (5.7) 式的定义和概率论中样本相关系数的定义形式相同, 因此我们常说 IC 衡量因子与未来收益之间的相关程度. 由定义, 我们立刻可知 IC 的取值位于 $-1$ 和 $+1$ 之间. 要注意的是, IC 是在每个时刻沿截面定义的, 因此, IC 的序列是一个时间序列; 此外, 表达式中使用的因子暴露与股票收益率存在时间差, 这是因为在实务中, 我们希望衡量当前的因子暴露与未来的股票收益是否相关.

我们用简单的单因子模型来深入理解 IC. 对于单因子模型 (假设截距项为 0, 因子暴露不随时间变化),

$$R_{i,t+1} = \beta_i R_{M,t+1} + \epsilon_{i,t+1},$$

其中 $\epsilon_{i,t+1} \sim N(0,\sigma^2)$. 其 IC 大致为

$$\begin{aligned}
\mathrm{IC}_t &= \frac{\sum_{i=1}^{n}(\beta_i-\bar{\beta})^2 R_{M,t+1} + \sum_{i=1}^{n}(\beta_i-\bar{\beta})(\epsilon_{i,t+1}-\bar{\epsilon}_{t+1})}{\sqrt{\sum_{i=1}^{n}(\beta_i-\bar{\beta})^2\sum_{i=1}^{n}((\beta_i-\bar{\beta})R_{M,t+1}+(\epsilon_{i,t+1}-\bar{\epsilon}_{t+1}))^2}} \\
&\approx \frac{\sum_{i=1}^{n}(\beta_i-\bar{\beta})^2 R_{M,t+1}}{\sqrt{\left[\sum_{i=1}^{n}(\beta_i-\bar{\beta})^2\right]^2 R_{M,t+1}^2 + n\sigma^2\sum_{i=1}^{n}(\beta_i-\bar{\beta})^2}} \\
&= \frac{R_{M,t+1}}{\sqrt{R_{M,t+1}^2 + n\sigma^2/\sum_{i=1}^{n}(\beta_i-\bar{\beta})^2}}.
\end{aligned}$$

由此可见, IC 的正负由市场因子收益的正负决定; 另外, 因子的解释力越强 (从而噪声项的方差 $\sigma^2$ 占比越小), IC 值将越接近 $\pm1$.

IC 是个时间序列, 单期 IC 值未必说明问题, 我们还会关注 IC 序列的均值. 从上面单因子模型的计算结果可以看出, 如果对 IC 的时间序列取平均, 大致就是对市场收益率的正负取平均. 由于市场因子收益时正时负, 因此市场因子 IC 的均值将接近于 0. 这种因子无法获得稳定的因子收益, 因此我们在构建多因子策略时经常需要屏蔽这类因子的风险, 它们被称作 beta 因子. 而如果因子收益时间序列的正负号保持稳定, 其 IC 序列的均值绝对值较大, 这种因子预期在未来也能给我们带来稳定的因子收益, 我们称之为 alpha 因子. 投资者可以用 IC 序列来筛选因子, 用 alpha 因子获取超额收益, 用 beta 因子屏蔽风险.

除了关注 IC 序列均值外, 投资者也会关注 IC 序列的标准差. 能带来稳定超额收益的 alpha 因子应当标准差较小. 有的投资者还会关注 IC 序列的均值与标

准差之比, 投资实务中有时称之为 ICIR. 能带来稳定超额收益的 alpha 因子应当 ICIR 较大.

按照定义容易验证, 如果在计算 IC 前对因子暴露进行 (5.5) 式的 Z-score 处理, 不会改变 IC 的计算结果. 如果进行 (5.6) 式的排序处理, 会使 IC 计算结果发生改变, 此时我们称计算结果为 rank IC.

2. 单因子分层回测

IC 是非常受业界青睐的因子衡量指标, 它易于计算、使用方便. 但如果仅用 IC 这一个数值来代表整个因子, 可能会掩埋因子的其他特性. 对此, 业界常用单因子分层回测的方法测试因子. 具体方法是:

(1) 将股票按照单个因子的因子暴露从小到大 (或从大到小) 排序;

(2) 按照排序后的先后顺序, 将股票等分为 $k$(一般取为 5 或 10) 组;

(3) 将每组股票以等权重 (或市值加权等) 构造为投资组合, 得到 $k$ 个投资组合;

(4) 定期重复上述操作, 根据新的因子暴露重新调整投资组合;

(5) 在一幅图像中同时绘制 $k$ 个投资组合的累积收益曲线.

分层回测与 5.2 节介绍的投资组合排序法类似, 但此时我们关注的是 $k$ 个投资组合累积收益曲线的形态. 如果一个 alpha 因子能给我们带来稳定的超额收益, 这 $k$ 条曲线应当表现出两点: 各条收益曲线应当有明显的层次区分, 不应相互交叉; 各条曲线应当保持与因子暴露完全相同 (或完全相反) 的单调次序. 直观来看, 分层效果好的因子往往具有较高且较稳定的 IC.

3. 单因子多空回测

我们可以通过分层回测找出能起到较好的分层效果的因子. 但即使累积收益曲线有较好的分层效果, 如果各层之间差距十分微小, 我们也很难利用这种因子获得超额收益. 为了比较各层之间的差距大小, 我们可以使用多空回测的方式.

(1) 将股票按照单个因子的因子暴露从小到大 (或从大到小) 排序;

(2) 按照排序后的先后顺序, 将股票等分为 $k$(一般取为 5 或 10) 组;

(3) 将每组股票以等权重 (或市值加权等) 构造为投资组合, 得到 $k$ 个投资组合;

(4) 定期重复上述操作, 根据新的因子暴露重新调整投资组合;

(5) 持有第 1 个投资组合的多头 (或空头)、第 $k$ 个投资组合的空头 (或多头), 绘制多空投资组合的累积收益曲线.

如果一个 alpha 因子能给我们带来稳定的超额收益, 我们应当希望这条多空策略回测曲线有单调递增、长势喜人的稳定收益. 需要指出的是, 多空回测通常只能帮助我们做理论分析, 实务操作时, 卖空操作将受到很多限制. 但我们总可以借助历史数据, 用这种方式寻找 alpha 因子.

## 5.5 因子的剥离

在 5.4 节中, 我们探讨了如何选取因子. 我们可以利用这些筛选后的因子建立多因子模型. 然而, 这些因子虽然通过了单因子筛选, 但组合到一起后未必能起到很好的效果. 一个重要原因是, 因子之间很可能具有很强的相关性. 例如, 新兴行业股票的市值可能普遍较小; 再例如, 市值高的股票普遍换手率低. 如果将这些彼此相关的因子直接组合到一起, 未必能显著提高模型效果, 很可能还会降低模型的稳定性. 我们需要将因子之间的相关性剥离开来. 本节我们探讨常用的剥离因子相关性的方法——纯因子模型与因子正交化.

1. 纯因子模型

我们在 5.4 节给出了 IC、分层回测、多空回测等单因子测试方法. 但由于股票未必只受单因子影响, 可能受多个因子共同影响, 因此这些方法无法完全排除其他因子的干扰. 纯因子模型 (pure factor model) 试图解决这一问题. 它的想法是, 找到一种投资组合, 使得该组合在单个因子上的暴露为 1, 在其余因子上的暴露均为 0. 通过观察这种投资组合的表现, 我们就可以将整个多因子模型中单个因子的真实表现剥离出来.

计算纯因子可以从普通最小二乘角度出发. 考虑多因子模型 (为书写方便, 我们省略时间下标),

$$R_1 = \alpha + \beta_{11}F_1 + \cdots + \beta_{1k}F_k + \epsilon_1,$$

$$R_2 = \alpha + \beta_{21}F_1 + \cdots + \beta_{2k}F_k + \epsilon_2,$$

$$\cdots\cdots$$

$$R_n = \alpha + \beta_{n1}F_1 + \cdots + \beta_{nk}F_k + \epsilon_n,$$

若用矩阵形式

$$R = \begin{pmatrix} R_1 \\ R_2 \\ \vdots \\ R_n \end{pmatrix}, \quad B = \begin{pmatrix} \beta_{11} & \cdots & \beta_{1k} & 1 \\ \beta_{21} & \cdots & \beta_{2k} & 1 \\ \vdots & & \vdots & \vdots \\ \beta_{n1} & \cdots & \beta_{nk} & 1 \end{pmatrix}, \quad F = \begin{pmatrix} F_1 \\ \vdots \\ F_k \\ \alpha \end{pmatrix}, \quad \epsilon = \begin{pmatrix} \epsilon_1 \\ \epsilon_2 \\ \vdots \\ \epsilon_n \end{pmatrix} \tag{5.8}$$

表示, 则模型可记作

$$R = BF + \epsilon. \tag{5.9}$$

如果因子暴露矩阵 $B$ 已知, 我们先尝试用普通最小二乘法估计因子收益向量 $F$. 根据最小二乘法,

$$\hat{F} = \left(B^\top B\right)^{-1} B^\top R. \tag{5.10}$$

记 $W = \left(B^\top B\right)^{-1} B^\top$, 于是 $\hat{F} = WR$, 因此 $\hat{F}$ 的第 $j$ 个元素即为以 $W$ 的第 $j$ 行为权重的投资组合. 其满足

$$WB = \left(B^\top B\right)^{-1} B^\top B = I.$$

注意 $B$ 的最后一列为全 1 向量, 于是将左右两侧矩阵的最后一列展开表示, 即

$$\begin{gathered}
W_{11} + W_{12} + \cdots + W_{1n} = 0, \\
W_{21} + W_{22} + \cdots + W_{2n} = 0, \\
\cdots\cdots \\
W_{k1} + W_{k2} + \cdots + W_{kn} = 0, \\
W_{k+1,1} + W_{k+1,2} + \cdots + W_{k+1,n} = 1.
\end{gathered}$$

因此, 以 $W$ 的最后一行为权重的投资组合权重和为 1; 以 $W$ 的第 $j(1 \leqslant j \leqslant k)$ 行为权重的投资组合权重和为 0. 于是, 对于 $1 \leqslant j \leqslant k$, 以 $W$ 的第 $j$ 行为权重的投资组合本质上是一种多空组合.

注意

$$WR = W(BF + \epsilon) = WBF + W\epsilon = F + W\epsilon,$$

于是以 $W$ 的第 $j(1 \leqslant j \leqslant k)$ 行为权重的投资组合满足

$$W_{j1}R_1 + \cdots + W_{jn}R_n = F_j + \tilde{\epsilon}_j, \tag{5.11}$$

其中 $\tilde{\epsilon}_j = W_{j1}\epsilon_1 + \cdots + W_{jn}\epsilon_n$. 因此以 $W$ 的第 $j(1 \leqslant j \leqslant k)$ 行为权重的投资组合只在第 $j$ 个因子上有 1 单位暴露, 在其他因子上的因子暴露为 0, 并且该投资组合的权重之和为 0, 是一种多空组合. 这种投资组合就是纯因子组合.

在使用普通最小二乘法时, 我们相当于默认 (5.9) 式中的

$$\epsilon \sim N(0, \sigma^2 I_n),$$

即认为各个股票的特异性风险均相同. 但事实未必如此, 投资者可能认为不同股票有不同的特异性风险 $v_1, \cdots, v_n$. 此时有

$$\epsilon \sim N(0, V),$$

其中

$$V = \operatorname{diag}(v_1, \cdots, v_n).$$

根据加权最小二乘法, 此时

$$\hat{F} = \left(B^\top V B\right)^{-1} B^\top V R.$$

记 $W = \left(B^\top V B\right)^{-1} B^\top V$, 不难验证此时同样有 (5.11) 式成立, 以 $W$ 的第 $j(1 \leqslant j \leqslant k)$ 行为权重的投资组合只在第 $j$ 个因子上有 1 单位暴露, 在其他因子上的因子暴露为 0, 且该组合的权重之和为 0.

一种常见的特异性风险选取方法是, 令 $v_i$ 为 $\sqrt{s_i}$, 其中 $s_i$ 为第 $i$ 只股票的流通市值. 这是因为, 投资者经常认为, 流通市值越高的股票, 其特异性风险相对越高.

2. 引入其他约束条件

在实际构造纯因子组合时, 投资者可能会在加权最小二乘法的基础上为线性模型添加其他约束条件. 例如, 如果将市场的全部 $p$ 个行业作为因子, 那么如果某只股票不属于前 $p-1$ 个行业, 它一定属于第 $p$ 个行业. 这导致这些行业因子之间存在天然的线性关系, 如果不加约束条件, 会导致最小二乘法得到的解不唯一. 此时需使用带约束条件的加权最小二乘法求解.

我们以 Barra 的纯因子模型为例. 该模型假设, 在 $F_1, F_2, \cdots, F_k$ 中, 前 $p$ 个因子为行业因子, 后 $k-p$ 个因子为风格因子. 为保证解的唯一性, 该模型假设行业因子满足

$$s_1 F_1 + s_2 F_2 + \cdots + s_p F_p = 0, \tag{5.12}$$

这里 $s_j$ 是第 $j$ 个行业的全部流通市值. 为了用矩阵方法表示该约束条件, 引入约束矩阵

$$C = \begin{pmatrix} 0 & 1 & \cdots & 0 & 0 & \cdots & 0 \\ \vdots & \vdots & \ddots & \vdots & \vdots & \ddots & \vdots \\ 0 & -\dfrac{s_1}{s_p} & \cdots & -\dfrac{s_{p-1}}{s_p} & 0 & \cdots & 0 \\ 0 & 0 & \cdots & 0 & 1 & \cdots & 0 \\ \vdots & \vdots & \ddots & \vdots & \vdots & \ddots & \vdots \\ 0 & 0 & \cdots & 0 & 0 & \cdots & 1 \\ 1 & 0 & \cdots & 0 & 0 & \cdots & 0 \end{pmatrix},$$

可以证明, 在考虑约束条件 (5.12) 式后, 得到的权重为

$$W = C\left(C^\top B^\top V B C\right)^{-1} C^\top B^\top V.$$

此时, 可以验证, 对于行业因子, (5.11) 式不再严格成立 (实证结果表明该式近似成立); 对于风格因子, (5.11) 式仍成立. 这就是 Barra 提出的纯因子模型. 对于

$F_1, F_2, \cdots, F_k$ 这些因子对应的纯因子组合, 均仍然满足权重之和为 0, 即每个纯因子组合仍是多空组合.

3. 纯因子模型的应用

纯因子组合满足在单个因子上暴露为 1, 其他因子上暴露为 0. 通过构造纯因子组合, 我们可以剥离出单个因子的影响. 绘制纯因子组合的累积收益曲线, 我们就可以检验单个因子在整个模型中是否有效. 由于这些纯因子组合是权重为 0 的多空组合, 所以如果一个纯因子的累积收益曲线呈单调上升的趋势, 该因子就是一个理想的 alpha 因子.

由于纯因子组合是多空组合, 这种大规模的卖空操作很难进行, 因此我们很难真实持有纯因子组合. 纯因子模型并不适用于直接交易, 而更适合于帮助投资者进行投资归因分析, 让投资者将各个因子的影响剥离开来, 更好地构建多因子模型.

4. 因子正交化

纯因子能让我们从整个多因子模型中剥离出各个因子的贡献, 让我们更好地选取有用的、剔除无用的因子. 但在实际投资中, 除了掌握各个因子的贡献外, 投资者还希望将已有因子真正剥离为一些互不相关的因子, 用这些新因子构造多因子策略. 将原先的因子处理为一些互不相关的因子, 就是因子正交化.

通常说的因子之间的相关性, 是指因子暴露的相关性. 这是因为, 我们认为两个因子较为正相关, 通常是指如果股票在一个因子上的因子暴露大, 在另一个因子上的暴露也会较大 (负相关则相反). 例如, 市值因子与换手率因子往往呈负相关关系, 是因为市值因子暴露大的股票, 通常对换手率因子的暴露较小. 因此, 我们一般需要对因子暴露进行正交化处理.

5. 因子暴露的相关系数矩阵

我们首先需要一个指标来衡量因子之间的相关性, 这就是相关系数. 对于因子 $a$ 与因子 $b$, 如果 $n$ 只股票在两个因子上的暴露分别为 $\beta_{1a}, \cdots, \beta_{na}$ 和 $\beta_{1b}, \cdots, \beta_{nb}$ , 则二者因子暴露的 (样本) 相关系数是

$$\rho_{ab} = \frac{\sum_{i=1}^{n}(\beta_{ia} - \bar{\beta}_a)(\beta_{ib} - \bar{\beta}_b)}{\sqrt{\sum_{i=1}^{n}(\beta_{ia} - \bar{\beta}_a)^2 \sum_{i=1}^{n}(\beta_{ib} - \bar{\beta}_b)^2}}, \tag{5.13}$$

其中

$$\bar{\beta}_a = \frac{1}{n}\sum_{i=1}^{n}\beta_{ia}, \quad \bar{\beta}_b = \frac{1}{n}\sum_{i=1}^{n}\beta_{ib}.$$

若将 $k$ 个因子的因子暴露相关系数排成矩阵形式, 就形成因子暴露的相关系数矩阵

$$\rho = \begin{pmatrix} 1 & \rho_{12} & \cdots & \rho_{1k} \\ \rho_{21} & 1 & \cdots & \rho_{2k} \\ \vdots & \vdots & \ddots & \vdots \\ \rho_{k1} & \rho_{k2} & \cdots & 1 \end{pmatrix},$$

这是一个 $k \times k$ 的实对称矩阵, 对角线元素均为 1.

若因子之间相关性低, 则该矩阵的非对角线元素应当接近于 0, 即各个因子之间的相关系数接近于 0. 注意 (5.13) 式的分子可视作

$$\begin{pmatrix} \beta_{1a} - \bar{\beta}_a \\ \beta_{2a} - \bar{\beta}_a \\ \vdots \\ \beta_{na} - \bar{\beta}_a \end{pmatrix} \text{与} \begin{pmatrix} \beta_{1b} - \bar{\beta}_b \\ \beta_{2b} - \bar{\beta}_b \\ \vdots \\ \beta_{nb} - \bar{\beta}_b \end{pmatrix}$$

两个向量的内积, 因此, 如果相关系数等于 0, 则意味着两个向量正交.

6. Gram-Schmidt 正交化

最常见的因子正交化方法是线性代数中的 Gram-Schmidt 正交化方法. 该方法利用投影的思想, 将一组向量变成相互正交的. 假设有 $k$ 个因子, 每个因子在 $n$ 只股票上的因子暴露组成一个 $n$ 维向量. 我们首先利用 Z-score 方法 (见 5.2 节) 将各列向量进行归一化处理, 以保证各个因子的量纲统一. 记 Z-score 处理后的因子暴露向量依次为 $\beta_1, \beta_2, \cdots, \beta_k$.

Gram-Schmidt 正交化方法的步骤是

(1) 令 $z_1 = \beta_1$;

(2) 对 $j = 2, 3, \cdots, k$, 依次令

$$z_j = \beta_j - \sum_{s=1}^{j-1} \frac{\langle z_s, \beta_k \rangle}{\langle z_s, z_s \rangle} z_s,$$

其中 $\langle x, y \rangle = x^\top y$.

不难验证, 由此得到的 $z_1, z_2, \cdots, z_k$ 相互正交. 于是, 经过 Z-score 处理与 Gram-Schmidt 正交化, 得到的新 "因子暴露" 向量 $z_1, z_2, \cdots, z_k$ 满足 (5.13) 式为 0, 即两两之间因子暴露的相关系数为 0.

7. 因子正交化的好处

因子正交化最大的好处是降低因子间的相关系数, 将因子的相互影响真正地剥离开来. 对于任意的 $k$ 个因子的因子暴露 $\beta_1, \beta_2, \cdots, \beta_k$, 我们均可通过正交化处理, 将它们转变为全新的一组因子暴露 $z_1, z_2, \cdots, z_k$, 这组因子暴露之间彼此正交, 相关系数为 0. 多因子模型中含有的不相关的因子越多, 模型解释力理论上就越强. 业界和学界的人都不断致力于寻找不相关的因子, 而因子正交化为我们提供了一种天然的方法.

此外, 因子正交化可以让我们更稳健地估计因子收益. 根据 (5.10) 式, 因子收益的普通最小二乘估计为

$$\hat{F} = \left(B^\top B\right)^{-1} B^\top R.$$

如果因子暴露矩阵 $B$ 的各列彼此正交, 则 $B^\top B = I$, 于是 $\hat{F} = B^\top R$. 此时不再需要矩阵求逆, 因此因子收益的估计更为稳健.

## 5.6 因子的整合

通过因子选取、因子剥离后, 我们可以获得一组精心挑选过的因子. 但之所以要构建多因子模型, 是因为我们需要选取股票进行交易. 市场上的股票众多, 买卖全部股票并不合适, 我们只能挑选其中一部分股票来交易. 因此, 我们需要整合多个因子提供的信息, 决定交易哪些股票. 本节将介绍常见的因子整合方法, 投资者可以利用整合后的因子, 从众多股票中挑选希望交易的股票.

1. 加权法

一个个因子相当于一个个 "专家", 每个 "专家" 从各自的角度对各只股票打分. 欲将多个专家的打分 (多个因子) 整合到一起, 最常见的方法就是计算各个打分的加权平均. 假设第 $i$ 只股票在 $k$ 个因子上的暴露分别为 $\beta_{i1}, \beta_{i2}, \cdots, \beta_{ik}$. 如果对各个因子指定权重 $a_1, a_2, \cdots, a_k$, 加权求和的结果即为

$$B_i := a_1\beta_{i1} + a_2\beta_{i2} \cdots + a_k\beta_{ik}.$$

得到的 $B_i$ 即为整合后的因子. 接下来, 我们便可以根据 $B_i$ 的相对大小, 决定选择哪些股票进行交易. 例如, 可以选取

$$\{i : B_i \text{ 位于前 } 50\%\}$$

中的股票. 需要注意的是, 在因子整合时, 我们未必需要使用筛选得到的全部因子. 如果投资者在选股时只关注其中一部分因子, 则只需对关注的这些因子加权求和即可.

权重 $a_1, \cdots, a_k$ 可以有如下几种选取方式.

(1) 等权重配置;

(2) 对各个因子大类等权重配置;

(3) 按 IC 加权配置;

(4) 按 ICIR 加权配置.

这些加权方式未必孰优孰劣, 需要通过回测, 选取最合适的方式.

2. 过滤法

另一种常见的根据多个专家的打分 (多个因子) 来选股的方式是, 设置一系列条件, 找到同时满足多个专家给出的条件的股票. 例如, 如果我们希望整合 3 个因子 $\beta_{i1}, \beta_{i2}, \beta_{i3}$ 的信息, 我们可以选取如下集合中的股票:

$$\{i : \beta_{i1} \text{ 位于前 } 50\%,\ \ \beta_{i2} \text{ 位于前 } 50\%,\ \ \beta_{i3} \text{ 位于前 } 50\%\}.$$

经过这种筛选, 我们便可过滤出同时满足几个约束条件的股票, 再构造交易策略.

投资者还可以选择既进行过滤, 又进行加权筛选. 例如, 投资者可以利用过滤法, 筛去一些因子暴露值异常的股票, 再选择一些重点关注的因子进行加权法筛选, 得出最终的股票池.

3. 其他统计方法

因子整合的本质是, 对于第 $i$ 只股票, 利用 $k$ 个因子 $\beta_{i1}, \beta_{i2}, \cdots, \beta_{ik}$ 整合为一个因子 $B_i$. 加权法实质上是利用线性函数加权筛选, 过滤法实质上是利用示性函数筛选. 整体来看, 因子整合就是构造一个函数

$$B_i = f(\beta_{i1}, \beta_{i2}, \cdots, \beta_{ik}).$$

因此, 投资者可以将函数的因变量选为自己较为关注的指标 (例如未来的收益率), 用统计方法 (例如机器学习方法) 建模, 找到合适的 $f$.

## 5.7 基准的选取

至此, 我们已经可以根据筛选得到的因子来选择希望交易的股票, 构建多因子策略. 不同投资者可以构建截然不同的策略, 得到风格迥异的收益. 为了衡量多因子策略的优劣, 我们通常需要选取一个基准 (benchmark). 一方面, 我们可以通过基准衡量自身的策略有多少超额收益; 另一方面, 我们可以卖空基准, 通过对冲的方式把超额收益纳入囊中.

1. 指数增强

设定基准的目的之一是获取指数增强收益. 所谓指数增强, 即在市场指数本身走势的基础之上, 获取比市场指数收益更高一些的收益. 这里的基准就是市场指数. 指数增强型基金往往风险与市场风险类似, 期望收益一般高于市场的期望收益.

构造指数增强型基金最常用的一些基准有上证综指、上证 50、沪深 300、中证 500 等. 理论上, 任何一个指数 (或者其他基金) 都可以作为基准. 图 5.1 展示了 “华夏沪深 300 指数增强 A” 基金的净值走势与沪深 300 指数的走势图, 以及二者之间的差距, 即超额收益 (为便于观察, 均被初始化为 1). 从基金名称即可看出, 该基金以沪深 300 指数为基准, 是一种指数增强基金. 从图中可以看出, 基金的净值走势随沪深 300 指数的走势波动, 但二者的差值 (超额收益, 图中的实线) 则随时间较为平稳地上涨. 这就是指数增强的特点. 市场的风险仍被保留, 但基金的收益要比市场更高.

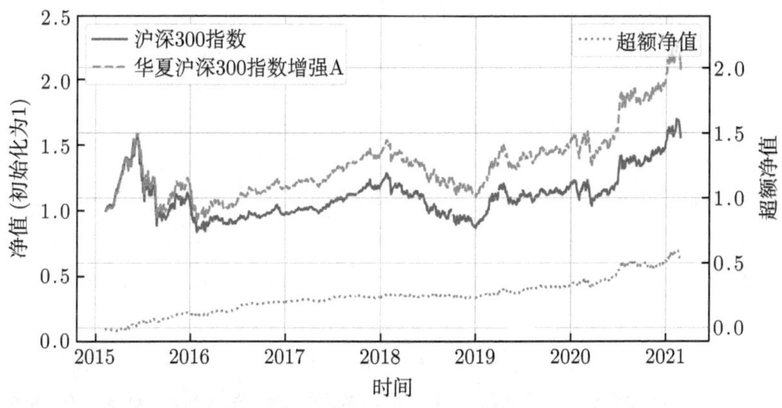


图 5.1 华夏沪深 300 指数增强 A

需要注意的是, 如果投资指数增强型基金, 我们获得的收益是随指数变化的, 无法真实获得纯粹的超额收益 (图中下方的虚线). 但所有的指数增强型基金收益都会随市场波动, 因此, 在评价指数增强型基金时, 我们一般只关注超额收益的部分. 如果超额收益曲线能较为平稳地上涨、回撤较小, 我们就可以认为这是一只合格的指数增强型基金.

2. 对冲

如果投资者希望获得纯粹的超额收益, 抛去基准变化为收益带来的影响, 可以用对冲的方法, 卖空基准. 但并非所有的基准都可以卖空. 我国市场中, 与指数走势类似的、可以卖空的主要是三种股指期货: 沪深 300 股指期货 (IF)、上证 50

股指期货 (IH) 和中证 500 股指期货 (IC). 在利用多因子策略买入股票的同时卖空股指期货, 投资者就可以获得相对纯粹的超额收益. 此时我们获得的收益将与图 5.1 中下方的虚线类似.

三种股指期货各有特点, 可以配合使用. 例如, 如果投资者希望同时屏蔽沪深 300 与上证 50 的风险, 可以同时卖空沪深 300 股指期货与上证 50 股指期货.

3. 指数增强与对冲策略的关系

考虑一个指数增强策略, 它在各个股票上的权重依次为 $x_1, x_2, \cdots, x_n$, 则这些权重需要满足

$$x_1 + x_2 + \cdots + x_n = 1.$$

而基准的成分股也有在该基准中的权重占比 $y_1, y_2, \cdots, y_n$. 这些权重同样需要满足

$$y_1 + y_2 + \cdots + y_n = 1.$$

由于我们通常关注策略收益超出基准收益的部分, 因此, 我们关注的是二者权重之差 $w_i = x_i - y_i, i = 1, 2, \cdots, n$. 注意 $w_1, w_2, \cdots, w_n$ 满足

$$w_1 + w_2 + \cdots + w_n = 0.$$

因此, 我们关注的超额收益, 本质上是一个权重之和为 0 的策略的收益. 由于权重和为 0, 因此其权重必须有正有负, 既有股票多头, 又有股票空头. 这种策略就是所谓的多空策略 (long-short strategy). 因此, 对冲策略实质上可视作一个多空策略.

对冲策略可以由指数增强策略与基准作差得到. 而反过来, 我们也可以用对冲策略与基准加和, 构造出一个权重和为 1 的指数增强策略. 因此, 在基准的作用下, 指数增强策略与对冲策略在一定程度上可以相互转换, 二者的区别在于, 前者权重和为 1, 后者权重和为 0.

4. 股票池与基准的选取

投资者选取何种基准, 主要依赖于股票池的选取. 如果投资者交易的股票主要是沪深 300 成分股, 则选取的基准也应当是沪深 300 或沪深 300 股指期货. 这是因为, 不同股票池的风格不尽相同. 例如, 与中证 500 成分股相比, 沪深 300 成分股的市值相对较大. 如果投资者买入大量沪深 300 成分股, 但卖空中证 500 股指期货, 则该投资者很难排除市值带来的影响, 很可能有极大的市值因子风险敞口.

常见的股票池选取方式包括以下几种.

(1) 以全 A 股为股票池. 这种方式选取的股票池较大, 如果卖空只包含 50 只股票标的的上证 50 股指期货, 很难屏蔽市场风险. 因此, 此时用沪深 300 股指期货和中证 500 股指期货对冲较为合适.

(2) 以大市值股票为股票池. 此时用沪深 300 股指期货与上证 50 股指期货对冲较为合适, 这些指数的成分股具有较大的市值.

(3) 以小市值股票为股票池. 此时用中证 500 股指期货对冲较为合适, 中证 500 指数的成分股具有较小的市值.

(4) 直接以基准包含的股票作为股票池. 这种方法能较好地排除各种风险.

除此之外, 还有许多股票池可以选取. 例如, 以创业板的股票为股票池. 投资者需要根据选取的股票池, 选择合适的对冲策略.

## 5.8 建立多因子投资组合

在确定多因子模型使用的因子和基准后, 本节开始建立多因子投资组合. 本节将给出一种可行的多因子组合优化框架, 但读者不应拘泥于此, 可以在此基础上创造属于自己的多因子策略.

回顾多因子模型[①]

$$R_1 = \beta_{11}F_1 + \cdots + \beta_{1k}F_k + \epsilon_1,$$

$$R_2 = \beta_{21}F_1 + \cdots + \beta_{2k}F_k + \epsilon_2,$$

$$\cdots\cdots$$

$$R_n = \beta_{n1}F_1 + \cdots + \beta_{nk}F_k + \epsilon_n,$$

若用矩阵形式

$$R = \begin{pmatrix} R_1 \\ R_2 \\ \vdots \\ R_n \end{pmatrix}, \quad B = \begin{pmatrix} \beta_{11} & \cdots & \beta_{1k} \\ \beta_{21} & \cdots & \beta_{2k} \\ \vdots & & \vdots \\ \beta_{n1} & \cdots & \beta_{nk} \end{pmatrix}, \quad F = \begin{pmatrix} F_1 \\ F_2 \\ \vdots \\ F_k \end{pmatrix}, \quad \epsilon = \begin{pmatrix} \epsilon_1 \\ \epsilon_2 \\ \vdots \\ \epsilon_n \end{pmatrix}, \tag{5.14}$$

多因子模型可记作

$$R = BF + \epsilon. \tag{5.15}$$

这里 $R$ 是股票收益向量, $B$ 是因子暴露矩阵 (非随机), $F$ 是因子收益向量, $\epsilon$ 是误差向量. 沿用 (4.1) 式与 (4.2) 式的记号, 记股票期望收益向量为 $\mu$, 股票收益的协方差矩阵为 $\Omega$, 全一向量为 $\iota$. 我们希望找到最优的权重向量 $w$.

① 为方便起见, 我们不再专门写出截距项, 因为读者完全可以将截距项本身也视作一个因子.

我们曾在 5.4 节引入 alpha 因子与 beta 因子的概念. 在构建多因子组合时, 这两种因子均不可或缺. 其中 alpha 因子用于获取收益, beta 因子用于屏蔽风险. 多因子模型优化将围绕这两种因子展开.

1. alpha 因子: *估计期望收益*

有较为稳定的 IC 的因子即为 alpha 因子, 它们可以用于预测期望收益, 因此我们常用 alpha 因子估计期望收益向量 $\mu$. 如果只有一个因子, 我们可以将该因子的因子暴露直接 (或经过 Z-score 等处理) 作为 $\mu$; 如果有多个因子, 则可以用 5.6 节介绍的因子整合技术来整合因子, 以此结果作为 $\mu$. 需要注意的是, 用这些方法估计 $\mu$, 则 $\mu$ 的含义已经不再是股票的期望收益, 其更多表示我们借助这些 alpha 因子得到的对这些股票的心理预期. 利用 alpha 因子, 我们可以不再使用根据历史收益率数据估计期望收益的方法.

2. beta 因子: *屏蔽风险, 估计协方差矩阵*

不具有稳定 IC 的、我们难以掌控的因子即是 beta 因子. 由于我们无法掌控这些因子, 因此需要屏蔽这些因子带来的风险. 多因子模型正是通过多个因子来解释各个股票的不同收益, 将股票的风险分解为各个因子的风险. 因此, 我们常将多因子模型 (5.15) 式中使用的因子选定为各个 beta 因子, 并且让投资组合在各个因子上的因子暴露为 0, 即

$$
\begin{gathered}
w_1\beta_{11} + w_2\beta_{21} + \cdots + w_n\beta_{n1} = 0, \\
w_1\beta_{12} + w_2\beta_{22} + \cdots + w_n\beta_{n2} = 0, \\
\cdots\cdots \\
w_1\beta_{1k} + w_2\beta_{2k} + \cdots + w_n\beta_{nk} = 0.
\end{gathered}
$$

用矩阵形式表示, 即为

$$
w^\top B = 0,
$$

这里的 0 是全 0 向量. 这些 beta 因子为我们提供了一个约束条件.

与风险相关的指标即为协方差矩阵, beta 因子可用于估计协方差矩阵. 假设这些 beta 因子的因子收益向量 $F$ 具有协方差矩阵 $\Omega_F$, 误差向量 $\epsilon$ 也有协方差矩阵 $\Omega_\epsilon = \mathrm{diag}(\sigma_1^2, \sigma_2^2, \cdots, \sigma_n^2)$. 在 (5.15) 式两侧同时取协方差矩阵, 即有

$$
\Omega = B\Omega_F B^\top + \Omega_\epsilon.
$$

由此可见, 多因子模型实质上提供了一种协方差矩阵分解的方式.

现在考虑以 $w$ 为权重的投资组合的方差 $w^\top \Omega w$. 由于我们要求 $w^\top B = 0$, 再利用协方差矩阵的分解,

$$\begin{aligned} w^\top \Omega w &= w^\top B \Omega_F B^\top w + w^\top \Omega_\epsilon w \\ &= w^\top \Omega_\epsilon w \\ &= w_1^2\sigma_1^2 + w_2^2\sigma_2^2 + \cdots + w_n^2\sigma_n^2. \end{aligned} \tag{5.16}$$

因此, 如果将 beta 因子的风险完全屏蔽, 投资组合的风险将只与特异性风险有关.

3. 基于多因子的投资组合优化模型

我们在 4.2 节介绍了经典的现代投资组合理论, 现在我们将其应用于多因子模型之中.

经典的投资组合理论的约束条件是权重和为 1. 与此前不同的是, 我们现在关注超出基准的超额收益, 因此投资组合的权重约束变为

$$w_1 + w_2 + \cdots + w_n = 0.$$

用向量形式表示, 该约束条件即为

$$w^\top \iota = 0.$$

优化的目标函数仍选为 (4.18) 式的效用函数. 因此, 优化问题即为

$$\begin{aligned} &\max_w \quad w^\top \mu - \frac{\lambda}{2} w^\top \Omega w, \\ &\text{且满足} \quad \begin{cases} w^\top \iota = 0, \\ w^\top B = 0. \end{cases} \end{aligned}$$

其中参数 $\lambda$ 是风险厌恶系数, 人为给定. 而在 $w^\top B = 0$ 的约束下, 根据 (5.16) 式, 优化问题可以简化为

$$\begin{aligned} &\max_w \quad w^\top \mu - \frac{\lambda}{2} w^\top \Omega_\epsilon w, \\ &\text{且满足} \quad \begin{cases} w^\top \iota = 0, \\ w^\top B = 0. \end{cases} \end{aligned}$$

若令 $\tilde{B} = (\iota \quad B)$, 两个约束条件可统一记作

$$\tilde{B}^\top w = 0.$$

下面用 Lagrange 乘子法求解此最优化问题. 引入 Lagrange 函数:

$$\mathcal{L} = w^\top \mu - \frac{\lambda}{2} w^\top \Omega_\epsilon w - \gamma^\top (\tilde{B}^\top w).$$

对 $w, \gamma$ 分别求偏导数:

$$\begin{aligned}\frac{\partial \mathcal{L}}{\partial w} &= \mu - \lambda \Omega_\epsilon w - \tilde{B}\gamma, \\ \frac{\partial \mathcal{L}}{\partial \gamma} &= \tilde{B}^\top w.\end{aligned}$$

令它们为 0, 即有

$$\lambda \Omega_\epsilon w = \mu - \tilde{B}\gamma, \tag{5.17}$$

$$\tilde{B}^\top w = 0. \tag{5.18}$$

由 (5.17) 式得

$$w = \lambda^{-1} \Omega_\epsilon^{-1} (\mu - \tilde{B}\gamma), \tag{5.19}$$

代入 (5.18) 式, 即得

$$\tilde{B}^\top \lambda^{-1} \Omega_\epsilon^{-1} (\mu - \tilde{B}\gamma) = 0,$$

于是可解得

$$\gamma = \left( \tilde{B}^\top \Omega_\epsilon^{-1} \tilde{B} \right)^{-1} \tilde{B}^\top \Omega_\epsilon^{-1} \mu.$$

至此即可得出权重 $w$. 这可视作一个对冲策略. 如果投资者希望构造指数增强策略, 可将该权重与基准的权重求和, 得到指数增强策略的权重.

观察权重向量 (5.19) 的表达式. 由于 $\Omega_\epsilon$ 是对角矩阵, $w$ 的各个分量即为

$$w_1 = \frac{\mu_1 - (\tilde{B}\gamma)_1}{\lambda \sigma_1^2}, \quad w_2 = \frac{\mu_2 - (\tilde{B}\gamma)_2}{\lambda \sigma_2^2}, \quad \cdots, \quad w_n = \frac{\mu_n - (\tilde{B}\gamma)_n}{\lambda \sigma_n^2},$$

这里 $(\tilde{B}\gamma)_i$ 表示向量 $\tilde{B}\gamma$ 的第 $i$ 个分量. 该结论说明, 最优权重随期望收益 $\mu_i$ 的增大而增大, 随风险 $\sigma_i$ 的增大而减小, 同时随风险厌恶系数 $\lambda$ 的增大而减小.

4. 模型的改进

上面的模型在完全屏蔽风险的条件下构造了一个权重和为 0 的多空策略. 但在实际投资时, 投资者未必希望构造多空策略, 也未必希望屏蔽全部风险. 本节给出可行的模型改进方法以解决这些问题, 但这并非唯一的答案. 投资者完全可以根据自身偏好, 添加或删改各个约束条件, 使多因子模型与自己预期的目标一致.

(1) 加入纯多头策略的约束

我们的模型给出的权重 $w$ 的权重和为 0, 是一个多空对冲策略. 但实际市场中, 卖空操作较难进行, 投资者可能希望构造一个纯多头策略. 这似乎可通过将 $w$ 与基准的权重加总得到 (即指数增强策略). 然而, 即使二者相加能保证权重和为 1, 但我们仍无法保证各个分量均非负. 因此, 在这种情形下我们需要改进原优化模型. 如果基准在各个股票上的权重为 $y_1, y_2, \cdots, y_n$, 则可以考虑新优化问题

$$\max_{w} \quad w^\top \mu - \frac{\lambda}{2} w^\top \Omega_\epsilon w,$$

$$\text{且满足} \quad \begin{cases} w^\top \iota = 0, \\ w^\top B = 0, \\ w_i + y_i \geqslant 0, \quad i = 1, 2, \cdots, n. \end{cases}$$

这是一个二次规划问题, 可以采用与二次规划相关的优化算法求解.

(2) 放宽完全屏蔽风险的约束

原模型要求 $w^\top B = 0$, 即投资组合在各个 beta 因子上的风险暴露全部为 0, 完全屏蔽这些因子的风险. 如果适当放松该约束, 投资者可以考虑

$$\max_{w} \quad w^\top \mu - \frac{\lambda}{2} w^\top \Omega_\epsilon w,$$

$$\text{且满足} \quad \begin{cases} w^\top \iota = 0, \\ |(B^\top w)_i| \leqslant t_i, \quad i = 1, 2, \cdots, n, \end{cases}$$

其中 $(B^\top w)_i$ 表示 $B^\top w$ 的第 $i$ 个分量; $t_1, t_2, \cdots, t_n > 0$ 由人为事先给定. $t_i$ 越接近 0, 约束就越严格. 这也是二次规划问题, 可以采取相关算法求解. 投资者也可以将该约束条件与前面的纯多头约束条件结合起来, 一起纳入模型中.

## 5.9 案例: 沪深 300 指数增强策略

本章介绍了多因子模型的构建方法, 现在我们尝试将这些方法与技术付诸实践. 本节试图运用本章介绍的多因子模型技术, 构建一个简单的 “沪深 300 指数增强基金”. 沪深 300 指数由沪深市场中规模大、流动性好的最具代表性的 300 只证券组成, 于 2005 年 4 月 8 日正式发布, 以反映沪深市场上市公司证券的整体表现. 该指数的成分股每半年调整一次. 我们的任务是, 以沪深 300 指数为基准, 在其收益的基础之上, 通过主动投资来获得稳定的超额收益, 实现指数增强. 因此, 我们的策略构建将着眼于实现超出基准 (沪深 300 指数) 的超额收益. 具体地, 我

们将首先构造一个权重之和为 0 的多空策略, 再在此基础上加上基准本身, 进而得到一个指数增强策略.

为便于读者进一步理解经典的多因子模型, 本案例将使用 Fama-French 提出的三因子 (市场收益率因子、市值因子、账面市值比因子) 来构建投资策略. 值得说明的是, 市值与账面市值比均为公司财务指标, 而此类因子通常更适用于低频择股策略, 而很少在中高频量化投资中使用. 因此, 本案例将基于这三种因子构造一个周频换仓的量化择股策略. 读者完全可以尝试将多因子模型的方法论应用于高频投资之中.

1. 案例研究目的

本案例的研究目的如下.

(1) 通过沪深 300 指数的走势了解近年来我国沪深市场整体表现;

(2) 理解 Fama-French 三因子模型的基本思想;

(3) 掌握 IC 与分层测试等单因子测试的基本方法;

(4) 掌握多因子选股模型的构建流程, 灵活运用多因子选股模型构建低频量化投资策略;

(5) 理解训练集与测试集的概念与选取方法, 以及对于实际量化投资的意义.

2. 策略基本设定

投资策略与回测的基本参数设定如下.

**投资标的** 沪深 300 指数成分股.

**初始资金** 初始资金 1 亿元.

**调仓频率** 周频 (每周最后一个交易日) 调仓.

**因子筛选时段** 2011 年初至 2014 年末, 用于因子筛选.

**策略回测时段** 2015 年初至 2020 年末, 用于策略回测.

我们对其中一些参数的设定原因加以解释. 首先, 我们试图构建沪深 300 指数增强基金, 因此将投资标的选为沪深 300 指数成分股. 这与本章先前的论述是一致的, 投资标的通常应当与投资基准保持一致, 这样既便于后续策略的构建, 也便于衡量策略表现.

图 5.2 展示了沪深 300 指数在 2011 年至 2020 年的周收盘价走势图. 从图中可以看出, 2011 年至 2014 年, 沪深 300 指数整体震荡且稍下行, 2015 年则经历了一轮大涨大跌. 2016 年至 2017 年整体稳步上涨, 2018 年再次下跌, 2019 年与 2020 年震荡上行. 这段时间内, 两轮较大的下跌主要发生在 2015 年和 2018 年, 因此量化投资者通常对这段时间内的策略表现十分关注.

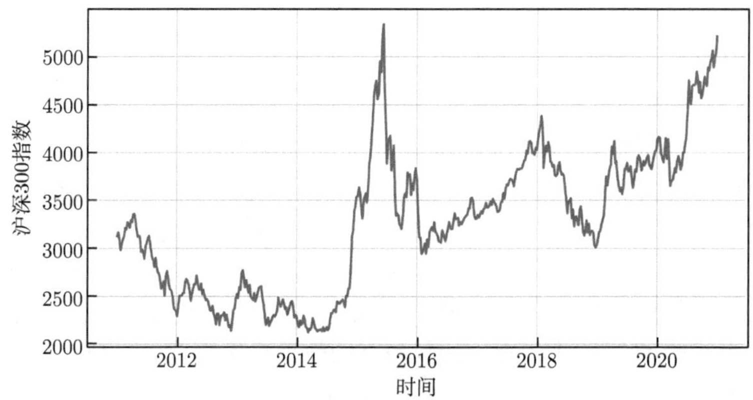


图 5.2 沪深 300 指数周收盘价走势, 2011 年至 2020 年

本案例区分了所谓的因子筛选时段和策略回测时段. 事实上, 这类似于所谓的训练集 (training set) 和测试集 (test set). 这两个概念在机器学习领域被广泛运用, 如今在量化投资领域也得到认可. 所谓训练集, 即用于构建模型的数据集; 而所谓测试集, 是用于检验模型的预测效果与表现的数据集. 在实际量化投资中, 投资者一定是利用历史数据构建模型 (训练集), 再在未来实盘投资时检验投资模型的表现 (测试集). 但没有人知道 "未来" 的表现是怎样的. 因此, 量化投资者在使用历史数据回测时, 通常也会将历史数据按时间先后划分为训练集和测试集, 用测试集来模拟 "未来". 在训练集上构建完投资模型后, 如果在测试集上表现良好, 则投资者将更有信心认为该策略在未来的表现也会更好; 而如果测试集上表现不佳, 则投资者应当认为该模型很难在未来取得优异表现, 需要重新构建策略.

对于本案例而言, 由于我们希望构建一个多因子投资模型, 其中很重要的一步就是因子筛选, 将因子划分为 alpha 因子与 beta 因子. 我们选择在前一段时间 (2011 年至 2014 年) 内进行因子筛选, 再在后一段时间 (2015 年至 2020 年) 做策略回测. 如果回测结果较好, 我们将更有信心认为我们选出的 alpha 因子在未来很长一段时间内能具有良好表现.

读者还应注意到, 我们将回测时间段选定为 2015 年至 2020 年. 如前所述, 近年来, 我国市场在 2015 年和 2018 年经历了两轮大跌, 在 2016 年与 2017 年稳步上涨, 在 2019 年与 2020 年震荡上行. 因此, 这样选定回测时间段可以将各类市场行情囊括进来, 以便更好地观察我们的投资策略在各类市场环境中的表现.

3. 数据

本案例使用的数据包括:

(1) 沪深 300 指数成分股周频收盘价、流通市值、市净率数据;

(2) 沪深 300 指数成分股权重周频数据;

(3) 沪深 300 指数周频收盘价数据;

(4) 十年期国债收益率周频数据.

首先, 成分股的收盘价数据将用于构建模型及模型回测, 流通市值用于构建 Fama-French 模型中的 SMB 因子, 而市净率 (即账面市值比的倒数) 用于构建 Fama-French 模型中的 HML 因子. 其次, 我们还需使用指数成分股在指数中的权重的数据, 这是因为我们将首先构造一个权重之和为 0 的多空策略, 再在此基础上加上基准本身. 而我国市场不允许卖空, 需要加入纯多头策略的约束, 因此需要知道基准 (沪深 300 指数) 本身的权重信息. 接下来, 沪深 300 指数本身的收盘价数据将作为基准. 最后, 十年期国债收益率的数据将作为无风险利率, 用于计算夏普比率等策略评判指标.

#### 4. 单因子筛选

所谓单因子的筛选, 即确定哪些是 “好因子”(alpha 因子, 用于获取收益), 哪些是 “坏因子”(beta 因子, 用于屏蔽风险). 由于我们只研究 Fama-French 三因子, 因此我们需要判断, 应将其中哪些因子作为 alpha 因子, 哪些作为 beta 因子.

Fama-French 模型涉及三个因子: 市场收益率因子、市值因子、账面市值比因子. 对于市场收益率因子而言, 本案例将使用沪深 300 指数收益率作为市场收益率. 一方面, 这是因为沪深 300 指数本身即可代表市场, 另一方面, 我们的投资基准即为沪深 300 指数, 为了构建一个指数增强策略, 我们可以先构建一个屏蔽市场风险的多空策略, 再在此基础上加上基准本身, 得到一个指数增强策略. 由此可见, 我们应当首先将市场收益率因子 (即沪深 300 指数收益率) 设定为一个 beta 因子.

下面研究市值因子与账面市值比因子. 我们以流通市值作为各个股票的市值因子取值, 以市净率的倒数作为各个股票的账面市值比因子取值. 首先, 图 5.3 展示了市值与账面市值比因子的 IC 的时间序列. 具体地, 对于 $t$ 时刻, 记沪深 300 指数在 $t$ 时刻的 300 个成分股在 $t$ 时刻的流通市值 (或账面市值比) 分别为 $x_{1,t}, x_{2,t}, \cdots, x_{300,t}$, 在 $t$ 时刻至 $t+1$ 时刻的收益率分别为 $R_{1,t+1}, R_{2,t+1}, \cdots,$ $R_{300,t+1}$, 则我们计算

$$\mathrm{IC}_t = \frac{\sum_{i=1}^{300}(x_{i,t} - \bar{x}_t)(R_{i,t+1} - \bar{R}_{t+1})}{\sqrt{\sum_{i=1}^{300}(x_{i,t} - \bar{x}_t)^2 \sum_{i=1}^{300}(R_{i,t+1} - \bar{R}_{t+1})^2}},$$

其中

$$\bar{x}_t = \frac{1}{n}\sum_{i=1}^{300} x_{i,t}, \quad \bar{R}_{t+1} = \frac{1}{n}\sum_{i=1}^{300} R_{i,t+1}.$$

图中还计算了 rank IC 的时间序列, 也就是将 $x_{1,t}, x_{2,t}, \cdots, x_{300,t}$ 的具体取值改为它们的排序位次后计算得到的 IC 值的时间序列. 表 5.8 计算了两种因子的 IC 的时间序列的均值、标准差以及均值与标准差之比 (ICIR).

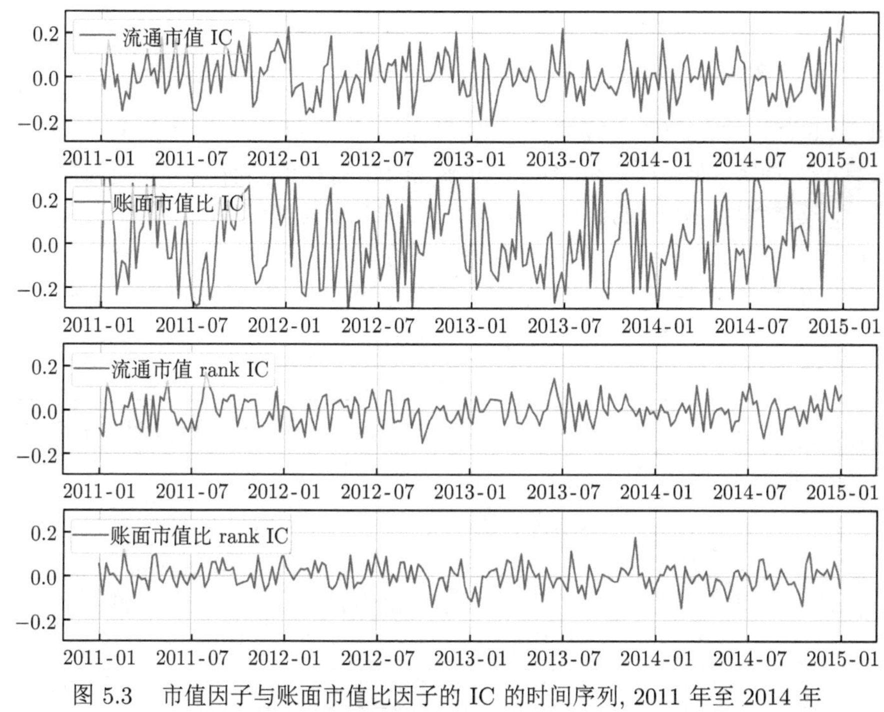


图 5.3　市值因子与账面市值比因子的 IC 的时间序列, 2011 年至 2014 年

**表 5.8　市值因子与账面市值比因子的 IC 统计结果, 2011 年至 2014 年**

| | 流通市值 IC | 账面市值比 IC | 流通市值 rank IC | 账面市值比 rank IC |
|---|---|---|---|---|
| 均值 | 0.0036 | 0.0182 | −0.0016 | 0.0005 |
| 标准差 | 0.0999 | 0.1875 | 0.0622 | 0.0543 |
| ICIR | 0.0364 | 0.0971 | −0.0257 | 0.0101 |

从图 5.3 中, 不难看出, rank IC 的时间序列比 IC 时间序列整体波动范围更小. 这是因为, rank IC 用因子取值的排序位次取代了因子取值本身, 其好处是去除了因子取值本身分布带来的计算结果的影响. 从图中还可以看出, 两种因子的 IC 时间序列均围绕着 0 附近波动, 这说明两种因子在周频层面上的预测信号都不强, 而且似乎都不稳定. 从表 5.8 中可以发现, 两种因子的 IC 均值的绝对值均未超过 0.02. 事实上, 这种现象在低频量化投资中非常普遍. 金融市场具有低信噪比, IC 很难具有很高的取值. 尤其是像市值、账面市值比这种早已为量化投资者熟知的因子更是很难取得很好的预测能力, 很难取得很高的 IC.

由于 rank IC 去除了因子取值分布带来的计算结果影响, 因此下面我们只关注两种因子的 rank IC 的表现. 虽然图 5.3 已经呈现了 rank IC 的时间序列, 但我们似乎很难从图中看出什么其他规律. 为了更清晰地呈现 rank IC 的变化情况, 图 5.4 展示了两种因子的 rank IC 累积值的时间序列. 具体而言, 对于 $t$ 时刻, 我们计算

$$\text{累积 rank IC}_t = \text{rank IC}_1 + \text{rank IC}_2 + \cdots + \text{rank IC}_t.$$

从图 5.4 的累积 rank IC 曲线可以看出两种因子的区别: 市值因子的 rank IC 累积值走势不太稳定, 而账面市值比因子的 rank IC 累积值具有更明显的周期性. 具体来看, 账面市值比因子的累积 rank IC 在 2011 年与 2012 年上行 (说明 rank IC 取值以正为主), 2013 年与 2014 年则整体下行 (说明 rank IC 取值以负为主). 这说明, 相较而言, 账面市值比的 rank IC 取值正负具有一定的周期性, 能在一段时间内保持稳定, 而市值因子则不具有这种特征.

图 5.4　市值因子与账面市值比因子的累积 rank IC 时间序列, 2011 年至 2014 年

接下来, 我们尝试对两种因子进行单因子分层回测. 回测的具体方法已在本章介绍, 在此不再赘述. 简单而言, 我们在 $t$ 时刻将沪深 300 在 $t$ 时刻的成分股按因子取值从小到大排序, 并等分成 5 组, 每组组内按市值加权, 构建出 5 个投资组合 (记作 G1、G2、G3、G4、G5). 图 5.5 与图 5.6 分别展示了两种因子的单因子分层回测结果. 如果因子预测能力较好, 图像中的 5 条曲线应当有明显的层次区

分, 且与因子取值有一致 (或反向) 的单调次序. 从图像来看, 账面市值比因子的分层效果相对更好. 除了 G1 以外, G2 至 G5 四个投资组合的分层明显, 且与因子取值的单调次序一致.

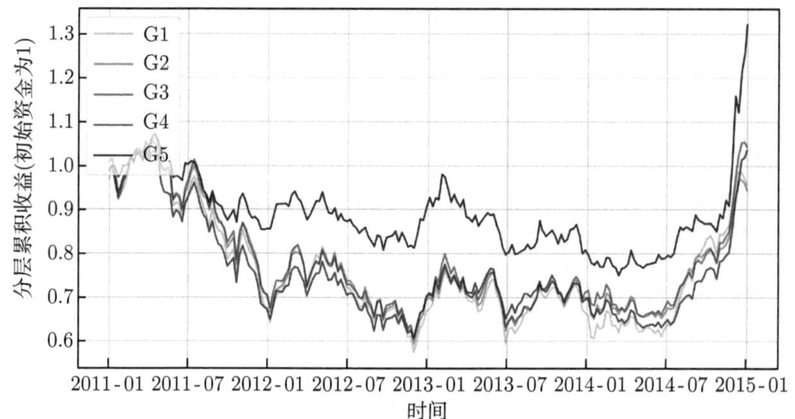


图 5.5　市值因子分层回测, 2011 年至 2014 年

图 5.6　账面市值比因子分层回测, 2011 年至 2014 年

根据 2011 年至 2014 年的单因子分层结果, 我们可以认为, 账面市值比因子具有较好的预测能力. 而根据累积 rank IC 曲线我们可以看出, 账面市值比因子的信号方向具有周期性, 且在较长一段时间内保持稳定. 相比之下, 市值因子的预测效果并不理想, 且 rank IC 的正负也并不稳定. 因此, 本案例将市值因子作为 beta 因子, 屏蔽其风险; 将账面市值比因子作为 alpha 因子, 赚取其带来的超额收益, 并动态调整该因子的预测方向.

值得再次强调的是, 上述结果仅适用于本案例研究的数据集和数据时段. 事实上, 读者如果修改时间窗口, 或者更改股票池, 再或者更换其他因子, 往往会得到不一样的结果. 这也正是量化投资的特点, 量化投资者很难相信存在永恒的可以获取超额收益的方法. 实际在进行量化投资时, 投资者往往需要审时度势, 根据最新的市场情况作出新论断, 而不应拘泥于历史总结的规律. 本案例仅是为了说明如何使用各类方法, 以及如何利用实证结果指导投资. 读者不应将本书罗列的这些实证结果视作完全正确的结论, 而是应当根据自己对数据的研究判断, 得到适合自己的量化投资策略.

5. 多因子投资策略构建

本案例回测时间段为 2015 年初至 2020 年末, 周频调仓. 对于 $t$ 时刻 (单位为周), 我们的策略大致分两步.

(1) 利用 $t-50$ 时刻至 $t$ 时刻的数据计算三个因子的因子收益与因子暴露;

(2) 根据 $t$ 时刻计算得到的因子暴露数据来计算最优投资权重.

之所以选取 50, 是因为一年大致为 52 周, 本案例以 50 来近似. 对于每个 $t$ 时刻, 我们都重复上述操作, 保证投资策略能保持与市场环境相适应.

6. 因子收益与因子暴露的计算

为了构建多因子模型, 我们在 $t$ 时刻计算三个因子 (市场收益率因子、市值因子、账面市值比因子) 各周的因子收益, 以及各只股票在这些因子上的因子暴露.

(1) 提取沪深 300 指数在 $t$ 时刻的成分股从 $t-50$ 时刻至 $t$ 时刻的收盘价、流通市值、账面市值比 (即市净率的倒数) 数据以及沪深 300 指数本身的收盘价数据, 并剔除缺少数据的股票以及 10 周以上未交易的股票, 剩余 $n$ 只股票的数据.

(2) 根据收盘价数据, 计算各个成分股从 $t-49$ 时刻至 $t$ 时刻的周收益率, 以及沪深 300 指数从 $t-49$ 时刻至 $t$ 时刻的周收益率 (即市场收益率因子的因子收益).

(3) 对于 $s=t-49,\cdots,t-1,t$ 时刻, 将成分股分别按照 $s-1$ 时刻的流通市值和账面市值比排序, 将流通市值排名前 50%的记作大市值股票 (B), 后 50%记作小市值股票 (S); 将账面市值比前 30%记作高账面市值比股票 (H), 中间 40%记作中账面市值比股票 (M), 后 30%记作低账面市值比股票 (L). 由此得到 6 组股票 (S/L, S/M, S/H, B/L, B/M, B/H). 每组股票按流通市值加权, 得到 6 个投资组合. 接下来, 用小市值的三个组合 (S/L, S/M, S/H) 的收益率的算术平均值减去大市值的三个组合 (B/L, B/M, B/H) 的收益率的算术平均值, 得到市值因子在 $s$ 时刻的因子收益 SMB(small minus big); 用高账面市值比的两个组合 (S/H, B/H) 的收益率的算术平均值减去低账面市值比的两个组合 (S/L, B/L) 的收益率的算术平均值, 得到账面市值比因子在 $s$ 时刻的因子收益 HML(high minus low). 从而, 得到 $t-49$ 时刻至 $t$ 时刻周 SMB 与 HML.

(4) 对于第 $i$ 个成分股 $(i=1,2,\cdots,n)$, 以 $t-49$ 时刻至 $t$ 时刻的数据为样本, 将该股票的周收益率数据对沪深 300 周收益率、SMB、HML 一起做线性回归, 得到第 $i$ 个成分股在这三个因子上的因子暴露 $\beta_{i,M}, \beta_{i,\text{SMB}}, \beta_{i,\text{HML}}$, 以及回归残差项的方差 $\sigma_i^2$.

从上述步骤可以看出, 本案例首先利用 Fama-French 的方法计算三因子的因子收益, 再利用时序回归的方式计算得出各个股票的因子暴露.

7. 最优投资权重的计算

下面利用本章介绍的多因子模型来得出各个成分股的最优投资权重. 根据先前的判断, 我们希望以市场收益率因子与市值因子为 beta 因子, 用于屏蔽风险; 以账面市值比因子为 alpha 因子, 用于赚取超额收益.

我们用 alpha 因子估计预期收益率. 由于只有一个 alpha 因子, 因此本例无需进行因子整合. 本案例的估计方法为: 若账面市值比因子在 $t-49$ 时刻至 $t$ 时刻的 rank IC 平均值大于等于 0, 则令预期收益率向量

$$\mu = \begin{pmatrix} \beta_{1,\text{HML}} & \beta_{2,\text{HML}} & \cdots & \beta_{n,\text{HML}} \end{pmatrix}^\top;$$

若账面市值比因子在 $t-49$ 时刻至 $t$ 时刻的 rank IC 平均值小于 0, 则令预期收益率向量

$$\mu = \begin{pmatrix} -\beta_{1,\text{HML}} & -\beta_{2,\text{HML}} & \cdots & -\beta_{n,\text{HML}} \end{pmatrix}^\top.$$

之所以这样估计预期收益率, 是因为如果历史一段时间内的平均 rank IC 为正, 表明账面市值比因子与下一期的收益率呈一定程度的正相关; 而如果为负, 则表明账面市值比因子与下一期的收益率呈一定程度的负相关.

接下来, 记 $t$ 时刻计算得到的 beta 因子 (市场收益率因子与市值因子) 的因子暴露矩阵 $B$ 和残差收益率协方差矩阵 $\Omega_\epsilon$ 分别为

$$B = \begin{pmatrix} \beta_{1,M} & \beta_{1,\text{SMB}} \\ \beta_{2,M} & \beta_{2,\text{SMB}} \\ \vdots & \vdots \\ \beta_{n,M} & \beta_{n,\text{SMB}} \end{pmatrix}, \quad \Omega_\epsilon = \operatorname{diag}\left(\sigma_1^2, \sigma_2^2, \cdots, \sigma_n^2\right).$$

记待优化的权重向量为 $w = \begin{pmatrix} w_1 & w_2 & \cdots & w_n \end{pmatrix}^\top$. 按本章先前介绍的多因子框架, 我们考虑如下带纯多头约束的投资组合优化问题:

$$\max_{w} \quad w^\top \mu - \frac{\lambda}{2} w^\top \Omega_\epsilon w,$$

$$\text{且满足} \quad \begin{cases} w^\top \iota = 0, \\ w^\top B = 0, \\ w_i + y_i \geqslant 0, \quad i = 1, 2, \cdots, n, \end{cases}$$

其中, $\iota$ 为全 1 列向量, $y_1, y_2, \cdots, y_n$ 表示 $t$ 时刻各个成分股在沪深 300 指数中的权重, $\lambda > 0$ 为预先设定的风险厌恶系数.

求解上述二次优化问题, 便可得到 $t$ 时刻用于获取超额收益的最优多空权重 $w_1, w_2, \cdots, w_n$. 再在此基础上加上各个成分股在沪深 300 指数中的权重, 即令

$$\tilde{w}_i = w_i + y_i, \quad i = 1, 2, \cdots, n,$$

得到的 $\tilde{w}_1, \tilde{w}_2, \cdots, \tilde{w}_n$ 即为指数增强策略的最优权重.

该投资策略的具体参数设定如表 5.9 所示.

**表 5.9　三因子指数增强策略参数设定**

| 参数 | 设定值 |
|---|---|
| 历史数据预测窗口 | 50 周 |
| 调仓时间间隔 | 1 周 |
| 异常股票数据剔除 | 10 周以上无交易 |
| 风险厌恶系数 $\lambda$ | 10000 |

8. 回测结果与分析

图 5.7 展示了指数增强投资组合与沪深 300 指数的 P&L 曲线, 以及二者的差值. 观察各条曲线可以发现, 指数增强策略的走势与沪深 300 指数的走势类似, 且整体高于沪深 300 指数, 二者的差距呈现稳步增长. 这与指数增强策略的目标一致. 从 P&L 曲线来看, 我们的指数增强策略表现较好.

图 5.7　指数增强投资组合与沪深 300 指数的 P&L 曲线及超额曲线

下面我们计算策略评判指标, 深入比较指数增强策略与沪深 300 指数的表现. 表 5.10 展示了指数增强策略与沪深 300 指数的各年平均年化收益率. 从表中可以看出, 指数增强策略的各年收益率均高于基准, 说明从回测结果来看, 该策略在 2015 年至 2020 年各年均取得了超额收益. 表 5.11 展示了指数增强策略与沪深

300 指数的各年收益率的年化标准差. 表格说明, 2015 年至 2020 年, 指数增强策略各年的标准差也均高于基准. 也就是说, 虽然该策略在回测的历史时间段内取得了更高的收益率, 但也具有更高的风险.

**表 5.10 各年年化平均收益率**

| 年份 | 2015 | 2016 | 2017 | 2018 | 2019 | 2020 |
|---|---|---|---|---|---|---|
| 指数增强策略 | 48.95% | −9.05% | 24.36% | −17.54% | 55.80% | 33.71% |
| 沪深 300 指数 | 5.43% | −12.45% | 20.09% | −29.75% | 29.53% | 25.90% |

**表 5.11 各年收益率年化标准差**

| 年份 | 2015 | 2016 | 2017 | 2018 | 2019 | 2020 |
|---|---|---|---|---|---|---|
| 指数增强策略 | 38.50% | 25.76% | 13.37% | 24.35% | 20.84% | 25.93% |
| 沪深 300 指数 | 35.86% | 20.31% | 9.27% | 22.56% | 18.04% | 21.37% |

表 5.12 展示了指数增强策略以及沪深 300 指数在这 6 年内的其他度量指标表现 (指标均已年化). 计算这些指标时, 无风险利率取为十年期国债收益率, 市场收益率取为沪深 300 指数收益率. 读者可以发现, 从夏普比率、特雷诺比率、信息比率和詹森 $\alpha$ 的角度, 指数增强策略的表现均优于沪深 300 指数基准的表现. 从最大回撤的角度, 指数增强策略的最大回撤略高于沪深 300 指数, 这与其具有相对更高的风险的结论一致. 指数增强策略的平均换手率为 0.1447, 平均持股数为 51 只. 在实际投资时, 换手会带来交易成本, 因此实际投资的结果通常会低于回测表现. 本案例在计算时并未考虑交易成本, 这是因为交易成本对低频换仓的量化投资策略影响并不明显. 读者可以尝试添加一定比例的手续费并重新观察回测结果表现.

**表 5.12 其他策略评判指标 (2015 年至 2020 年, 年化结果)**

| 指标 | 平均收益率 | 标准差 | 夏普比率 | alpha | beta |
|---|---|---|---|---|---|
| 指数增强策略 | 22.93% | 26.02% | 0.7550 | 16.35% | 1.0001 |
| 沪深 300 指数 | 6.58% | 22.71% | 0.1451 | 0.00% | 1.0000 |
| 指标 | 特雷诺比率 | 信息比率 | 最大回撤 | 平均持股数 | 平均换手率 |
| 指数增强策略 | 0.1964 | 1.2884 | 0.7104 | 51.1954 | 0.1447 |
| 沪深 300 指数 | 0.0329 | 0.0000 | 0.6761 | 300 | — |

为了进一步分析策略表现随时间变化的情况, 我们进一步观察持股数与换手率随时间如何变化. 图 5.8 展示了指数增强策略的持股数变化情况. 可以看到, 2015 年至 2016 年, 平均持股数较高, 介于 60 只至 100 只之间; 而 2017 年至 2019 年, 平均持股数较低, 介于 30 只至 50 只之间. 2020 年, 平均持股数又出现了上行. 实际投资时, 虽然持股数增加通常可以降低风险, 但也可能导致交易成本的增加, 因此量化投资者应对此加以关注. 图 5.9 展示了策略换手率的变化情况. 可以明显看出, 2016 年与 2020 年附近出现了换手率达到 100%的情况, 这或许也与

2016 年的股市回调、2020 年的新冠疫情密切相关. 读者可以思考能否使用一些方法来降低这些市场极端时刻的换手率. 此外, 每年年中与年末都会出现换手率较高的情形, 这是因为沪深 300 指数通常在每年 6 月和 12 月调整成分股, 因此我们投资的股票池会在这段时间发生明显变化, 导致换手率提高.

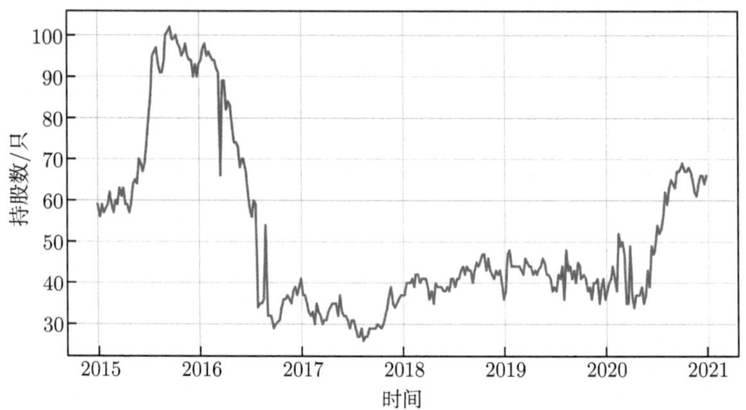


图 5.8　指数增强投资组合的持股数变化情况

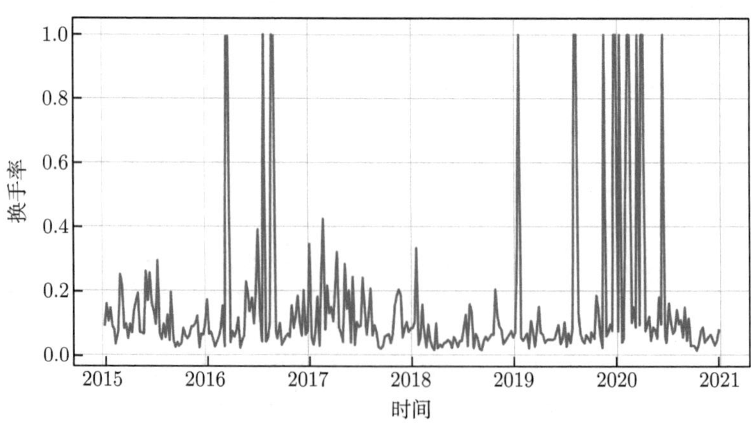


图 5.9　指数增强投资组合的换手率变化情况

9. 结论

(1) 与基准相比, 我们的指数增强策略走势与基准类似, 而平均收益率均高于基准, 与指数增强的目标一致;

(2) 虽然我们的指数增强策略具有更高的平均收益, 但也同时具有更高的风险 (具有更高的标准差和更大的回撤);

(3) 我们的指数增强策略的持股数与换手率并不稳定, 会随市场环境明显变化, 值得进一步优化.

至此, 我们完成了对指数增强策略的分析. 本案例主要着眼于单因子的测试以及多因子策略的构建之上. 虽然初学的读者可以以本案例为基准, "照猫画虎"地构建多因子投资策略, 但我们更希望读者能灵活运用这些知识, 而不是机械地模仿. 本案例展示的策略在我们使用的数据集上表现较好, 但不代表在其他数据集仍能具有出色表现. 读者应当结合所学知识以及对数据的研究判断, 找到适合自己的量化投资策略.

# 习 题 五

(1) 自选一篇利用多因子模型构造投资组合的学术文献或研报, 梳理其因子构造与筛选方法、投资策略设计、策略回测表现.

(2) 收集沪深 300 指数成分股在历史十年内的月频市场因子与风格因子 (自选五种基本面因子与五种技术因子) 数据, 以及月频收盘价数据, 分别计算这些因子的 IC 时间序列, 绘制累积 IC 曲线, 并基于计算结果进行因子筛选.

(3) 对习题 (2) 的因子数据进行截面排序标准化处理, 计算这些因子的 rank IC 时间序列, 绘制累积 rank IC 曲线, 并基于计算结果进行因子筛选. 与习题 (2) 的结果进行比较.

(4) 利用习题 (2) 的数据, 对各个因子分别进行单因子分层回测与单因子多空回测, 并基于回测结果进行因子筛选. 与习题 (2) 与习题 (3) 的结果进行比较.

(5) 收集十个行业内的所有股票历史月频收盘价及习题 (2) 中的各个因子数据, 对每个行业:

(a) 计算行业内各个股票月频收益率和股票的月末因子暴露之间的截面相关系数, 并绘制其累积曲线;

(b) 计算行业内各个股票月频收益率和股票的月初因子暴露之间的截面相关系数, 并绘制其累积曲线;

(c) 比较两条累积曲线的结果.

(6) 仿照本章案例, 阅读 Fama 和 French (2015), 利用其提出的 Fama-French 五因子构造一个沪深 300 指数增强基金, 并按照案例格式给出研究报告.

(7)* 阅读 Gu 等 (2020) 或 Feng 等 (2020), 利用其因子数据构造一个多空策略, 并按照案例格式给出研究报告.

# 第 6 章 算法交易

证券交易业务是券商、基金公司等金融机构开展的业务中重要的组成部分之一. 交易执行是指, 以尽可能低的成本, 通过向市场发送交易指令, 完成一定量的给定的证券的交易.

随着现代计算机技术的发展, 几乎所有的交易都是通过计算机系统执行的. 为了用计算机实现交易, 金融机构在开展业务的过程中提出了众多算法. 基于算法来实现自动完成交易的交易方式一般称为算法交易.

本章我们将介绍交易执行的基本概念, 并介绍目前较为常用的一些算法交易模型.

## 6.1 交易执行的基本概念

根据交易地点的不同, 交易可以分为场内交易与场外交易. 场内交易一般指代在交易所内进行的证券交易活动, 而场外交易则指代不在交易所内进行的交易. 与场内交易相比, 场外交易 (over-the-counter, OTC) 市场更加灵活, 对交易者、交易产品和交易方式没有统一规定. 由于本书主要围绕股票与期货两个品种展开, 而我国的股票和期货都在交易所内进行交易, 因此本书只探讨场内的交易执行.

本节将分别介绍我国内地主要的证券交易所、交易者、交易指令, 以及与交易执行相关的其他问题.

### 6.1.1 交易所与交易者

交易所是集中进行证券交易的场所. 交易者若希望买卖证券, 需要通过一定的途径向交易所发送交易订单指令, 随后由交易所按照一定的规则对所有订单统一撮合, 达成交易.

1. *我国内地的股票交易所*

本小节介绍我国内地目前三大主要的股票交易所: 上海证券交易所、深圳证券交易所以及刚刚成立不久的北京证券交易所.

- 上海证券交易所: 简称上交所, 成立于 1990 年 11 月 26 日, 是内地的第一家证券交易所. 上交所上市的股票代码一般以 6 开头. 目前上交所包括主板和科创板, 其中科创板股票通常以 688 开头. 上交所主板的股票以大盘股为主.

- 深圳证券交易所: 简称深交所, 成立于 1990 年 12 月 1 日. 深交所目前包括主板和创业板, 其中深交所主板股票一般以 001、001、002、003 开头, 创业板一般以 300 开头. 相比之下, 深交所的股票主要是小盘股, 以中小企业为主.
- 北京证券交易所: 简称北交所, 成立于 2021 年 11 月 15 日. 北京证券交易所上市企业由 "新三板" 创新层挂牌满 12 个月的企业产生, 维持 "新三板" 基础层、创新层与北京证券交易所的递进层次, 同步试点证券发行注册制, 上市首日拟不设涨跌幅限制, 上市次日起涨跌幅限制为 30%, 投资者门槛实施适当性管理并随市场情况完善.

2. 我国内地的期货交易所

本小节介绍我国内地目前主要的期货交易所, 交易的期货品种不尽相同.

- 郑州商品交易所: 简称郑商所, 成立于 1990 年 10 月 12 日, 是内地的第一家期货交易所. 郑商所以大宗商品期货交易为主, 目前包括白糖、棉花、小麦、籼稻、粳稻、菜籽油、红枣、花生、苹果等农产品期货, 以及精对苯二甲酸、甲醇、玻璃、动力煤、硅铁、锰硅、尿素、纯碱、短纤等非农产品期货.
- 上海期货交易所: 简称上期所, 成立于 1990 年 11 月 26 日. 上期所的交易品种以大宗商品期货为主, 目前包括黄金、白银、铜、铝、锌、铅、镍、锡、螺纹钢、线材等金属商品期货, 以及原油、燃料油、石油沥青、天然橡胶、纸浆等能源化工商品期货.
- 大连商品交易所: 简称大商所, 成立于 1993 年 2 月 28 日. 大商所的交易品种也以大宗商品期货为主, 目前包括玉米、淀粉、大豆、豆粕、豆油、棕榈油、鸡蛋、粳米、生猪等农产品期货, 以及聚乙烯、聚氯乙烯、聚丙烯、焦炭、焦煤、铁矿石、乙二醇等工业品期货.
- 中国金融期货交易所: 简称中金所, 成立于 2006 年 9 月 8 日. 中金所主要交易各种金融期货等金融衍生品. 目前交易的产品主要包括沪深 300 股指期货 (IF)、中证 500 股指期货 (IC)、上证 50 股指期货 (IH)、沪深 300 股指期权 (IO), 以及 2 年期、5 年期和 10 年期国债期货.

证券经纪商是代理客户买卖证券的机构, 相应的证券经纪业务也是证券公司的主要业务之一, 其主要盈利模式为赚取佣金. 与一般交易者相比, 证券经纪商具有丰富经验, 且具有更为灵通的信息. 由于交易所内交易的证券种类繁多、数额巨大, 而交易所提供的交易席位有限, 因此一般交易者不能直接进入证券交易所交易, 需要通过一定的中介来完成证券交易操作. 承担这一中介功能的中间人即为证券经纪商 (broker). 证券公司通常拥有交易所席位, 这些证券公司可以直接向交易所发出交易指令. 因此, 这些证券公司的证券经纪业务部门就通常充当证券经纪商的角色. 一般交易者需要先在这些证券公司的营业部门开户, 此后向这些证券公司发出各种交易指令, 这些证券公司再将指令发送给交易所, 从而实现交易. 证券经纪商通常会从中收取一定的佣金.

从交易所的角度, 证券经纪商以及其他拥有交易所席位的交易者均为参与交易的交易者, 因此从研究交易执行的角度, 我们将他们统称为交易者.

### 6.1.2 交易指令

交易者在交易时, 需要通过交易席位向交易所发出交易指令 (也叫订单, order), 这一操作通常被叫做挂单或下单. 根据买卖方向, 如果交易者希望买入某证券, 这类订单叫做买单 (bid/buy order); 如果希望卖出某证券, 这类订单叫做卖单 (ask/sell order). 从订单类型来看, 我国市场的订单主要包括限价单和市价单. 下面我们介绍一些与交易相关的基本概念与常用的交易指令.

1. 最小报价单位与最小交易单位

交易者可以发出交易指令申请按某种价格与某个数量买卖资产, 但指令中的价格与数量应当符合交易所规则. 我国上交所与深交所规定, 股票交易报价一般应为 0.01 元的整数倍. 例如, 3.03 元、5.37 元都是合理报价, 但交易者无法申请按 4.035 元交易股票. 因此, 交易者可以选择的各个报价之间的最小差距是 0.01 元, 这就是最小报价单位 (tick size). 不同的交易品种、不同交易所都可能有不同的最小报价单位. 我国上交所与深交所还规定, 买卖股票的数量通常应当是 100 股的整数倍, 这就是最小交易单位 (unit). 我国通常称 100 股为 “1 手”.

2. 市价单

市价单 (market order) 是指交易者明确指定 “要立刻按照当前对方最优报价买入或卖出某一确定数量的某一证券” 的订单. 例如, 假设某交易者下了 “卖出 10 手 A 股票” 的市价单. 如果当前市场上的最高买价是 10.01 元, 市场交易者愿意以此价格买入的总手数共 3 手; 第二高的买价是 10.00 元, 对应的总手数共 2 手; 第三高的买价是 9.97 元, 对应的总手数共 11 手. 该订单下达后, 该交易者将以 10.01 元成交 3 手, 以 10.00 元成交 2 手, 以 9.97 元成交 5 手, 共 10 手. 在成交的同时, 市场上的最高买价会随之变为 9.97 元, 对应手数是 6 手. 少数情况下, 如果当前市场上所有买方希望买入的总手数不及 10 手, 则该市价单只能成交一部分, 其余未成交的部分作废.

由此可见, 使用市价单的交易者在绝大多数情况下可以保证自己实现希望买卖的股票数量, 订单能被全部执行. 但交易者无法控制成交价格. 如果一张市价单买卖的股票数过多, 可能会导致最终的平均成交价格对交易者非常不利. 此外, 市价单会立刻成交, 无法成交的部分也会立刻作废, 因此它不会保留在交易所的订单簿上.

3. 限价单

限价单 (limit order) 是指交易者明确指定 "要以某一确定价格买入或卖出某一数量的某一证券" 的订单. 例如, 假设某交易者下了 "以 10.03 元买入 2 手 A 股票" 的限价单. 如果市场上交易者愿意以 10.03 元或更低的价格卖出 A 股票的总手数超过 2 手, 该限价单就会以不超过 10.03 元的价格成交, 且优先与报价低、订单提交时间靠前的对手方成交; 如果愿意以 10.03 元或更低的价格卖出 A 股票的总手数只有 1 手, 则该限价单将以不超过 10.03 元的价格成交 1 手, 剩余希望成交 1 手的订单将保留在交易所的订单簿系统中, 继续等待后续成交; 如果没有交易者愿意以 10.03 元或更低的价格卖出 A 股票, 则该限价单将暂时不会成交, 会保留在交易所的订单簿系统中并等待后续成交. 如果直到当天收盘时, 该限价单仍未成交, 则该订单作废.

由此可见, 交易系统一定会按照限价单指定的成交价格来撮合订单, 其撮合原则为价格优先、时间优先. 因此, 使用限价单的交易者可以锁定成交价格, 锁定买卖成本. 但使用限价单的交易者无法保证其订单全部成交. 如果没有相应价格的对手方, 订单可能长时间保留在订单簿中, 交易者可能无法实现全部买入或全部卖出.

4. 撤单

除了市价单和限价单以外, 交易者还可以发出指令来撤回已经发出的订单, 这种指令叫撤单 (cancellation). 由于市价单会立即成交或作废, 因此无法撤回市价单, 只有尚未成交的限价单可撤回. 如果限价单已经成交一部分, 则只能撤回剩余未成交部分, 已经成交的部分无法撤回.

### 6.1.3 订单簿

在交易过程中的每时每刻, 都会有许多尚未成交的限价单保留在交易所的交易系统内等待后续成交. 每一时刻, 交易所将这些尚未成交的限价单信息汇总在一起, 就形成了订单簿 (limit order book), 也叫限价指令簿. 每只股票都有对应的订单簿, 且订单簿随时间动态变化. 交易所不会公开整个订单簿, 但通常会每隔一段时间发布当前时刻的最高买价、最低卖价及二者附近五个档位的买卖报价 (委托价), 以及在各个价格档位对应希望买入或卖出的总股数 (委托量). 市场交易者常称之为五档盘口快照数据. 图 6.1 右侧展示了平安银行 (000001) 在 2022 年 6 月 20 日 13:26:36 的五档盘口快照信息.

表 6.1 展示了我国市场交易的两只股票 A 与 B 在某时刻的五档盘口信息. 最低卖价档位叫做卖一档位, 从卖一到卖五, 价格依次升高; 最高买价档位叫做买一档位, 从买一到买五, 价格依次降低. 不同价格档位有不同的委托量.

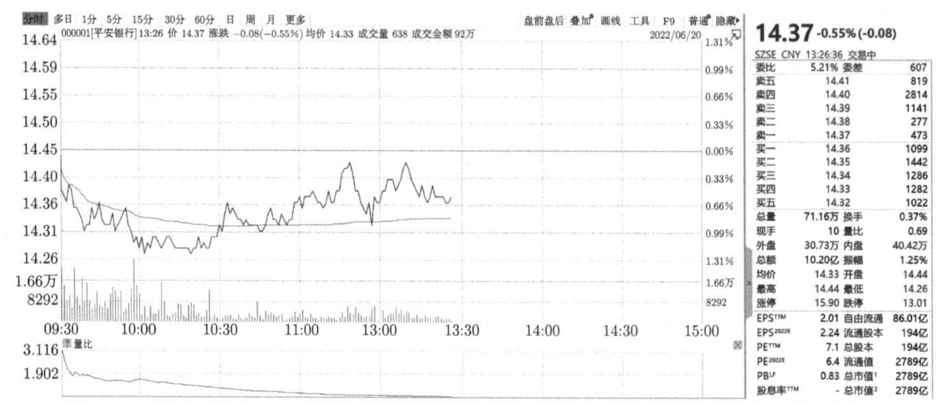

图 6.1　平安银行 (000001) 在 2022 年 6 月 20 日 13:26:36 的五档盘口快照信息 (数据来源: Wind)

**表 6.1　A(左)、B(右) 两只股票某时刻的订单簿信息实例**

| 档位 | 委托价/元 | 委托量/手 |
|---|---|---|
| 卖五 | 42.02 | 8 |
| 卖四 | 42.01 | 83 |
| 卖三 | 42.00 | 78 |
| 卖二 | 41.99 | 29 |
| 卖一 | 41.98 | 1 |
| 买一 | 41.96 | 2 |
| 买二 | 41.95 | 8 |
| 买三 | 41.93 | 4 |
| 买四 | 41.92 | 18 |
| 买五 | 41.90 | 43 |

| 档位 | 委托价/元 | 委托量/手 |
|---|---|---|
| 卖五 | 11.67 | 218 |
| 卖四 | 11.66 | 574 |
| 卖三 | 11.65 | 711 |
| 卖二 | 11.64 | 143 |
| 卖一 | 11.63 | 1103 |
| 买一 | 11.62 | 593 |
| 买二 | 11.61 | 738 |
| 买三 | 11.60 | 2083 |
| 买四 | 11.59 | 780 |
| 买五 | 11.58 | 1371 |

最高买价 (买一价, best bid) 与最低卖价 (卖一价, best ask) 统称为最优报价 (best quote). 最低卖价与最高买价的算术平均值叫做中间价 (mid price), 最低卖价与最高买价之差叫做买卖价差 (bid-ask spread). 例如, 表 6.1 中 A 股票的中间价是 $(41.98+41.96)/2=41.97$ (元), 买卖价差是 $41.98-41.96=0.02$ (元); B 股票的中间价是 $(11.63+11.62)/2=11.625$ (元), 买卖价差是 $11.63-11.62=0.01$ (元). 买卖价差常被用于衡量股票的流动性. 如果买卖价差小, 说明交易者对该股票的报价较为集中, 市场上有很多交易者挂限价单等待交易该股票, 股票流动性高; 如果买卖价差大, 说明在盘口附近挂限价单的交易者较少, 该股票当前在市场上交易不活跃, 股票流动性低.

### 6.1.4 交易执行的相关问题

在给定的交易市场、交易资产与交易规则下, 交易员面临的交易任务是, 在一段时间内完成买卖一定量的某些资产的交易. 此时, 交易员有各种可选的交易方式. 例如, 交易员可以选择使用市价单或限价单, 也可以在两种订单中做分配. 进一步, 如果选择限价单进行交易, 交易员还需要决定两方面: 如何选择委托价, 如何选择委托量. 交易员可以通过合理地选取每次下单的委托价与委托量, 用最低的成本完成任务.

交易者可以根据市场情况判断如何选取委托价. 如果选取的委托价与中间价偏离过多, 将导致短时间内难以成交; 如果选取的委托价过于接近中间价, 则可能导致成交过快, 导致价格向不利于自身的方向移动. 因此, 交易者需要基于自身偏好, 选择合适的委托价进行交易.

交易者还可以选取不同的委托量. 例如, 如果交易者希望在一段时间内完成卖出所有股票的操作, 他既可以选择用一个大订单一次性卖出, 也可以选择将其分散成多个小订单逐步卖出. 使用大订单, 可能会对市场带来较大冲击, 导致价格向不利方向偏离; 而使用多个小订单, 会降低交易速度, 有未来价格变化的风险. 因此, 如何选取各个订单的委托量, 也是交易者需要思考的问题.

总之, 在交易执行层面, 交易者需要考虑的主要问题是如何下单. 具体而言, 交易者需要选择下何种订单、何种委托价与委托量. 本章接下来将介绍一些最优下单经典模型, 读者可借鉴这些模型的思想, 将其应用于实际投资之中.

## 6.2 基于价格过程的最优下单模型

最优下单模型研究的问题是, 对于某一指定的资产, 交易者如何在某一给定的时间内, 实现买入 (或卖出) 给定数量的资产的目标, 并且使交易成本最小化. 本节介绍基于价格过程的最优下单模型, 这类模型的基本研究框架为:

(1) 假设希望交易的资产的内在价格服从某种随机过程;

(2) 交易者的买入 (或卖出) 操作会对资产内在价格产生冲击 (impact), 还可能导致真实交易时的买入 (或卖出) 价格与资产内在价格出现偏离, 且交易者下的单量越大, 这些影响就越大;

(3) 交易者根据这段时间内买入 (或卖出) 的总成本来构造优化目标, 对各个时间的下单量进行优化.

由此可见, 与低频量化投资不同的是, 在交易执行层面, 交易者需要考虑每一笔买卖操作对资产价格带来的影响, 这种影响统称为价格冲击 (price impact), 是最优下单模型关注的重点. 许多学术研究发现, 价格冲击在交易执行层面普遍存在, 例如 Hasbrouck(1991) 与 Potters 和 Bouchaud(2003) 发现, 价格冲击关于交易额递增, 且是关于交易额的凹函数, 即交易额越大, 带来的价格冲击增长越多. 从价格冲击关于时间的持续性的角度, 当前学术研究主要将价格冲击为如下三类.

(1) 永久性冲击 (permanent impact). 其假设每一笔交易都直接影响资产的内在价格, 这种影响在未来长时间内始终保留.

(2) 暂时性冲击 (temporary impact). 其假设每一笔交易只在该笔交易时产生影响, 导致真实交易价格与资产内在价格有所偏离, 但不改变资产的内在价格.

(3) 短暂性冲击 (transient impact). 其假设每一笔交易会直接影响资产的内在价格, 但这种影响会随时间衰减.

本节将介绍由 Bertsimas 和 Lo(1998) 提出的 Bertsimas-Lo 最优下单模型以及 Almgren 和 Chriss(2001) 提出的 Almgren-Chriss 最优下单模型, 这两个模型是最优下单问题研究的最初起源. 其中, 前者对永久性冲击建模, 而后者同时对永久性冲击和暂时性冲击建模. 本节考虑离散时间情形, 使用的基本假设如下.

(1) 交易者需要在给定时间 $T$ 内卖出 $X$ 只证券 $S$. 即, 在时刻 $t=0$, 交易者手中持有证券数 $x_0=X$; 在时刻 $t=T$, 交易者手中持有证券数 $x_T=0$.

(2) 交易者共下单 $N$ 次, 按等距时间间隔 $\tau=T/N$ 下单, 也即在 $t=0,\tau,\cdots,N\tau$ 时刻下单.

(3) 交易者只下市价单, 即每次下单均能立即成交; 市场中有充足的订单量, 交易者总能成交希望成交的量.

(4) 对于 $k=0,1,\cdots,N$, 交易者在 $t=k\tau$ 时刻下单后, 手中剩余证券数为 $x_k$, 于是在 $t=k\tau$ 时刻下单数为 $n_k=x_{k-1}-x_k$.

(5) 对于 $k=0,1,\cdots,N$, 证券 $S$ 在 $t=k\tau$ 时刻的内在价格为 $S_k$. 证券 $S$ 的内在价格服从如下随机过程:

$$S_k=S_{k-1}+\sigma\tau^{1/2}\xi_k-\tau g\left(\frac{n_k}{\tau}\right),\quad k=1,2,\cdots,N, \tag{6.1}$$

其中 $g(\cdot)$ 是给定的永久性冲击函数, $g\left(n_k/\tau\right)$ 衡量了单位时间内的交易量 $n_k/\tau$ 对价格带来的影响; $\sigma$ 表示股票的波动率; $\xi_k$ 是独立同分布的均值为 0、方差为 1 的随机变量.

(6) 对于 $k=0,1,\cdots,N$, 交易者卖出证券 $S$ 时的实际交易价格为 $\tilde{S}_k$.

(7) 交易者以执行落差 (implementation shortfall, IS) 为主要优化目标, 即交易者手中证券的初始价值与交易结束后的现金总额之差:

$$\mathrm{IS}=XS_0-\sum_{k=1}^{N}n_k\tilde{S}_k. \tag{6.2}$$

### 6.2.1 Bertsimas-Lo 最优下单模型

Bertsimas-Lo 最优下单模型假设交易者下单行为能够产生永久性冲击, 并假设冲击具有线性形式. 具体而言, 他们假设 (6.1) 中的永久性冲击函数 $g$ 为线性函数,

$$g(v) = \gamma v, \quad v > 0,$$

其中, 常数 $\gamma > 0$ 表示冲击程度. 于是, 证券内在价格过程 (6.1) 可以表示为

$$S_k = S_{k-1} + \sigma\tau^{1/2}\xi_k - \gamma n_k, \quad k = 1, 2, \cdots, N. \tag{6.3}$$

该模型不考虑其他类型的冲击, 于是交易者实际卖出证券时的交易价格与内在价格相同, 即

$$\tilde{S}_k = S_k, \quad k = 1, 2, \cdots, N. \tag{6.4}$$

Bertsimas-Lo 最优下单模型以执行落差 (6.2) 的期望为优化目标, 试图最小化执行落差, 也即最大化总卖出价格,

$$\begin{aligned} &\min_{n_1, n_2, \cdots, n_N} \quad E(\mathrm{IS}), \\ &\text{且满足} \quad n_1 + n_2 + \cdots + n_N = X. \end{aligned} \tag{6.5}$$

我们将 Bertsimas-Lo 模型的结论总结为如下定理.

**定理 6.1** 在 (6.3) 与 (6.4) 的假设下, 优化问题 (6.5) 的最优解在

$$n_1 = n_2 = \cdots = n_N = \frac{X}{N} \tag{6.6}$$

时取得.

**证明** 将执行落差的表达式 (6.2) 代入目标函数, 并由 (6.4), 即有

$$\begin{aligned} E(\mathrm{IS}) &= XS_0 - \sum_{k=1}^{N} n_k E(\tilde{S}_k) = XS_0 - \sum_{k=1}^{N} n_k E(S_k) \\ &= XS_0 - \sum_{k=1}^{N} n_k (S_0 - \gamma n_1 - \cdots - \gamma n_k) \\ &= \gamma \sum_{k=1}^{N} n_k (n_1 + \cdots + n_k), \end{aligned}$$

其中最后一个等式成立是因为优化问题 (6.5) 中的约束条件. 由于 $n_k = x_{k-1} - x_k$, 则 $E(\text{IS})$ 可进一步改写为

$$E(\text{IS}) = \gamma \sum_{k=1}^{N} (x_{k-1} - x_k)(X - x_k) = \gamma \left[ X^2 - \sum_{k=1}^{N} (x_{k-1} - x_k) x_k \right].$$

对其关于 $x_k$ 求偏导数 $(k = 1, \cdots, N-1)$, 有

$$\frac{\partial E(\text{IS})}{\partial x_k} = \gamma(x_{k-1} - 2x_k + x_{k+1}).$$

令偏导数为 0, 即得

$$x_{k-1} - 2x_k + x_{k+1} = 0.$$

在边界条件 $x_0 = X$ 与 $x_N = 0$ 下, 不难看出, $n_1 = n_2 = \cdots = n_N = \dfrac{X}{N}$ 即为此差分方程的解. 证毕

由该定理可以看出, Bertsimas-Lo 模型的结论是, 在线性永久性冲击的假设下, 如果交易者考虑执行落差的期望, 则最优下单策略为: 保持均匀的下单速度, 每个时刻均下相同数量 $(X/N)$ 的单. 对于更一般情况下的结论, 读者可以参阅 Bertsimas 和 Lo(1998).

### 6.2.2 Almgren-Chriss 最优下单模型

Almgren-Chriss 模型同时将永久性冲击和暂时性冲击考虑在内. 其假设资产内在价格过程 (6.1) 成立, 同时认为, 交易者在 $k$ 时刻实际卖出证券时的交易价格为

$$\tilde{S}_k = S_{k-1} - h\left(\frac{n_k}{\tau}\right), \tag{6.7}$$

其中 $h(\cdot)$ 是给定的暂时性冲击函数. 注意, 暂时性冲击 $h(\cdot)$ 只会影响 $k$ 时刻卖出时的交易价格 $\tilde{S}_k$, 而不会影响股票的内在价格 $S_k$. 特别地, Almgren-Chriss 模型假设永久冲击函数和暂时冲击函数均为线性函数,

$$g(v) = \gamma v, \quad h(v) = \eta v, \quad v > 0, \tag{6.8}$$

其中 $\gamma, \eta > 0$ 为给定的常数,

交易者在 $k$ 时刻卖出的股票数是 $n_k$, $k = 1, 2, \cdots, N$, 则卖出所有股票后, 交易者收获的现金总额为

$$\sum_{k=1}^{N} n_k \tilde{S}_k.$$

将 (6.1) 式与 (6.7) 式代入, 可以得出

$$\sum_{k=1}^{N} n_k \tilde{S}_k = XS_0 + \sum_{k=1}^{N} \left( \sigma \tau^{1/2} \xi_k - \tau g \left( \frac{n_k}{\tau} \right) \right) x_k - \sum_{k=1}^{N} n_k h \left( \frac{n_k}{\tau} \right). \tag{6.9}$$

该式将交易者可以收获的现金总额分为三项. 第一项是交易者手中全部股票的初始价值; 第二项是股价波动与永久性冲击带来的影响; 第三项是交易者交易执行为股价带来的暂时性冲击.

Almgren-Chriss 模型试图同时最小化执行落差 (6.2) 的期望与方差, 他们考虑如下优化问题:

$$\begin{aligned} &\min_{n_1, n_2, \cdots, n_N} \quad U(n_1, n_2, \cdots, n_N) = E(\text{IS}) + \lambda \text{Var}(\text{IS}), \\ &\text{且满足} \qquad n_1 + n_2 + \cdots + n_N = X, \end{aligned} \tag{6.10}$$

其中 $\lambda \geqslant 0$ 是给定的调节系数.

我们将 Almgren-Chriss 模型的结论总结为如下定理.

**定理 6.2** 在 (6.1)、(6.7) 与 (6.8) 的假设下, 优化问题 (6.10) 的最优解在

$$x_k = \frac{\sinh(\rho(T - k\tau))}{\sinh(\rho T)} X, \quad k = 0, 1, \cdots, N \tag{6.11}$$

时取得, 其中常数 $\rho$ 是方程

$$2\left(\cosh(\rho\tau) - 1\right) = \frac{\lambda \sigma^2 \tau^2}{\eta - \gamma\tau/2}$$

的解.

**证明** 将线性冲击表达式 (6.8) 式代入交易者收获现金的表达式 (6.9), 再代入 IS 的定义 (6.2) 式, 即得

$$\begin{aligned} \text{IS} &= \sum_{k=1}^{N} \left[ -\left( \sigma \tau^{1/2} \xi_k - \gamma n_k \right) x_k + \eta \frac{n_k^2}{\tau} \right] \\ &= \sum_{k=1}^{N} \left[ -\left( \sigma \tau^{1/2} \xi_k - \gamma (x_{k-1} - x_k) \right) x_k + \eta \frac{(x_{k-1} - x_k)^2}{\tau} \right]. \end{aligned}$$

注意该式的随机变量只有 $\xi_k$. 我们对 IS 取期望和方差, 有

$$E(\text{IS}) = \sum_{k=1}^{N} \left[ \gamma (x_{k-1} - x_k) x_k + \eta \frac{(x_{k-1} - x_k)^2}{\tau} \right],$$

$$\mathrm{Var(IS)} = \sum_{k=1}^{N} \sigma^2 \tau x_k^2.$$

于是目标函数

$$U(x_1, \cdots, x_n) = \sum_{k=1}^{N} \left[ \gamma(x_{k-1} - x_k)x_k + \eta \frac{(x_{k-1} - x_k)^2}{\tau} + \lambda \sigma^2 \tau x_k^2 \right].$$

对其关于 $x_k$ 求偏导数 $(k = 1, 2, \cdots, N-1)$, 有

$$\frac{\partial U}{\partial x_k}(x_1, x_2, \cdots, x_n) = \left(\gamma - \frac{2\eta}{\tau}\right)(x_{k-1} - 2x_k + x_{k+1}) + 2\lambda\sigma^2\tau x_k.$$

令偏导数为 0, 即得

$$x_{k-1} - 2x_k + x_{k+1} = \frac{\lambda\sigma^2\tau^2}{\eta - \gamma\tau/2} x_k.$$

直接将 (6.11) 式代入此差分方程, 即可验证 (6.11) 式即为此差分方程的解, 且满足边界条件 $x_0 = X$ 与 $x_N = 0$.　　证毕

容易看出, 由 (6.11) 式给出的 $x_k$ 关于 $k$ 单调递减, 因此满足模型最开始假设的 $n_k \geqslant 0$ 的条件. 此外, 根据双曲正弦函数的性质, 可以推导出 $x_k$ 关于 $k$ 是下凸的, 从而 $n_k$ 关于 $k$ 单调递减.

图 6.2 展示了 $x_k$ 与 $n_k$ 随 $k$ 变化的图像. 从图像中可以直观看出, $x_k$ 呈现下凸的特性, 且随着时间增加, 下单数 $n_k$ 越来越少. 这种现象在 $\rho$ 较大时更为明显.

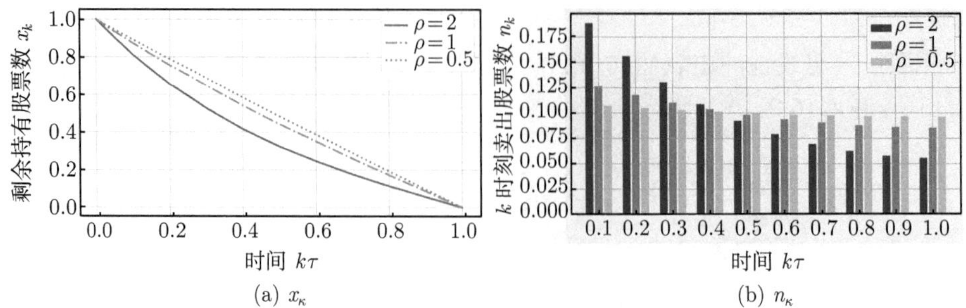


图 6.2　剩余持股数 $x_k$ 与卖出数 $n_k$ 随 $k$ 的变化情况 $(T = 1, N = 10, X = 1)$

当 $T$ 或 $\rho$ 很小时, 由于 $\sinh(x) \sim x\ (x \to 0)$,

$$x_k \approx \frac{\rho(T - k\tau)}{\rho T} X = \left(1 - \frac{k\tau}{T}\right) X, \quad k = 0, 1, \cdots, N.$$

从而,

$$n_k = x_{k-1} - x_k \approx \frac{\tau}{T}X = \frac{X}{N}, \quad k = 1, 2, \cdots, N.$$

这便退化为 Bertsimas-Lo 模型的结论: 最优的策略是保持较为恒定的卖出速率, 即每个时刻卖出相同数量的股票.

### 6.2.3 TWAP 与 VWAP

前两节介绍的 Bertsimas-Lo 模型与 Almgren-Chriss 模型在不同的模型假设下均得出结论: 保持较为恒定的速率来下单是最优下单策略. 在这一理论基础上, 人们提出了时间加权平均价格 (time-weighted average price, TWAP) 与交易量加权平均价格 (volume-weighted average price, VWAP) 两种常用指标, 用于衡量算法交易表现的优劣. 我们可以对某证券在一段时间内的市场行情定义这两个指标, 也可以对一次真实的交易执行过程定义两个指标.

**定义 6.1** (证券行情的 TWAP 与 VWAP) 给定一只在市场上交易的证券, 对于 $t = 1, 2, \cdots, n$, 在 $t$ 时刻, 该证券的市场价格为 $S_t$; 在 $t-1$ 时刻至 $t$ 时刻内, 该证券在市场中成交量为 $N_t$. 于是该证券在这段时间内的 TWAP 与 VWAP 分别被定义为

$$\text{TWAP} = \frac{1}{n}\sum_{t=1}^{n} S_t, \quad \text{VWAP} = \frac{\sum_{t=1}^{n} S_t N_t}{\sum_{t=1}^{n} N_t}.$$

**定义 6.2** (交易执行的 TWAP 与 VWAP) 对于一只在市场上交易的证券, $t = 1, 2, \cdots, n$, 某交易者在 $t$ 时刻买入 (或卖出)$N_t$ 个该证券, 买入 (或卖出) 的价格为 $S_t$. 于是, 该交易者在这段时间内交易执行方式的 TWAP 与 VWAP 分别被定义为

$$\text{TWAP} = \frac{1}{n}\sum_{t=1}^{n} S_t, \quad \text{VWAP} = \frac{\sum_{t=1}^{n} S_t N_t}{\sum_{t=1}^{n} N_t}.$$

从定义可以看出, TWAP 即一段时间内的平均成交价格, 而 VWAP 则为按成交量加权的平均成交价格. 如果我们希望在给定时间内卖出给定数量的证券, 我们自然希望卖出的平均价格越高越好; 如果希望买入给定数量的证券, 我们自然希望买入的平均价格越低越好. TWAP 与 VWAP 正是两种计算平均成交价格的方式.

构造算法交易策略的交易员可以以实际市场行情的 TWAP 与 VWAP 数值为基准. 一方面, 交易员往往致力于减少自身交易策略的 TWAP、VWAP 值与市场行情的 TWAP、VWAP 值的差距, 因为算法交易策略与市场真实行情越接近, 对市场带来的冲击就越小; 另一方面, 交易员有时也会争取自身交易策略的 TWAP、VWAP 值能够优于市场行情的 TWAP、VWAP 值, 从而获得一定的超额收益.

## 6.3　基于订单簿的最优下单模型

随着计算机技术的快速发展, 计算机存储成本的降低, 订单簿的部分和全部数据都变得易于获得, 从基本逻辑和实证都可以发现除了中间价格或者最优价格之外的价格和订单量都对价格未来走势有影响, 特别是从流动性的角度看, 下一段时间的流动性非常依赖当前时刻订单簿的信息.

加入了订单簿信息的最优交易模型的基本原理是将买卖双方的订单簿看作一种供需的信息, 6.2 节的价格冲击模型的框架的核心是固定的交易时间和静态的价格冲击函数. 预先设定的静态价格冲击函数无法捕捉供应/需求的跨期性质, 以及价格冲击与供需的相互作用, 没有完全捕捉到流动性如何在市场中得到补充, 以及流动性如何与交易相互作用. 基于订单簿信息的最优交易执行策略的代表性文章是 Obizhaeva 和 Wang (2013), 主要研究证券的跨期供给/需求如何影响交易策略. 该文针对限价订单市场提出一个通用的框架捕捉交易供需的动态变化. 研究表明, 执行订单的最佳策略并不依赖供需的静态属性, 如买卖价差和市场深度, 而是取决于其动态属性, 例如弹性: 每笔交易后供需恢复到稳定状态的速度. 在此框架下, 最优执行策略会非常复杂, 并不是均匀交易而是混杂了各种交易量, 但的确可以大大降低交易执行的成本. 较大的交易量可以吸收现有的流动性并吸引新的流动性, 而较小的交易量则帮助交易者进一步吸收任何流入的流动性.

Obizhaeva 和 Wang (2013) 考虑的问题是, 给定一个订单, 交易者如何最优地执行它? 更具体地, 交易者需要在某一固定的时间区间 $[0,T]$ 内买入 $X_0$ 单位的某一证券. 假设交易者需要通过 $N+1$ 次交易完成这一买入操作, 这些交易分别发生在 $t_0,t_1,\cdots,t_N$ 时刻, 其中 $t_0=0$, $t_N=T$. 令 $x_{t_n}$ 为交易者在 $t_n$ 时刻的交易量, 则有

$$\sum_{n=0}^{N} x_{t_n} = X_0. \tag{6.12}$$

一个具体的执行策略由三部分组成: ①交易的次数 $N+1$; ②交易发生的时刻集合 $\{0=t_0<t_1<\cdots<t_N=T\}$; ③交易量集合 $\{x_{t_0},x_{t_1},\cdots,x_{t_N}:x_{t_n}\geqslant 0,\forall n$ 且满足 (6.12)$\}$. 令 $\Theta_D$ 为所有满足上述条件的执行策略:

$$\Theta_D=\left\{\{x_{t_0},x_{t_1},\cdots,x_{t_N}\}:0\leqslant t_0,t_1,\cdots,t_N\leqslant T;x_{t_n}\geqslant 0\ \forall n;\quad \sum_{n=0}^{N}x_{t_n}=X_0\right\}. \tag{6.13}$$

这里我们所考虑的执行策略是在离散时间上用有限次的交易来完成订单的执行操作. 记 $\bar{P}_n$ 为交易 $x_{t_n}$ 的平均执行价格. 交易者将在所有的执行策略中选择最小的期望买入成本的策略, 相对应的优化问题为

$$\min_{x\in\Theta_D} E_0\left[\sum_{n=0}^{N}\bar{P}_{t_n}x_{t_n}\right]. \tag{6.14}$$

余下的问题可归结为刻画平均执行价格 $\bar{P}_{t_n}$. 值得说明的是, 平均执行价格 $\bar{P}_n$ 不仅只依赖于当前的交易量 $x_{t_n}$, 还依赖于所有过去发生过的交易. 这样的依赖源于两方面的价格冲击: 一方面, 每个交易都会影响当前对证券的供给和需求; 另一方面, 每个交易还会对未来的供给和需求造成影响, 从而进一步影响未来执行的成本. 因此, 为刻画平均执行价格 $\bar{P}_{t_n}$, 我们需要对证券在 $[0,T]$ 上的供给和需求随时间的动态变化进行建模. 在订单簿市场中, 证券的供给和需求可以由订单簿的性质进行刻画. 因此, Obizhaeva 和 Wang(2013) 在订单簿市场中考虑上述问题, 从订单簿出发开始建模, 来探讨平均执行价格 $\bar{P}_{t_n}$ 的建模.

具体地, 由于 $\Theta_D$ 中仅包含纯买入的执行策略, 我们仅需关注卖方的订单簿. 在 $t$ 时刻, 假定订单簿的中间价为 $V_t$, 最优卖价为 $A_t$. 进一步, 假定 $t$ 时刻的卖方订单簿具有块状 (block-shape) 的密度, 即委托价格为 $P$ 的卖单的密度 $q_t(P)$ 为

$$q_t(P)=q\mathbf{1}_{\{P\geqslant A_t\}}=\begin{cases} q, & P\geqslant A_t,\\ 0, & P<A_t,\end{cases} \tag{6.15}$$

其中 $q$ 为不随时间变化的定值. $\{P\geqslant A_t\}$ 为事件 $\{P\geqslant A_t\}$ 的示性函数. 另外, 假定该证券的基本面价值 (fundamental value)$F_t$ 为一个布朗运动. 在没有任何交易的情况下, 中间价应与基本面价值始终相等 (即 $V_t=F_t$), 并且订单簿的形态除了中间价随基本面价值变动以外均应保持一致.

首先, 我们对单次交易对订单簿形态的影响进行建模. 为此, 我们考虑交易者仅在 0 时刻买入 $x_0$ 单位证券, 此后没有其他操作. 在 0 时刻初, 假设订单簿的买卖价差为 $s$, 则中间价为 $V_0=F_0$, 最优卖价为 $A_0=F_0+s/2$, 且订单簿的密度为 $q_0(P)=q\mathbf{1}_{\{P\geqslant A_0\}}$. 此时, 交易者买入 $x_0$ 单位证券会 "吃掉" 订单簿上从 $A_0$ 到 $A_{0_+}$ 的所有卖单, 其中 $A_{0_+}$ 为 0 时刻末的最优卖价, 满足 $\displaystyle\int_{A_0}^{A_{0+}} q\,\mathrm{d}P=x_0$. 于是, 不难求得

$$A_{0_+}=A_0+\frac{x_0}{q}=F_0+\frac{s}{2}+\frac{x_0}{q},$$

且买入 $x_0$ 单位证券这一交易的平均执行价格为

$$\bar{P}_0 = A_0 + \frac{x_0}{2q} = F_0 + \frac{s}{2} + \frac{x_0}{2q}.$$

另一方面, 交易者买入 $x_0$ 单位证券也会对中间价造成一定的向上的冲击. 这里假设交易对中间价的冲击是交易量的线性函数, 即

$$V_{0_+} = F_0 + \lambda x_0,$$

其中 $\lambda \in [0, 1/q]$ 且 $\lambda x_0$ 为该次交易带来的永久价格冲击. 如果在 $t = 0$ 后没有任何其他的交易, 也没有任何对基本面价值的冲击 ($F_t = F_0$), 那么当 $t$ 趋于无穷时, 订单簿会收敛到一个新的稳态:

$$q_\infty(P) = q\mathbf{1}_{\{P \geqslant A_\infty\}},$$

其中中间价为 $V_\infty = F_0 + \lambda x_0$, 最优卖价为 $A_\infty = V_\infty + s/2$. 我们进一步假定: 订单簿是以指数形式收敛到上述稳态. 具体地, 我们假定 $t$ 时刻的最优卖价为

$$A_t = V_t + \frac{s}{2} + x_0\kappa \mathrm{e}^{-\rho t}, \quad \kappa = \frac{1}{q} - \lambda,$$

这里 $\rho$ 对应着订单簿收敛到稳态的速度, 可视为对订单簿的弹性 (resilience) 的度量.

基于单次交易对订单簿形态的影响, 我们可以进一步刻画交易者在执行 $\Theta_D$ 中任何一个策略时, 订单簿随时间的变化. 记 $n(t)$ 为 $[0, t)$ 内发生的交易次数, 并记 $X_t$ 为 $t$ 时刻初剩余需要成交的订单量. 于是有

$$X_{T_+} = 0, \quad X_t = X_0 - \sum_{t_n < t} x_{t_n}.$$

于是, $t$ 时刻的中间价为

$$V_t = F_t + \lambda (X_0 - X_t) = F_t + \lambda \sum_{i=0}^{n(t)} x_{t_i}, \tag{6.16}$$

最优卖价为

$$A_t = V_t + \frac{s}{2} + \sum_{i=0}^{n(t)} x_{t_i}\kappa \mathrm{e}^{-\rho(t-t_i)}. \tag{6.17}$$

进一步地, 在 $t_n$ 时刻买入 $x_{t_n}$ 单位证券的平均交易价格为

$$\bar{P}_{t_n} = F_{t_n} + \frac{s}{2} + \frac{x_{t_n}}{2q}.$$

至此, 最优执行问题 (6.14) 中的平均执行价格也已经建模完毕. 若进一步假设交易的时间节点是等间距的, 即 $t_n = n\tau$, 这里 $\tau = T/N$, $n = 0, 1, \cdots, N$, 并将 $X_{t_n}$ 简记为 $X_n$. 于是问题 (6.14) 可写成如下的标准形式:

$$
\begin{aligned}
\min_{\{x_0,\cdots,x_N\}} \quad & E_0\left[\sum_{n=0}^{N}\left[A_{t_n}+\frac{x_n}{2q}\right]x_n\right], \\
\text{s.t.} \quad & A_{t_n} = F_{t_n} + \frac{\lambda}{X_0 - X_{t_n}} + \frac{s}{2} + \sum_{i=0}^{n-1} x_i \kappa \mathrm{e}^{-\rho\tau(n-i)}, \\
& X_{t_n} = X_{t_{n+1}} + x_n,\ n = 0, 1, \cdots, N-1, \quad X_{t_N} = x_N, \\
& F_t \text{ 是一个布朗运动.}
\end{aligned} \tag{6.18}
$$

下述定理陈述了最优执行问题 (6.14) 对应的最优执行策略.

**定理 6.3** 最优执行问题 (6.14) 的最优解为

$$
\begin{aligned}
x_n = -\frac{1}{2}\delta_{n+1}&\left[D_{t_n}\left(1-\beta_{n+1}\mathrm{e}^{-\rho\tau}+2\kappa\gamma_{n+1}\mathrm{e}^{-2\rho\tau}\right)\right. \\
&\left.-X_{t_n}\left(\lambda+2\alpha_{n+1}-\beta_{n+1}\kappa\mathrm{e}^{-\rho\tau}\right)\right],
\end{aligned} \tag{6.19}
$$

其中 $x_N = X_{t_N}$, $D_t = A_t - V_t - s/2$. 在最优执行策略下, 未来的期望执行成本由下式决定:

$$
J_{t_n} = \left(F_{t_n} + \frac{s}{2}\right) X_{t_n} + \lambda X_0 X_{t_n} + \alpha_n X_{t_n}^2 + \beta_n D_{t_n} X_{t_n} + \gamma_n D_{t_n}^2 \tag{6.20}
$$

其中参数 $\alpha_{n+1}$, $\beta_{n+1}$, $\gamma_{n+1}$ 和 $\delta_{n+1}$ 由以下递推关系决定:

$$
\begin{aligned}
\alpha_n &= \alpha_{n+1} - \frac{1}{4}\delta_{n+1}\left(\lambda + 2\alpha_{n+1} - \beta_{n+1}\kappa\mathrm{e}^{-\rho\tau}\right)^2, \\
\beta_n &= \beta_{n+1}\mathrm{e}^{-\rho\tau} \\
&\quad + \frac{1}{2}\delta_{n+1}\left(1-\beta_{n+1}\mathrm{e}^{-\rho\tau}+2\kappa\gamma_{n+1}\mathrm{e}^{-2\rho\tau}\right)\left(\lambda + 2\alpha_{n+1} - \beta_{n+1}\kappa\mathrm{e}^{-\rho\tau}\right), \\
\gamma_n &= \gamma_{n+1}\mathrm{e}^{-2\rho\tau} - \frac{1}{4}\delta_{n+1}\left(1-\beta_{n+1}\mathrm{e}^{-\rho\tau}+2\gamma_{n+1}\kappa\mathrm{e}^{-2\rho\tau}\right)^2,
\end{aligned} \tag{6.21}
$$

其中 $\delta_{n+1} = [1/(2q) + \alpha_{n+1} - \beta_{n+1}\kappa\mathrm{e}^{-\rho\tau} + \gamma_{n+1}\kappa^2\mathrm{e}^{-2\rho\tau}]^{-1}$, 且终值条件为

$$
\alpha_N = 1/(2q) - \lambda, \quad \beta_N = 1, \quad \gamma_N = 0. \tag{6.22}
$$

**证明** 这里我们主要使用的方法是动态规划.

作为准备, 定义

$$D_{t_n} = A_{t_n} - V_{t_n} - \frac{s}{2} = \sum_{i=0}^{n-1} x_{t_i} \kappa \mathrm{e}^{-\rho\tau(n-i)}.$$

不难验证 $D_t$ 满足 $D_0 = 0$ 和 $D_{t_{n+1}} = (D_{t_n} + x_{t_n}\kappa)\,\mathrm{e}^{-\rho\tau}$. 于是我们可以将最优执行问题基于 $X_t$ 和 $D_t$ 重新表述为

$$\begin{aligned}
\min_{\{x_0,\cdots,x_N\}} \quad & E_0\left[\sum_{n=0}^{N}\left[\left(F_{t_n}+\frac{s}{2}\right)+\lambda(X_0-X_{t_n})+D_{t_n}+x_n/(2q)\right]x_n\right], \\
\text{s.t.} \quad & D_{t_{n+1}} = (D_{t_n}+x_n\kappa)\,\mathrm{e}^{-\rho\tau}, \\
& X_{t_n} = X_{t_{n+1}} + x_n,\ n=0,1,\cdots,N-1, \quad X_{t_N} = x_N, \\
& F_t \text{ 是一个布朗运动.}
\end{aligned} \tag{6.23}$$

首先, 利用数学归纳法可以证明问题 (6.23) 中的值函数关于 $X_t$ 和 $D_t$ 是二次的, 即

$$\begin{aligned}
J\left(X_{t_n}, D_{t_n}, F_{t_n}, t_n\right) = & \left(F_{t_n}+\frac{s}{2}\right)X_{t_n} + \lambda X_0 X_{t_n} \\
& + \alpha_n X_{t_n}^2 + \beta_n X_{t_n} D_{t_n} + \gamma_n D_{t_n}^2.
\end{aligned}$$

在最后一个时刻 $t = t_N = T$, 有

$$J\left(X_T, D_T, F_T, T\right) = \left(F_T + \frac{s}{2}\right)X_T + \left[\lambda\left(X_0 - X_T\right) + D_T + \frac{X_T}{2q}\right]X_T,$$

因此有参数的终值条件 (6.22) 成立. 递归地, 问题 (6.23) 对应的贝尔曼 (Bellman) 方程说明

$$\begin{aligned}
J_{t_{n-1}} = \min_{x_{n-1}} \Bigg\{ & \left[\left(F_{t_{n-1}}+\frac{s}{2}\right)+\lambda\left(X_0-X_{t_{n-1}}\right)+D_{t_{n-1}}+\frac{x_{n-1}}{2q}\right]x_{n-1} \\
& + E_{t_{n-1}} J\left[X_{t_{n-1}}-x_{n-1}, \left(D_{t_{n-1}}+\kappa x_{n-1}\right)\mathrm{e}^{-\rho\tau}, F_{t_n}, t_n\right] \Bigg\}
\end{aligned}$$

由于 $F_{t_n}$ 是一个布朗运动, 且值函数关于 $F_{t_n}$ 是线性的, 可以推出 $t_{n-1}$ 时刻的最优交易量 $x_{n-1}$ 是 $X_{t_{n-1}}$ 和 $D_{t_{n-1}}$ 的线性函数, 且值函数是 $X_{t_{n-1}}$ 和 $D_{t_{n-1}}$ 的二次函数. 据此可以进一步推导出 (6.19) 中所示的最优解和 (6.21) 所示的参数递推关系. 证毕

定理 6.3 陈述了在给定交易次数和交易时间时的最优执行策略. 需要注意的是, 这里的“最优”指的是在同样的交易次数和交易时刻下的最优策略. 原则上来说, 我们希望选择交易时间间隔 $\tau$ 使得执行成本尽可能地小. 图 6.3 中展示了在不同的 $N$ 下通过求解最优执行问题 (6.18) 得到的最优策略, 其中 $N = 10, 25, 100$. 当 $N$ 逐渐变大时, 最优执行策略将变为两个部分, 一部分是在初始时刻和终止时刻的大单交易, 另一部分是在交易时间区间内的均匀的小单交易.

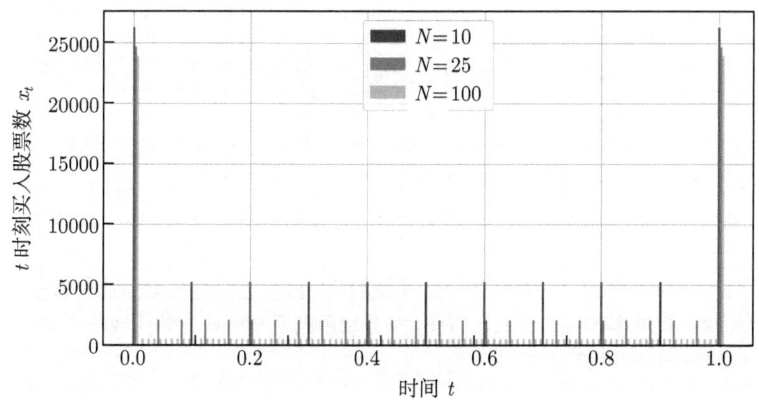


图 6.3 $t$ 时刻买入的证券数量随时间 $t$ 的变化情况 ($N = 10, 25, 100$, $X_0 = 100000$, $q = 5000$, $\lambda = 1/(2q) = 10^{-4}$, $\rho = 2.231$)

定理 6.4 进一步刻画了当 $N \to \infty$ 时最优执行策略和期望成本的连续极限. 我们略去其证明.

**定理 6.4** 当 $N \to \infty$, 即交易次数趋于无穷时, 最优执行策略为

$$\begin{aligned}
&\lim_{N\to\infty} x_0 = \frac{X_0}{\rho T + 2}, \\
&\lim_{N\to\infty} \frac{x_{n(N)}}{T/N} = \dot{X}_t = \frac{\rho X_0}{\rho T + 2}, \quad t \in (0, T), \frac{n(N)}{N} \to t, \\
&\lim_{N\to\infty} x_N = \frac{X_0}{\rho T + 2},
\end{aligned} \tag{6.24}$$

其中 $x_0$ 是在初时刻进行的交易量, $x_T$ 是在末时刻进行的交易量, $\dot{X}_t$ 是在时间区间内的交易速度. 在上述最优执行策略下, 期望成本为

$$J_t = \left(F_0 + \frac{s}{2}\right) X_t + \lambda X_0 X_t + \alpha_t X_t^2 + \beta_t X_t D_t + \gamma_t D_t^2, \tag{6.25}$$

其中参数 $\alpha_t$, $\beta_t$ 和 $\gamma_t$ 分别为

$$\alpha_t = \frac{\kappa}{\rho(T-t)+2} - \frac{\lambda}{2}, \quad \beta_t = \frac{2}{\rho(T-t)+2}, \quad \gamma_t = -\frac{\rho(T-t)}{2\kappa[\rho(T-t)+2]}. \tag{6.26}$$

定理 6.4 中的交易策略背后有怎样的直觉呢？首先，初时刻 $t=0$ 时的离散交易 $x_0$ 是为了使订单簿远离原先的稳定状态. 这样的变化会使得流动性提供者们进入市场, 将新的订单挂在订单簿上. 初时刻的交易量 $x_0$ 要合适地选取, 使得既能够吸引足够的新订单, 又不至于带来太高的执行成本. 而后, 在交易时间区间内的连续交易就会同这些新订单进行交易, 并始终保证后续来的新订单会在一个合适的价位上. 最后, 在末时刻 $t=T$ 时, 由于后续订单簿的变化已经不影响交易的成本, 交易者会通过离散交易 $x_N$ 直接结束所有未完成的买入操作.

# 习　题　六

(1) 收集中国 A 股十只股票在历史一个月内的分钟频率价格与交易量数据,

(a) 将每个交易日内的交易时间按等时间间隔划分 (自行选取时间间隔), 计算每段时间内的收益率. 基于此绘制收益率的频率分布直方图, 并分别用图示与统计方法比较与正态分布的区别.

(b) 将每个交易日内的交易时间按等交易量划分 (自行选取交易量), 计算每段时间内的收益率. 基于此绘制收益率的频率分布直方图, 并分别用图示与统计方法比较与正态分布的区别.

(c) 比较两种划分方式的区别.

(2) 利用习题 (1) 中的分钟频率数据, 对于每只股票、每个交易日, 假设某交易者均希望买入 $X$ 手股票, 并按照 Almgren-Chriss 模型在全天内每隔一分钟下一次单 (自选合理的参数 $\lambda$, $\sigma$, $\tau$, $\gamma$ 取值). 对于每只股票、每个交易日, 计算该交易者的平均买价, 并分别沿股票、沿时间比较计算结果.

(3) 利用习题 (1) 中的分钟频率数据, 计算十只股票每个交易日的 TWAP 与 VWAP. 将结果与习题 (2) 中的结果进行比较, 并说明习题 (2) 中交易者的下单方式是否优于 TWAP 与 VWAP.

(4) 收集习题 (1) 中十只股票在历史一个月内的分钟频率的五档盘口快照数据, 并对每只股票, 分别计算买卖五档在这段时间内各自的平均委托价与平均委托量, 将结果用图像表示.

(5) 阅读 (Gatheral, 2010),

(a) 给出该论文对价格操纵的定义, 并与我国颁布的《中华人民共和国证券法》中对操纵证券市场的定义进行比较;

(b) 通过该论文, 论证 (6.8) 式给出的线性冲击假设的合理性.

第6章彩图

# 第 7 章 高频策略

从交易的层面看, 可以将非噪声的市场参与者分为以下几类: 类做市商 (市场流动性提供者, liquidity provider)、信息投资者 (information investor)、流动性投资者 (liquidity investor). 这个分类参考了 Baldauf 和 Mollner(2020) 的模型. 当然, 交易所进入门槛很低, 满足一定年龄的自然人都可以进入. 所以, 任何公开的证券交易所中一定存在一定比例的非专业的投资者, 在学术研究中简称之为无信息的交易者 (uninformed trader) 或者噪声交易者 (noise trader).

做市商 (或者表现为做市商交易特征的交易者) 是市场流动性最有可能的提供者, 这类交易者的核心特征为日内频繁交易且主要提交限价单. 做市商的基本义务是进行交易, 一些 (私募) 对冲基金如果其持有高频策略的仓位, 也必然有较高的频率进行日内多次交易. 这类参与者通过与对手方的投机交易或主动交易来获取利润, 并承担信息不对称带来的价格不利变动的风险. 从其交易方式看, 我们可以统称这类参与者为高频交易者 (high frequency trader, HFT). 证券公司的自营业务的交易、公募基金的交易室也逐渐开始采用第 6 章介绍的算法交易策略或者量化投资策略, 有时也有 HFT 的表现. 从信息和流动性角度看, 同样是 HFT, 毫无疑问, 做市商是市场流动性的提供者, 其他的 HFT 则不一定稳定地表现为流动性提供者, 如果其策略是不断消耗市价单, 则此时其作用为流动性消耗者.

信息投资者是通过特色的研究或者出于某种特殊的目的获得了关于某资产的专门的信息 (也称私有信息, private information) 并据此信息或者研究结果进行投资和交易. 此时要澄清这类交易者与 HFT 的区别. 并不是说 HFT 不做研究, 而是信息投资者可能只是对某类资产有更加深入的研究, 或者是瞬时有一些消息 (经济、行业、标的公司). 与做市商不同, 这类参与者不一定要通过交易本身获得利润, 其进行交易的主要目的是以尽可能低的成本按照预定的买卖计划成交, 因此, 往往也是市场流动性的消耗者.

流动性投资者是因外生的某种自然的需求而参与交易, 这些需求可能包括风险对冲、资产配置或资产借贷等, 例如主权基金、大型的资产管理公司、养老保险基金、人寿保险资产管理机构. 这类机构的投资策略主要体现为低频甚至超低频 (季度以上的调整频率) 的资产配置, 其参与市场交易的主要目的是外生于市场本身的. 因此, 其交易目的与信息投资者类似, 以尽可能低的成本配置资产. 但鉴于其不是非常在意成本和仓位调整的速度, 因此, 在交易日内看, 这类参与者成交的决心不一定向信息投资者那样强, 对成本的容忍度也高一些.

从上面的分类看, 真正有高频投资策略需求的主要是第一类参与者和部分的第二类参与者, 也有研究文献进一步将其分别记为做市商和 HFT, 这里的做市商就是获得交易所授权的真正的做市商, HFT 则代表非做市商且具有稳定的高频投资需求的市场参与者.

本章将首先介绍做市商的基本策略模型, 然后介绍典型的做市商库存模型, 最后总结和简单分析关于高频投资策略的主要研究工作.

## 7.1 做市商交易模型

做市交易业务, 是指符合条件的证券公司、期货公司或其他交易所认可的机构 (以下统称做市商), 按照交易所的相关规定和做市协议约定, 为某交易所提供双边持续报价、双边回应报价等流动性服务 (以下简称做市服务) 的业务. 一般来说, 做市商 (market maker) 是由交易所核准授权的具备一定实力和信誉的交易者, 他们应保持一定的频率向订单簿提交一定数量的买单与卖单, 进而向市场中的证券买卖双方提供流动性, 维持买卖价差水平稳定在合理的范围之内, 从而起到维持市场流动性的作用.

各个交易所对做市商有相关的义务要求、评价指标和权利与激励规定, 虽然具体规定不尽相同, 但基本内容一般包括做市商的义务、考核机制和权利与激励三个主要部分.

做市商的义务. 关于做市商的义务, 一般包括以下三部分. ①按照规定报价的义务. 做市商要按照交易所规定的价差来行使报价义务, 交易所将规定做市商双边报价允许的最大价差, 以及做市商进行双边报价时单边累积报价金额的最低要求. ②持续进行报价的要求. 例如规定做市商的持续报价参与率, 在连续竞价的情形, 做市商的参与率是指统计期内有效报价时间与连续竞价时长的比率, 连续竞价时间计算单位为秒. ③即时回应报价的要求. 这个要求是指做市商应该即时回应报价, 有时用做市商报价的最短有效时间进行约束, 也有对其回应报价的要求是通过回应报价参与率来规定的, 回应报价参与率是指有效参与回应报价的次数与统计期内询价次数的比率.

做市商的评价. 交易所将根据对做市商义务的具体要求, 定期对做市商进行评价, 例如: 计算做市商在一段时间 (日、周、月) 内的时间加权平均买卖价差率, 加权平均的持续报价参与率, 加权平均的回应报价参与率. 并根据计算结果对做市商进行排序, 奖优罚劣.

做市商的权利与激励. 交易所会根据对做市商的评价结果对做市商给予交易手续费的适当减免或激励, 这种减免和激励是做市商模式存在的基础, 也是做市商的盈利模式的组成部分.

从做市商的上述定义可以发现, 做市商的商业模式主要来自两个方面. 一是在满足交易所的报价要求的前提下, 通过低买高卖获得买卖价差本身的收益, 但考虑到交易所对做市商的买卖价差的上限要求和库存的风险, 这部分利润是有风险的; 二是做市商从交易所返回的费用扣除和奖励而获得的收益, 只要做市商提供了流动性即可获得, 是相对确定和无风险的保底收益.

做市商的买卖价差收益依赖于其对某个证券的整体交易情况的把握, 专业的做市商会建立科学和规范的投研体系和预测决策机制, 在提供市场流动性的同时尽可能获取高的利润.

综上, 做市业务通过在买卖双边提交限价订单 (包含价、量) 为市场提供流动性, 同时获取买卖价差利润、承担库存风险. 做市商模型主要包括两个部分: 中间价的模型、买卖价差报价的模型.

从金融数学模型看, 做市商模型的基本框架是, 基于外生的价格过程、效用函数和内生的交易过程 (价、量), 建立做市商利润的价值函数, 进而对影响此价值函数的价量进行最优化决策, 特别要说明的是, 鉴于交易所对做市商的交易义务规定, 做市商通常只会提交限价单.

做市业务主要包括三类成本, 交易成本、存货成本和信息成本. 由于交易所指定的做市商会得到一定比例的手续费返还, 因此做市商在构建做市策略中常常主要关注后两种交易成本. Stoll (1978) 利用 NASDAQ 数据将市场实际的交易价差分解为订单处理成本 (45%)、库存成本 (10%) 和信息不对称成本 (45%), 发现信息不对称成本和订单处理成本是影响做市商行为的最重要的两个因素. 因此也形成了两大类做市商模型——库存模型和信息模型.

库存模型是指做市商作为市场流动性的提供者, 会根据自己的库存情况主动地调整报价, 控制库存风险和提高库存的周转率. 做市商通过控制自身的初始财富或任一给定时间点的资金和库存, 根据收益最大化和风险最小的原则来确定买卖的报价和量.

信息模型是研究做市商与其他交易者信息不对称的模型. 如果做市商的交易对手比自身掌握更多的信息, 做市商因为做市业务的强制性责任将会出现损失. Bagehot (1971) 指出, 做市商如果可以利用历史的交易信息来区分交易对手的信息优势进而识别交易动机, 这对做市商的交易决策具有重要的作用. 因此, 通过订单流建模和分析来推断隐藏的交易信息, 成为做市商模型的一个发展方向. 做市商通过建立订单簿的动态变化模型来预测价格的短期变化, 也是为了发现市场交易者的微观结构.

本节我们通过一个简单的做市商交易模型来初步认识做市商的利润函数.

考虑离散时间情形, 基本假设如下.

(1) 假设在时间 $t=0,1,\cdots,n$ 某证券 $S$ 的中间价格为 $S_t$.

(2) 在初始时刻 $t=0$ 之前, 做市商 A 持有证券 $S$ 的库存为 $N$ 手 (充分多), 价格为 $S_0$.

(3) 在每个时刻 $t$, 在做市商提交订单之前的瞬时订单簿的价格分布在 $S_t$ 上下以价格单位 "1" 等差分布.

(4) 记做市商 A 在时刻 $t$ 证券 $S$ 的库存为 $N_t$.

(5) 在每个时刻 $t$, 做市商 A 在低于 $S_t$ 的 "所有" 位置提交限价买单, 在高于 $S_t$ 的 "所有" 位置提交限价卖单, 且假设其在每个限价单的价格档位提交的订单量都是 1 手.

(6) 做市商 A 不挂市价单, 在每个时刻 $t$ 若有未成交的订单则均将其撤单, 交易所对做市商没有撤单限制.

考虑从 $t$ 到 $t+1$ 的做市商 A 的收支情况:

(1) 若 $S_{t+1} > S_t$, 则做市商 A 在时刻 $t$ 提交的位于 $S_t$ 和 $S_{t+1}$ 两个档位之间的所有卖出的限价单都会成交, 总计成交 $S_{t+1}-S_t$ 手, 成交价格分别为: $S_t+1, S_t+2, \cdots, S_{t+1}$. 总库存为 $N_{t+1}=N_t-(S_{t+1}-S_t)$, 持仓成本与 $N_t$ 的持仓成本相同. 其余未成交订单全部撤单, 因此做市商 A 从 $t$ 到 $t+1$ 的收入为上述成交价格序列之和, 通过简单的计算, 收入可表示为

$$\frac{1}{2}(S_{t+1}-S_t)+\frac{1}{2}(S_{t+1}^2-S_t^2).$$

(2) 若 $S_{t+1} < S_t$, 则做市商 A 在时刻 $t$ 提交的位于 $S_t$ 和 $S_{t+1}$ 两个档位之间的所有买入的限价单都会成交, 总计成交 $S_t-S_{t+1}$ 手, 成交价格分别为 $S_t-1, S_t-2, \cdots, S_{t+1}$. 总库存为 $N_{t+1}=N_t-(S_{t+1}-S_t)$, 持仓成本分为两个部分: $N_t$ 部分保持原持仓成本, 以上述成交价格序列每个价位买入 1 手的仓位成本. 做市商 A 从 $t$ 到 $t+1$ 的支出为上述成交价格序列之和, 通过简单的计算, 支出可表示为

$$-\frac{1}{2}(S_{t+1}-S_t)+\frac{1}{2}(S_{t+1}^2-S_t^2),$$

(3) 若 $S_{t+1}=S_t$, 则做市商 A 在时刻 $t$ 提交的位于 $S_t$ 和 $S_{t+1}$ 两个档位之间的所有限价单将继续保留在订单簿上, 做市商 A 从 $t$ 到 $t+1$ 的收益为 0. 总库存不变, 持仓成本不变, 形式上可以表示为 $N_{t+1}=N_t-(S_{t+1}-S_t)$.

从而, 综合上述情况, 做市商从 $t$ 至 $t+1$ 时刻成交的收支可表示为

$$\frac{1}{2}|S_{t+1}-S_t|+\frac{1}{2}(S_{t+1}^2-S_t^2).$$

总库存变化为 $N_{t+1}=N_t-(S_{t+1}-S_t)$.

最终, 从 0 时刻到 $n$ 时刻, 做市商 A 的总损益为

$$\frac{1}{2}\sum_{t=0}^{n-1}|S_{t+1}-S_t|+\frac{1}{2}(S_n^2-S_0^2), \tag{7.1}$$

其中, 第一部分为买卖成交的收益, 第二部分为做市未成交带来的风险.

做市商 A 在 $n$ 时刻的库存总量为 $N_n = N-(S_n-S_0)$, 持仓成本分为两个部分: ①以价格 $S_0$ 持有的部分; ②新买入部分 $\sum_{t=0}^{n-1}(S_t-S_{t+1})_+$ 的持仓成本.

总之, 从 $t=0$ 到 $t=n$ 的操作中, 做市商的目标是, 总损益 (7.1) 尽可能高、持仓量 $N_n$ 尽可能合理、持仓成本尽可能低.

在这个简单的模型中, 我们固定了做市商提交的订单的价格和数量, 因此影响做市商损益的因素只有证券价格 $S_t$ 的变化. 下面分别对三种情况进行讨论.

(1) 若价格为一直上升趋势 $S_n > S_0$, 则做市商 A 的总持仓将下降 $S_n - S_0$, 假设平均的持仓成本还是 $S_0$. 总损益 $\frac{1}{2}\sum_{t=0}^{n-1}|S_{t+1}-S_t|+\frac{1}{2}(S_n^2-S_0^2)$ 严格为正. 唯一的风险是最终的库存有过低的风险. 此时, 做市商有做市收益, 但面临库存减少的风险, 做市商在每日交易之前应持有一定合理的库存量.

(2) 若价格为一直下降趋势 $S_n < S_0$, 则做市商 A 的总持仓将增加 $S_0 - S_n$, 且增加仓位的持仓成本低于 $S_0$. 总损益 $\frac{1}{2}\sum_{t=0}^{n-1}|S_{t+1}-S_t|+\frac{1}{2}(S_n^2-S_0^2)$ 有很大的可能为负. 但是最终的库存以较低的成本增加. 此时, 做市商可能有做市的亏损, 但以较低的成本增加了库存.

(3) 若价格在时刻 $n$ 最终回到 $S_0$, 则做市商 A 的总持仓不变仍然是 $N$, 但其中新买入部分 $\sum_{t=0}^{n-1}(S_t-S_{t+1})_+$ 的平均持仓成本可能会偏离 $S_0$, 总损益仍然是非负的: $\frac{1}{2}\sum_{t=0}^{n-1}|S_{t+1}-S_t|$. 此时, 做市商有做市收益, 但面临库存成本上升的风险.

在这个简单的做市商模型中, 做市商的主要利润来源是证券价格从初始时刻到最后时刻的变化幅度, 但同时也面临库存 $N$ 变化的风险, 做市商一般会持有合理的库存, 即一定的数量的相对当前价格较低持仓成本的证券, 做市商既不能出现所有证券库存为零的风险, 也不能出现库存过高的风险, 后者意味着做市商面临未来价格不利变动带来的亏损.

对于更一般的做市商模型, 首先会给定证券买卖中间价格 $S_t$ 的变化过程、做市商的效用函数等外生信息, 然后定义做市商交易过程的变量 (买卖报价过程、订单量过程), 进而给出做市商的损益和库存过程的表达式, 最终基于一定的优化准则 (例如, 最优化风险收益的期望效用、最优化库存等) 求解关于买卖报价过程和订单量过程的最优解.

## 7.2　Avellaneda-Stoikov 库存模型

从上一节的简单做市商模型中, 我们可以看出, 做市商的主要利润来源是证券价格从初始时刻到最后时刻的变化幅度, 而同时需要承担库存带来的风险. 因此, 控制库存风险成为做市商交易模型的重要目标. 本节我们介绍经典的库存模型——Avellaneda-Stoikov 模型 (Avellaneda et al., 2008). 该模型希望研究的问题是, 如何在控制库存风险的目标下, 寻找最优的买卖报价策略.

假设某做市商希望从 0 时刻至 $T$ 时刻 $(T>0)$ 内对某证券做市. 该证券的中间价 $S_t$ 随时间变化的过程是

$$\mathrm{d}S_t=\sigma\mathrm{d}W_t,\quad 0<t<T,$$

其中常数波动率 $\sigma>0$, $W_t$ 是标准布朗运动.

假设做市商在 0 时刻持有证券数为 0, 持有现金也为 0. 做市商只报限价单, 并且可以任意买入或卖空. 对于 $t>0$, 做市商从 0 时刻到 $t$ 时刻累积共买入证券数为 $N_t^b$, 累积共卖出证券数为 $N_t^a$. 根据定义, $N_t$ 是一个计数过程, 其取值为非负整数, 且随 $t$ 单调不减. 如果使用微分符号表示, 做市商在 $t$ 时刻瞬间买入的证券数量即为 $\mathrm{d}N_t^b$, 瞬间卖出的证券数量为 $\mathrm{d}N_t^a$. 于是, 做市商在 $t$ 时刻持有的累积库存量为

$$q_t=\int_0^t(\mathrm{d}N_s^b-\mathrm{d}N_s^a)=N_t^b-N_t^a.$$

如果做市商在 $t$ 时刻瞬间买入 $\mathrm{d}N_t^b$ 份证券时的买价为 $p_t^b$, 卖出 $\mathrm{d}N_t^a$ 份证券时的卖价为 $p_t^a$, 则 $t$ 时刻持有的现金 $X_t$ 瞬间变化为

$$\mathrm{d}X_t=p_t^a\mathrm{d}N_t^a-p_t^b\mathrm{d}N_t^b.$$

接下来对两个计数过程 $N_t^a$ 与 $N_t^b$ 作出具体假设. 该模型假定 $N_t^a$ 与 $N_t^b$ 均为非时齐泊松 (Poisson) 过程, 在 $t$ 时刻的强度分别为 $\lambda^a(\delta_t^a)$ 和 $\lambda^b(\delta_t^b)$, 其中

$$\delta_t^a=p_t^a-S_t,\quad \delta_t^b=S_t-p_t^b, \tag{7.2}$$

强度函数 $\lambda^a(\cdot)$ 与 $\lambda^b(\cdot)$ 由交易者设定, 例如可以设为

$$\lambda^a(x)=\lambda^b(x)=A\mathrm{e}^{-kx}, \tag{7.3}$$

其中常数 $A,k>0$.

我们对计数过程的强度假设给出解释. 注意 (7.3) 式定义的强度函数是一个单调递减函数, 因此, 该模型认为强度与 $\delta_t^a$ 和 $\delta_t^b$ 两个参数负相关. 而根据 (7.2)

式, $\delta_t^a$ 与 $\delta_t^b$ 即为做市商的买入 (或卖出) 价格与市场中间价的差距. 根据订单簿的特点, 越靠近盘口 (最优买价与卖价) 的限价单, 成交的机会越多. 也就是说, 做市商报价与市场中间价的差距越小, 成交得越频繁. 因此, 两个计数过程的强度与 $\delta_t^a$ 和 $\delta_t^b$ 分别负相关的假设是十分自然的.

现在我们开始构建做市商的优化问题. 做市商希望找到某种最优的报价策略, 即在 $t$ 时刻选择最优的买入报价 $p_t^b$ 与卖出报价 $p_t^a$.

下面我们明确所谓的 "最优" 报价策略, 即明确做市商的优化目标. 由于做市商策略到 $T$ 时刻结束, 因此与上一节的简单做市商模型类似, 我们仍然认为 $T$ 时刻做市商需要将此时持有的全部库存平仓. 因此, 做市商在 $T$ 时刻的最终损益为

$$X_T + q_T S_T,$$

其中 $X_T$ 为持有现金, $q_T S_T$ 为 $T$ 时刻平仓带来的损益. 该模型假定, 做市商在 $t$ 时刻的优化目标是指数形式效用函数的条件期望:

$$u(s,x,q,t) = E[-\exp(-\gamma(X_T + q_T S_T))|X_t = x, q_t = q, S_t = s],$$

其中常数 $\gamma > 0$; $t$ 时刻做市商持有的现金、库存量分别为 $x$ 和 $q$, 证券中间价为 $s$.

我们将该模型的结论总结为如下定理.

**定理 7.1** 若做市商在 $t$ 时刻持有的现金、库存量分别为 $x$ 和 $q$, 证券中间价为 $s$, 在该模型假设之下, 优化问题

$$\max_{p_t^a, p_t^b} u(s,x,q,t) = E[-\exp(-\gamma(X_T + q_T S_T))|X_t = x, q_t = q, S_t = s]$$

的最优解在 $p_t^a$ 与 $p_t^b$ 分别满足如下隐函数关系时取得,

$$p_t^a = r^a(s,q,t) + \frac{1}{\gamma}\ln\left(1 - \gamma\frac{\lambda^a(\delta_t^a)}{(\lambda^a)'(\delta_t^a)}\right),$$

$$p_t^b = r^b(s,q,t) - \frac{1}{\gamma}\ln\left(1 + \gamma\frac{\lambda^b(\delta_t^b)}{(\lambda^b)'(\delta_t^b)}\right),$$

其中 $\delta_t^a$ 与 $\delta_t^b$ 满足 (7.2); $(\lambda^a)'(\cdot)$ 与 $(\lambda^b)'(\cdot)$ 分别表示 $\lambda^a(\cdot)$ 与 $\lambda^b(\cdot)$ 的导函数; $r^a(s,q,t)$ 与 $r^b(s,q,t)$ 由如下隐函数关系决定:

$$u(x + r^a(s,q,t), s, q-1, t) = u(x,s,q,t), \tag{7.4}$$

$$u(x - r^b(s,q,t), s, q+1, t) = u(x,s,q,t). \tag{7.5}$$

特别地, 当强度函数设定为 (7.3) 式时, 最优解近似为

$$p_t^a = r(s,q,t) + \frac{1}{\gamma}\ln\left(1+\frac{\gamma}{k}\right), \tag{7.6}$$

$$p_t^b = r(s,q,t) - \frac{1}{\gamma}\ln\left(1+\frac{\gamma}{k}\right), \tag{7.7}$$

其中

$$r(s,q,t) = \frac{r^a(s,q,t)+r^b(s,q,t)}{2} = s - q\gamma\sigma^2(T-t). \tag{7.8}$$

该定理的证明较为复杂, 需要使用 Hamilton-Jacobi-Bellman 方程等工具, 我们略去证明.

现在我们给出此定理的解释. (7.6) 式与 (7.7) 式给出了最优报价 $p_t^a$ 与 $p_t^b$ 的表达式, 其并非直接在当前的证券中间价 $S_t = s$ 基础之上做调整, 而是在由 (7.8) 式定义的 $r(s,q,t)$ 的基础之上调整. 这里的 $r(s,q,t)$ 被称作无差异价格. 由 (7.4) 式决定的 $r^a(s,q,t)$ 被称作无差异卖价, 由 (7.5) 式决定的 $r^b(s,q,t)$ 被称作无差异买价. (7.4) 式与 (7.5) 式诠释了"无差异"的名称由来: 用当前持有的现金 $x$ 中的 $r^b(s,q,t)$ 购买一份证券, 增加一单位库存, 这一操作带来的效用与保持原状的效用是无差异的; 以 $r^a(s,q,t)$ 的价格卖出一份证券, 减少一单位库存, 这一操作带来的效用与保持原状的效用是无差异的.

我们还可以观察各个参数对结果的影响. 考察 (7.8) 式, 若 $q > 0$, 此时做市商库存为正, 无差异价格 $r(s,q,t)$ 低于市场中间价 $s$, 倾向于以低价卖出; 若 $q < 0$, 此时做市商库存为负, $r(s,q,t)$ 高于市场中间价 $s$, 倾向于以高价买入. 这与做市商管理库存风险的目标相一致. 此外, 根据 (7.6) 式与 (7.7) 式还可以发现, $k$ 越大, 做市商报价与无差异价格的差距越小. 因此, $k$ 可视作衡量市场流动性的指标, 市场流动性越强, 交易越容易在盘口发生, 做市商的挂单也越容易接近盘口.

## 7.3 高频投资策略

高频投资策略是指在很短的时间内进行资产配置决策的策略. 这类策略一般具有以下特点. ①交易日内完成开平仓, 不会隔夜持仓. ②策略的资产池可以按照 T+0 交易规则进行交易. ③策略的执行是程序化的自动方式, 因此, 高频投资策略也成为量化投资的重要组成部分. ④资产配置调整成本不仅要考虑固定的交易费用, 也要考虑买卖两个方向不同的交易价格, 即同一个时刻的买入价会高于卖出价, 策略的收益至少要覆盖买卖价差. ⑤建立在计算机技术进步的基础之上. 高频投资策略发展的重要基础是计算机软硬件的快速进步, 其带来了信息存储和计算运行成本的大幅降低, 使交易所或者交易平台接受和执行交易的速度快速提升. 这些发展为日内高频调整资产配置提供了强大的技术支持. 同时, 资产高频交易数据的可获得性也为开发高频投资策略提供了数据基础, 近些年机器学习方法在金融投资领域的应用中一个重要的主题就是高频投资策略的开发.

高频投资策略分为研发和生产线执行两个部分. 因为高频策略的持仓频率的特殊性, 在策略研发时应特别注意以下几点. ①开盘、收盘的处理. 高频策略不会隔夜持仓, 无论具体的策略如何, 都是每日开盘后建仓、收盘前必须平仓, 因此自然要考虑每日市场开盘和收盘时间段的策略. ②策略模型的更新频率. 由于高频市场环境未必稳定, 例如上午和下午的交易特征可能很不一样, 因此高频投资者要考虑信号生成模型的迭代频率. ③高频投资策略执行的闭环流程为: 将最新的数据输入系统、生成资产配置策略的信号、提交交易指令、完成交易. 这一闭环流程的时间最短是以秒 (甚至毫秒、微秒、纳秒等) 为单位, 最长不超过一个交易日.

本节主要分为两个小节, 首先简单介绍高频数据与低频数据不同的一些特征, 然后讨论我国资本市场适用的高频投资策略.

### 7.3.1 高频数据特征

高频数据主要表现为资产价格和对应数量的时间序列形式. 当我们观察的数据频率达到交易级别时, 每个资产的交易数据是非常丰富的, 一般有以下三个部分. ①下单数据, 包括逐笔订单的提交时间戳和价量信息. ②成交数据, 包括成交发生的时间戳、所有被执行订单的信息 (价和量). ③撤单数据, 包括撤单发生的时间戳、所有被撤订单的信息 (价和量). 另外, 交易所会公开提供所谓的快照 (snapshot) 行情数据, 即以一定的频率 (秒、分钟) 截取的在订单簿最优买卖价附近若干档位的价量信息.

高频的价格变化是离散的, 取值只能为最小报价单位的整数倍. 与低频价格变化相比, 高频价格变化有如下基本特征. ①价格变化在 0 处有非零的概率, 且取值不一定是关于 0 的对称分布. ②价格变化时间序列是不独立的: 交易价格收益的一阶自相关一般显著为负, 且随着滞后阶数的上升迅速下降到零, 这是一种典型的微观结构效应, 当考虑更长的时间尺度的收益时, 这种效应将会消失. ③不同品种也会存在交叉相关的现象, 例如, 很多的市场实证表明, 股指期现货收益率之间存在期货引领现货的现象. 其中, 前两点我们在 2.4 节已经介绍, 对第三点有兴趣的读者可以参阅 Kleidon 和 Whaley (1992); Lien 等 (2003); Wang 等 (2017) 等的文献.

高频层面, 交易通常以不规则的时间间隔进行, 两次相邻交易之间的等待时间 (duration) 反映了资产的交易活动程度 (流动性). 等待时间的基本特征有以下几个. ①等待时间是随机的且内生的, 即与价格的表现和之前的交易轨迹相关. ②等待时间的时间序列既不独立, 也不服从常见的指数分布 (Poisson 计数过程). ③等待时间具有随机性, 使得交易价格的时间序列模型建模无法照搬传统的时间序列模型. 人们往往需要选择首先对等待时间进行建模, 或者选择对价格过程采用连续时间模型. 其中, 最经典的模型是 Engle 和 Russell(1998) 的条件时间自回归模型 (autoregressive conditional duration, ACD). 此外, 高频数据与低频数据相比, 最重要的是, 不仅有价格还有一系列关于量的数据, 例如订单委托量、成交量、撤单量等, 这些数据既具有时间和空间的异质性, 又具有很强的时间自相关性.

高频数据的另一个特征是存在日内季节效应 (intraday seasonality), 这一点我们也已在 2.4 节介绍过. 一个交易日内, 几个小时的交易活动往往不是均匀统一的, 而是呈现出 U 型形态. 通常在市场开盘和收盘时交易最活跃, 中午时间前后的活跃度最低. 与价格波动和交易量相关的数量也遵循较强的日内季节性模式. 因此, 日内的时间序列数据自然不能被视为平稳的, 应在进一步分析之前先处理季节性效应. 实践中处理季节性效应时主要采用直接数据处理和算法处理两种方法. 前者是对给定的多日数据, 在日内的各个时间点跨日进行截面的平均, 消除每日的微小噪声来获得日内的季节性分布信息; 后者是通过使用例如 Fourier 滤波等算法来对日内数据提取季节性模式.

### 7.3.2 高频投资策略

现有的金融资产定价理论主要来源于均衡和无套利两个基本原理. 虽然这些理论并没有明确说明仅对低频情形成立, 但至少在这些理论中都没有明确其资产价格或者收益率的具体定义, 也就无需考虑如交易费用和流动性相关的交易成本问题. 读者可以仔细思考, 本书第 4 章和第 5 章讨论的投资策略基本上是默认了资产配置的频率是低频的. 另外, 从数学和统计模型的角度看, 低频的策略模型主要用到资产的价格或者收益率信息, 以及更加低频的基本面信息, 这些变量常常是连续取值的, 其基本的数学模型是常规性的时间序列模型或布朗运动驱动的模型.

任何量化策略模型的最终输出都是要给出投资期间的资产和仓位的配置规则. 狭义的量化投资策略包含三部分量化和自动化过程. ①基于数据生成预测模型, ②基于预测模型的输出结果生成资产配置规则, ③基于资产配置规则进行自动化 (最优) 算法交易. 高频投资可能会在很短的时间内完成上述三个过程的一次循环, 且至少日内要做两次循环 (日内平仓). 其中的③是第 6 章的主要内容, 本节将主要围绕高频量化投资过程的①和②展开讨论.

高频投资策略是一个相对较新且发展迅速的研究和实践领域, 目前与之最相关的金融理论是市场微观结构理论, 而另一个方向是金融计量和机器学习在金融中的应用. 以市场微观结构为基础的投资策略模型有更强的金融理论基础和可解释性, 就像 CAPM 等成熟的资产定价理论一样, 是量化投资策略的基础, 容易形成一些最基本的投资策略, 当然实证中很难达到很高的策略收益. 而以金融计量和机器学习方法为基本模型的策略, 其经济学意义往往不是很清晰, 但是模型的数理基础和实证中 (通过模型选择, 或者说模型选择偏差) 的较优表现是这个方向得以发展的重要条件.

下面, 我们将分别总结和梳理基于市场微观结构理论以及基于计量和机器学习方法的高频交易策略. 鉴于这个领域的研究涉及面很广且日新月异, 难免挂一漏万, 对此问题有兴趣的读者可以不断跟踪这方面的最新文献和业界的发展.

### 1. 基于市场微观结构的高频投资策略

市场微观结构理论研究的核心问题包括: 价格形成机制、价格发现、库存、流动性、交易成本, 以及信息如何通过交易进行扩散和传播. 传统的微观结构理论在解释交易者的交易过程和价格形成机制时采取了两个主要的研究方向: 基于信息不对称原理的模型和基于库存管理原理的模型. 前一个研究方向利用信息不对称和逆向选择理论的基本原理, 对市场的动态变化和价格调整过程进行建模, 进而基于价格模型建立投资策略. 库存模型这个方向的主题是做市商的风险控制, 主要是基于给定的 "效用函数" 和对订单流不确定性的刻画, 通过求解尽可能规避流动性提供者的库存风险的效用的优化问题, 得到最优的交易和交易策略. 这类模型在本章的前两节已经专门讨论, 这里不再赘述.

基于信息不对称理论的策略模型, 其中包括两种主要的方法: 序贯交易模型 (sequential trade) 和战略性交易 (strategic trade) 模型.

**序贯交易模型** 在序贯交易模型中, 假设被随机选择的交易者按序到达市场, 同时假设存在不同的交易者, 有所谓的 "知情交易者", 类似于本章开始介绍的信息投资交易者, 他们根据对某个资产的有价值的私人信息进行交易; 还有 "流动性投资交易者", 他们根据自身的投资组合调整或流动性等外部原因进行交易. 这种异质的市场交易者群体的假设奠定了大量信息不对称模型的基础, 进行方面开创性研究的有 Copeland 和 Galai (1983) 与 Glosten 和 Milgrom (1985).

Glosten 和 Milgrom(1985) 的模型假设交易资产的收益服从两点 (高、低) 分布, 并且在市场收盘后可以完全揭示分布的信息. 交易者的群体包括: 了解真实资产收益信息 (分布已知) 的知情交易者、不知情交易者和做市商. 各类交易者的交易方式假定: 知情交易者在真实的资产收益高 (低) 时买入 (卖出); 不知情交易者以相同的概率 (0.5) 随机进行买卖; 做市商也是不知道真实分布的, 但会根据已有的交易信息推断资产的真实分布并进行交易. 同时, 模型设定了市场上知情交易者的比例, 用于判断每次交易的交易者是否为知情交易者. 模型在上述基本假定下推断做市商的交易策略. 例如, 通过观察交易者的买入 (卖出) 请求, 做市商分别计算买入或卖出条件下的资产收益的条件期望. 进而做市商设定买卖报价, 目的是平衡从不知情的买方 (卖方) 获得的预期收益与知情的买方 (卖方) 带来的损失. 在每次交易结束后, 做市商以初始的分布假设作为先验, 应用贝叶斯方法和交易结果信息更新资产真实收益的分布, 并不断递推地更新做市商的资产收益概率分布. 同时, 做市商提供的一系列买卖价差也是资产收益概率分布 (参数) 和知情交易者相对比例的函数.

序贯交易模型意味着, 交易价格过程为鞅 (martingale) 过程; 订单流是自相关的 (买入后将更可能继续买入, 卖出后将更可能继续卖出); 随着时间的推移, 做市商的不确定性下降, 进而导致买卖价差收窄; 每个交易都具有价格影响 (作为新息更新分布).

随后, 一些文献对 Glosten 和 Milgrom(1985) 的模型在各个方向上进行了扩展和改进. Easley 和 O'Hara(1992) 认为交易不一定是等时间序贯进行的, 例如开盘时存在非常密集的随机交易事件. 进而, 他们在原模型中加入交易事件的不确定性. 在这种假设下, 如果交易是无信息的, 则知情交易者不会进行交易, 只有不知情的交易者 (随机) 在市场上交易. 此外, 他们进一步假设, 不知情的交易者不一定只有买入或卖出两个方式, 也可以不进行交易, 即不知情交易者按照三取值随机变量的均匀分布选择交易方式. 因此, 市场会出现无交易发生 (即交易过程放缓) 的情况, 这成为做市商进行决策的另一种信息. 从而, 除了买卖价差之外, 相邻的两次交易之间的时间间隔也是一种信息.

Easley 等 (1997) 和 Easley 等 (2002) 扩展了 Easley 和 O'Hara (1992) 的框架, 假设对资产真实价值有影响的交易事件的到达服从 Poisson 过程. 交易者在连续时间内随机到达, 且知情和非知情交易者的到达过程服从不同强度的 Poisson 过程. 于是, 每日买卖量的联合分布服从混合 Poisson 分布. 进一步, 基于有信息的交易事件到达过程的强度函数假设, 以及知情和未知情交易者到达过程的强度函数假设, 可以计算知情交易概率 (probability of information-based trading, PIN), 即随机选择的交易者是知情交易者的概率. Easley 等 (2008) 将此方法扩展到一种动态框架下, 可以估计随时间变化的 PIN.

**战略性交易模型** 在序贯交易模型中, 交易者只参与一次市场交易, 并没有考虑自己的交易决定对其他人后续行为的影响. 因此, 知情交易者的交易量最大, 他们不必考虑未来交易中可能出现的不利价格影响. 这种情况在战略性交易模型中却完全不同, 该模型中的交易者反复参与市场, 因此必须按照一定的战略进行交易. Kyle (1985) 是这方面的开创性工作, Kyle 模型仍然假设资产价值的随机模型是知情交易者已知的; 不知情交易者 ("噪声交易者") 随机提交订单流, 且其交易行为独立于资产的真实价值过程; 做市商接受不知情和知情交易者的交易需求, 通过提交买卖报价将市场所有的交易出清. 然而, 由于知情交易者可能会选择对自身有利的方向进行主动的交易 (订单量比例大), 为了做到在知情和不知情交易之间的中性, 做市商提供的价格应该为净订单量 (即知情交易者和非知情交易者总需求的净值) 的线性函数. 然而, 知情交易者也可以预计到这一点, 她会根据做市商的定价规则和自己的主动需求进行推测和计算利润. 在这种模型下, 知情交易者的利润不一定是正的, 因为流动性交易者的更高交易需求可能会推高做市商设定的价格. 此时, 知情交易者也需要考虑决策优化问题, 即选择使其预期利润最大化的交易需求, 进而可以推导出关于资产的真实价值的线性需求函数. 若做市商也在猜测知情交易者的优化决策, 他就可以根据自身的定价规则中的参数来计算知情交易者的线性需求函数. 在此之上, 该模型得到交易者需求函数的斜率与做市商定价规则 (买卖价差) 之间存在反比关系. 做市商定价规则的斜率决定了净订单流对价格的冲击影响, 通常被称为 "Kyle's Lambda ($\lambda$)".

Kyle(1985) 基于二元正态随机变量的假设来考察 Kyle's Lambda 的具体含义. 在这个框架中, 它可以是总需求与资产真实价值之间的协方差, 或者是噪声交易的方差项. Kyle 模型的一个结论是, 当资产的真实价值和做市商的无条件价格 (不考虑订单量) 偏差或噪声交易的方差加大时, 知情交易者的预期利润将上升. 后面的这个结论很有趣, 它意味着当市场中有更多的流动性时, 知情交易者的利润更高. Kyle 的模型随后得到了广泛的发展. 例如, Admati 和 Pfleiderer(1988) 以及 Foster 和 Viswanathan(1990) 考虑不知情的交易者也进行战略性交易; Foster 和 Viswanathan(1996) 考虑了多期模型.

总之, 基于市场微观结构理论的交易模型主要考虑如下三个变量, 这些变量是金融计量建模和机器学习方法应用时必须考虑的变量.

(1) 交易量　在 Easley 和 O'Hara(1987) 提出的模型中, 不允许交易者不进行交易, 而大的交易量则代表了一种信息. Blume 等 (1994) 分析了成交量的统计特性及其与市场价格的关系, 结果表明交易者可以从成交量中推断市场信息的品质和数量. 一个重要的结果是, 成交量提供了额外的无法从价格中推断的信息, 且成交量与收益率的波动率是相关的.

(2) 买卖价差　在 Glosten 和 Milgrom(1985) 的模型中, 做市商在确定买卖价差时会考虑逆向选择风险, 其与信息占优的市场参与者进行交易而带来亏损的概率越高, 买卖价差就越大. 此外, 买卖价差也与做市商的库存风险和风险厌恶水平呈正相关. 在 Easley 和 O'Hara(1992) 的方法中, 做市商利用无交易时间的信息来推断是否存在新的信息, 并得出交易滞后的时间与买卖价差呈负相关关系.

(3) 交易停滞时间　Diamond 和 Verrecchia(1987) 提出了一个带卖空约束的理性预期模型, 认为市场中没有交易与 "坏" 消息将要发生有关; 没有交易是有信息的, 并且与价格的波动相关. 在这个框架下, 交易停滞时间变量之所以重要, 可能只是因为有卖空限制. 而 Easley 和 O'Hara(1992) 认为, 只要存在有信息的信号, 知情交易者就会进场, 而非知情交易者可能会不交易, 因此, 较短的交易停滞时间可能表明存在信息. Admati 和 Pfleiderer(1988) 解释了交易停滞时间的聚类现象, 在他们的框架中, 流动性交易者倾向于最小化交易成本, 并在其他交易者在场的情况下进行交易; 在均衡状态下, 知情交易者的最优交易方式也应如此. 因此, 交易会出现聚集现象, 且交易停滞时间也会呈现正的自相关.

另一个关于高频交易的金融理论研究方向是基于订单流 (簿) 的交易模型. Glosten(1994) 是对限价订单市场进行建模的开创性工作, 虽然该文的主要出发点是分析电子化交易所 (平台) 与其他交易所的竞争优势, 但文章推导了一般的订单簿市场中基于订单簿信息确定均衡价格 (成交) 的一些理论结果, 其方法和结论对于所有的订单簿市场均适用.

Glosten 的模型的基本背景变量如下:

(1) 投资者行为　①交易行为向量 $\omega$, 代表了偏好、信息、投资组合头寸等不可观测的信息. ②订单簿的成交变量和函数, $q$ 手订单的总成交金额为 $R(q)$, $R(q)$ 可以表示为某个函数 $R'(q)$ 的勒贝格 (Lebesgue) 积分, $R'(q)$ 表示边际成交价格. ③最优化的价值函数用 $W(-R(q), q; \omega)$ 表示, 其中第一个分量表示资金额, 第二个分量表示仓位头寸; 给定 $\omega$ 时, $W(x_1, x_2; \omega)$ 是 $(x_1, x_2)$ 的拟凹函数 (quasi-concave function), 且关于 $x_1$ 为严格增函数; 进一步定义边际价值函数

$$M(q, R(q); \omega) = \left.\frac{\partial W(x_1, x_2; \omega)/\partial x_2}{\partial W(x_1, x_2; \omega)/\partial x_1}\right|_{(-R(q), q)}.$$

(2) 买卖均衡　①资产基于全部当前信息的价值为随机变量 $X$, 具体定义为未来供需流动性的期望贴现值; ②上尾期望函数 $V(m, q, R(q))$ 和下尾期望函数 $v(m, q, R(q))$:

$$V(m, q, R(q)) = E[X | M(q, R(q); \omega) \geqslant m],$$
$$v(m, q, R(q)) = E[X | M(q, R(q); \omega) \leqslant m].$$

Glosten 的模型的分析框架为 (i) 考虑在已知所有历史公开信息的条件下, 投资者如何交易; (ii) 在已知所有过去的公开信息和可能的私人信息的条件下, 投资者如何对 (i) 中的交易作出反应; (iii) 后续如何对 (ii) 的交易期望加以修订. 每次交易结束后, 将会更新公开信息集合, 包括原始的公开信息、新的公开信息、新发生的交易的信息, 进而更新 (i) 的交易状况. 不断循环上述过程.

Glosten 的模型的主要命题如下.

命题 1 给出了三种情况下投资者的 “最优” 交易量 $q$, 特别是情景 (i) 下的解为方程 $M(q, R(q); \omega) = R'(q)$ 的解.

命题 2 给出了四种买卖均衡的情况. 其核心是, 存在无穷小的限价单提供者的情况下, 纳什均衡意味着订单簿中的价格 $p_i$、低于价格 $p_i$ 的订单量 $\mathrm{AQ}_{i-1}$ 、这

些订单的总金额 $R_{i-1}$ 满足下面的零利润价格条件:

$$\int_{\mathrm{AQ}_{i-1}}^{\mathrm{AQ}_i} (p_i - V(p_i, d, R_{i-1} + p_i(d - \mathrm{AQ}_{i-1}))) \\ \times P\{M(d, R_{i-1} + p_i(d - \mathrm{AQ}_{i-1})) \geqslant p_i\}\mathrm{d}d = 0.$$

命题 3 给出了均衡状态的一般性特征, 进而可以深入了解影响均衡的主要动因 (driving force). 该命题表明, 如果出现了严格的逆向选择, 则限价订单簿总是存在正的买卖价差; 订单簿的价格可以是任意的, 且成交量较小的买卖价差可以一直存在. 这意味着, 投资者在提交最优卖价时必须充分理解所有买单的信息, 反之最优买单亦应如此.

命题 4 证明了在离散情况下, 最优卖价约为 "上尾" 预期, 最优买价约为 "下尾" 预期. 在连续价格情况下, 边际卖价等于 "上尾" 预期, 边际买价等于 "下尾" 预期.

Chakravarty 和 Holden(1995)、Handa 和 Schwartz(1996)、Seppi(1997)、Kavajecz(1999)、Viswanathan 和 Wang(2002) 以及 Parlour 和 Seppi(2003) 从多个方向扩展了 Glosten 的模型. 然而, 虽然静态的均衡模型有助于我们对限价订单簿结构的深入了解, 但却不能用于分析订单流和限价订单簿状态之间的 (动态) 交互关系.

Parlour(1998) 提出了一个动态博弈论均衡模型, 交易者对资产有各自不同的估值, 并可以在市价单、限价单或不交易之间进行选择. 由于预期的未来订单流受其自身订单提交策略的影响, 因此限价单的执行概率是内生的, 这导致交易者的订单提交策略会呈现出系统性模式. 具体而言, 这将导致订单簿市场存在一种 "挤出" 效应, 即当订单簿队列发生变化时, 市价单和限价单会相互挤出. 例如, 市价买单能够降低卖方订单簿的深度, 进而提高限价卖单的成交概率. 因此, 对于潜在卖方而言, 限价单相对于市价单的吸引力上升, 导致市价卖单被挤出, 转而支持限价卖单.

Foucault(1999) 提出了另一种动态博弈理论均衡模型来研究市价单和限价单之间的截面行为以及隐含的交易成本, 分析了被剔除 (picked off) 风险和未执行风险对交易者订单提交策略的影响, 并得出了关于订单流中限价单和市价单比例、填充率 (已执行限价单的百分比)、交易成本和资产价格波动性之间可检验的关系.

2. 基于高频交易数据模型的高频交易策略

鉴于高频数据多样且海量, 基于历史数据对资产价格的未来变化进行预测是一个看上去很有可能且应用广泛的研究领域, 吸引了统计、计量和机器学习应用的学术研究和业界实践.

高频数据的一些独特性质对计量和统计建模提出了新的挑战. 交易数据的一个主要特征是时间间隔不规则, 如何在计量经济学模型中处理这一突出属性的问题并不简单. 事实上, 交易事件之间的间隔时间传递着信息, 是一个有价值的经济变量, 可作为衡量交易活动的指标, 并影响价格和交易量行为. 由于市场事件发生的时间存在先后顺序, 因此我们通常将数据统计为点过程. 点过程描述了单个事件沿时间轴随机发生的特征, 依赖于可观察的特征和过程历史. 2003 年诺贝尔经济学奖获得者罗伯特 • 恩格尔 (Robert F. Engle) 在 1996 年伊斯坦布尔召开的第 51 届欧洲计量经济学会会议上首次讨论了点过程模型在金融计量经济学中的重要性. 他的论文 Engle (2000) 可以看作是高频金融计量学研究快速增长的起点.

金融高频数据的另一个重要特性是价格、报价、买卖价差或 (例如) 固定间隔内的交易计数的离散性. 此外, 大多数高频变量都是正值、正自相关、强持续性的, 并且具有明显的日内周期性. 最后, 交易和订单过程本质上是高维的, 揭示了复杂的多元动态结构. 为了捕捉这些特性, 大量学术研究结合 (多元) 时间序列模型的特点, 开发了新型的计量经济模型.

Cont(2011) 是纯粹从统计建模实证视角研究高频交易的代表性文献. 作者认为, 交易层面的动态变化不能仅用价格的变化来描述, 还必须通过对最优买卖价以及可能的其他订单簿信息的建模, 来研究不同类型的买入和卖出订单之间的相互作用. Cont(2011) 在模型方面主要考虑了以下几个模型, 并进行了简单的实证研究.

(1) 订单簿动态模型: 排队系统. 订单簿可以表示为一个多元排队系统, 交易者发出买卖限价单相当于向该系统提出 “服务请求”, 而系统提供的 “服务” 则是这些服务请求被市价单执行, 或在执行前取消. 因此, 自然可以用点过程和排队论的方法进行建模. 对订单流进行排队系统建模需要考虑不同类型的订单事件, 例如限价买入、限价卖出、市价买入、市价卖出、取消买入、取消卖出的到达强度以及这些订单的执行规则. 然后, 订单簿的演变则由订单流模型驱动. 在此基础上, 我们便可得到交易间隔时间、成交价格和买卖价差的动态模型. 作者还对订单簿的最优买卖价数据进行了实证建模.

(2) 在订单分布连续、订单提交时间连续的极限情况下, 订单簿两边的订单量将服从取值为正的二元扩散过程.

(3) 价格冲击模型. 文中指出, 现有的各种价格冲击研究并未在模型方面达成共识, 价格冲击可以是线性、非线性、平方根、临时、瞬时、永久或瞬态的. 唯一的共识似乎是直觉上的观点, 即供需失衡会冲击价格. 因此, 作者提出价格变化量与订单流的不平衡量 (order flow imbalance, OFI) 之间的线性回归模型, 并进行了简单的实证分析.

(4) 波动率与订单流的关系. 基于订单簿的动态模型, 计算价格过程的极限扩散过程, 便可刻画在较长的时间尺度上的价格扩散行为. 作者基于最优买卖价订单簿模型得到了价格在给定时间间隔 $T$ 的变化量的标准差 $\sigma$ 与订单流的统计量的如下关系, $\sigma = \delta v \lambda \frac{\sqrt{\pi T}}{D}$, 其中, $\delta$ 表示最小报价单位, $\lambda$ 表示单位时间的订单量, $D = \sqrt{E(XY)}$, $X$ 和 $Y$ 分别代表订单簿中买卖两个队列的订单量的几何平均随机变量, $v$ 表示 $X$ 和 $Y$ 的标准差 (假设相等).

近些年的高频计量研究主要集中于股价变化预测的研究, 这里的价格可以是最优买价、最优卖价或者中间价, 也可以是对买卖价差进行预测.

### 7.3.3 我国资本市场的高频投资

我国股票市场的微观结构具有以下特征: T+1 交易制度、只能在一个交易所进行交易、阴历的节假日不规则、未指定做市商、(买空) 交易成本较高、批量挂单和撤单受限等. 这些微观结构直接对实施高频投资策略形成硬性的约束, 因此, 要研究我国股票市场的高频投资策略应该首先考虑这些市场微观结构的限制.

对于没有指定做市商的金融资产交易市场, 我们可以将每日交易的参与者分为有信息的交易者和无信息 (噪声) 交易者, 前者带有对所交易资产的明确的信息进行交易, 后者是随机选取资产进行交易.

本节后面部分将基于我国资本市场在高频交易上的可操作性, 主要介绍基于高频交易数据进行建模进而基于模型输出交易信号的高频策略的主要方法, 并利用股指期货和现货为例简单说明高频交易策略的具体过程.

## 7.4 案例: 沪深 300 股指期现高频套利

本节我们基于沪深 300 股指期货与现货来构造一种期现高频套利策略. 期现套利的核心思想是: 由于股指期货以股票指数本身为标的, 因此二者的价格走势在长期内具有天然的高度相关性; 而如果短时间内二者的相关性出现了偏离, 那么二者的相关性在未来一段时间内大概率会重新恢复到原先的水平. 由于这种套利机会通常转瞬即逝, 因此通常需要基于高频数据进行交易. 本案例将使用 3 秒频率的五档盘口快照数据进行期现套利的策略设计与回测.

为了构造期现套利策略, 我们需要使用可交易的期货与现货产品. 沪深 300 指数期货 (IF) 于 2010 年 4 月 16 日在中国金融期货交易所推出, 标的为沪深 300 指数, 是我国最早推出的股指期货品种. 本案例使用其主力合约来构造策略. 而沪深 300 指数本身不可交易, 因此我们不能将该指数本身作为现货来构造策略, 而是应当将沪深 300 指数 ETF 作为现货. ETF(Exchange Traded Fund, 交易所交易基金) 是在交易所上市交易的开放式基金, 沪深 300 指数 ETF 即为一种跟踪沪深 300 指数的 ETF 指数基金, 其可以像股票和期货一样在交易所内交易, 同时也可以跟踪指数本身的走势. 本案例将以华泰柏瑞沪深 300ETF (基金代码: 510300)

作为现货产品. 该产品于 2012 年 5 月 4 日推出, 由华泰柏瑞基金公司发行, 由工商银行托管, 在上海证券交易所交易. 根据该产品的招募说明书, 其目标基金净值的计算方法为

$$\text{华泰柏瑞沪深 300ETF 目标净值} = \frac{\text{沪深 300 指数收盘值}}{1000}. \tag{7.9}$$

例如, 如果沪深 300 指数点位为 4502, 则华泰柏瑞沪深 300ETF 的目标基金净值为 4.502 元.

表 7.1 总结了本案例使用的期货与现货品种 (沪深 300 股指期货主力合约与华泰柏瑞沪深 300ETF) 的基本信息. 可以看出, 两种产品具有相同的交易时段, 但在不同交易所推出, 且具有不同的最小报价单位. 因此, 在实际交易时, 交易者如果希望实现期现套利, 需要向不同的交易所发出交易指令, 且需要根据不同的交易规则设计不同的报价方式.

**表 7.1　沪深 300 股指期货与沪深 300 指数 ETF 基本信息**

| 产品名称 | 交易所 | 最小报价单位 | 交易时段 |
|---|---|---|---|
| 沪深 300 股指期货主力合约 | 中国金融期货交易所 | 0.2 点 | 9:30～11:30, 13:00～15:00 |
| 华泰柏瑞沪深 300ETF | 上海证券交易所 | 0.001 元 | 9:30～11:30, 13:00～15:00 |

1. 案例研究目的

本案例的研究目的如下.

(1) 了解 ETF 的基本概念;

(2) 掌握基于协整关系的股指期现套利策略构建方法;

(3) 掌握高频五档盘口快照数据的基本术语, 例如最低卖价、最高买价、买卖价差、中间价等, 以及它们的基本特征;

(4) 掌握基于订单簿进行交易的交易逻辑;

(5) 体会高频交易的策略设计及回测方式与低频投资的区别.

2. 策略基本设定

投资策略与回测的基本参数设定如下:

**投资标的**　沪深 300 股指期货主力合约、华泰柏瑞沪深 300ETF.

**初始资金**　初始资金 10 万元.

**调仓频率**　每隔 3 秒判断是否需要调仓.

**回测时段**　2021 年全年.

**数据**　沪深 300 股指期货主力合约 (以下简称 “期货”)、华泰柏瑞沪深 300ETF (以下简称 “现货”) 的 3 秒频率五档盘口快照数据.

表 7.2 展示了 2021 年 1 月 5 日开盘后 15 秒 (即 9:30:00 至 9:30:15) 的期货与现货的 3 秒频率五档盘口快照数据. 从表中可以看出, 从卖一到卖五, 价格依次

表 7.2 3 秒频率五档盘口快照数据示例 (2021 年 1 月 5 日, 9:30:00~9:30:15)

| 沪深 300 股指期货主力合约 (期货) | | | | | | | | | | |
|---|---|---|---|---|---|---|---|---|---|---|
| 时间 | 买一价 | 买一量 | 买二价 | 买二量 | 买三价 | 买三量 | 买四价 | 买四量 | 买五价 | 买五量 |
| 9:30:00 | 5246.6 | 1 | 5246.4 | 9 | 5246.0 | 2 | 5245.8 | 2 | 5245.6 | 25 |
| 9:30:03 | 5246.6 | 5 | 5246.4 | 5 | 5246.2 | 1 | 5246.0 | 6 | 5245.8 | 1 |
| 9:30:06 | 5240.0 | 59 | 5239.6 | 13 | 5238.0 | 1 | 5237.6 | 1 | 5237.4 | 1 |
| 9:30:09 | 5240.0 | 9 | 5239.6 | 14 | 5238.8 | 3 | 5238.0 | 1 | 5237.6 | 1 |
| 9:30:12 | 5240.6 | 2 | 5240.0 | 2 | 5239.6 | 2 | 5239.2 | 8 | 5238.8 | 3 |
| 9:30:15 | 5240.6 | 1 | 5240.4 | 4 | 5240.2 | 14 | 5240.0 | 7 | 5239.2 | 1 |
| 时间 | 卖一价 | 卖一量 | 卖二价 | 卖二量 | 卖三价 | 卖三量 | 卖四价 | 卖四量 | 卖五价 | 卖五量 |
| 9:30:00 | 5249.0 | 23 | 5249.2 | 25 | 5249.4 | 32 | 5249.6 | 3 | 5249.8 | 7 |
| 9:30:03 | 5247.2 | 2 | 5247.4 | 7 | 5247.6 | 13 | 5248.0 | 5 | 5248.2 | 1 |
| 9:30:06 | 5242.2 | 46 | 5243.4 | 5 | 5244.4 | 1 | 5244.6 | 6 | 5244.8 | 1 |
| 9:30:09 | 5240.6 | 2 | 5240.8 | 5 | 5241.0 | 2 | 5241.2 | 1 | 5241.4 | 1 |
| 9:30:12 | 5240.8 | 1 | 5241.0 | 1 | 5241.2 | 1 | 5241.6 | 5 | 5241.8 | 3 |
| 9:30:15 | 5241.4 | 1 | 5241.8 | 1 | 5242.0 | 20 | 5242.2 | 7 | 5242.6 | 5 |

| 华泰柏瑞沪深 300ETF(现货) | | | | | | | | | | |
|---|---|---|---|---|---|---|---|---|---|---|
| 时间 | 买一价 | 买一量 | 买二价 | 买二量 | 买三价 | 买三量 | 买四价 | 买四量 | 买五价 | 买五量 |
| 9:30:00 | 5.321 | 115200 | 5.320 | 118600 | 5.319 | 5000 | 5.318 | 13400 | 5.317 | 16000 |
| 9:30:03 | 5.315 | 2300 | 5.314 | 10500 | 5.313 | 1800 | 5.312 | 66700 | 5.311 | 345500 |
| 9:30:06 | 5.312 | 1100 | 5.311 | 35500 | 5.310 | 854900 | 5.309 | 1600 | 5.308 | 212100 |
| 9:30:09 | 5.312 | 53600 | 5.311 | 52400 | 5.310 | 257200 | 5.309 | 1600 | 5.308 | 112100 |
| 9:30:12 | 5.305 | 73400 | 5.304 | 22200 | 5.303 | 93600 | 5.302 | 818000 | 5.301 | 71100 |
| 9:30:15 | 5.305 | 57300 | 5.304 | 22200 | 5.303 | 93600 | 5.302 | 118000 | 5.301 | 71100 |
| 时间 | 卖一价 | 卖一量 | 卖二价 | 卖二量 | 卖三价 | 卖三量 | 卖四价 | 卖四量 | 卖五价 | 卖五量 |
| 9:30:00 | 5.322 | 91200 | 5.323 | 284700 | 5.324 | 11100 | 5.325 | 164400 | 5.326 | 211200 |
| 9:30:03 | 5.318 | 257900 | 5.319 | 322000 | 5.320 | 406500 | 5.321 | 612300 | 5.322 | 207500 |
| 9:30:06 | 5.314 | 600000 | 5.315 | 200900 | 5.316 | 900000 | 5.317 | 900000 | 5.318 | 1100 |
| 9:30:09 | 5.313 | 899500 | 5.314 | 314400 | 5.318 | 1000 | 5.319 | 185400 | 5.320 | 688000 |
| 9:30:12 | 5.308 | 299500 | 5.310 | 100000 | 5.312 | 39200 | 5.313 | 2009000 | 5.314 | 10800 |
| 9:30:15 | 5.310 | 686600 | 5.312 | 935900 | 5.313 | 901800 | 5.314 | 12800 | 5.316 | 100 |

升高; 从买一到买五, 价格依次降低. 不同价格档位有不同的委托量. 即使在很短 (3 秒) 的时间内, 各个档位的委托价与委托量也会出现较大波动. 例如, 现货的买一价在 9:30:00 为 5.321 元, 但在 9:30:03 即变为 5.315 元, 变动了 6 个最小报价单位 (0.001 元). 此外, 虽然期货与现货的价格高度相关, 但二者在 3 秒内的变化情况也并非始终一致. 例如, 现货的买一价在 9:30:00 至 9:30:03 之间减小了 6 个最小报价单位, 但期货的买一价在这段时间内则未发生变化, 始终为 5246.6. 这种期现货不一致的变动情况通常能给我们带来套利机会.

图 7.1 与图 7.2 分别展示了期货与现货在 2021 年 1 月 5 日的日内最优报价 (最高买价与最低卖价) 的走势. 从图中可以看出, 期货与现货的日内走势十分相似, 最低卖价与最高买价的走势也几乎一致. 图中最下方还绘制了最低卖价与最高买价之差, 即买卖价差. 买卖价差的最小取值应为最小报价单位 (见表 7.1), 且随着交易不断进行, 买卖价差也会发生变化. 对比两图可以发现, 期货的买卖价差取值更多样, 而现货的买卖价差在这一天内只取了 0.001、0.002、0.003、0.004 与 0.005 这五个取值. 这是因为, 期货价格的数量级较高 (5300 元左右), 而现货价格的数量级较小 (5.400 元左右). 因此, 对于现货而言, 微小的报价差异会为交易者带来明显的盈亏变动, 从而现货订单簿上的买卖报价更为紧凑, 买卖价差取值集中在最小报价单位 0.001 元附近.

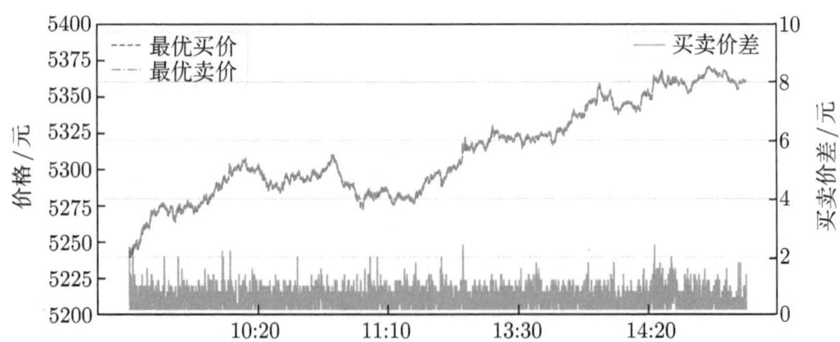


图 7.1 沪深 300 股指期货主力合约的日内最优报价走势, 2021 年 1 月 5 日

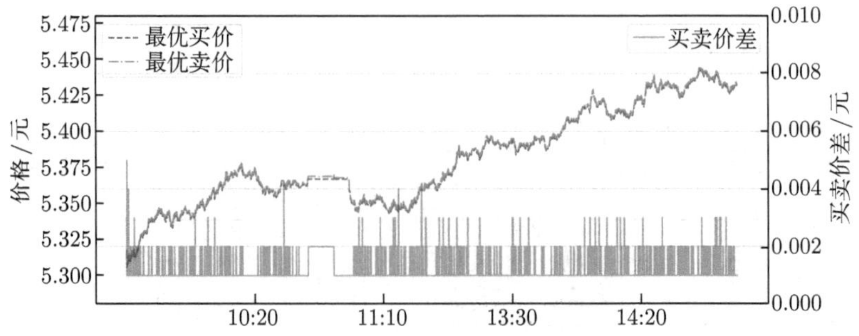


图 7.2 华泰柏瑞沪深 300ETF 的日内最优报价走势, 2021 年 1 月 5 日

图 7.3 展示了期货与现货在 2021 年的 3 秒中间价走势图 (中间价即为最高买价与最低卖价的算术平均值). 为便于比较二者, 我们将现货价格乘以 1000, 这是因为现货价格跟踪的是指数的 1/1000, 见 (7.9) 式. 从图 7.3 可以看出, 期货与现货在全年具有非常类似的走势, 均在 5000 元至 6000 元左右上下震荡, 但二者并非完全一致. 现货与期货价格之间的差叫做基差 (basis). 图像表明, 绝大多数时间的基差为正, 2021 年上半年的基差较小, 下半年基差较大.

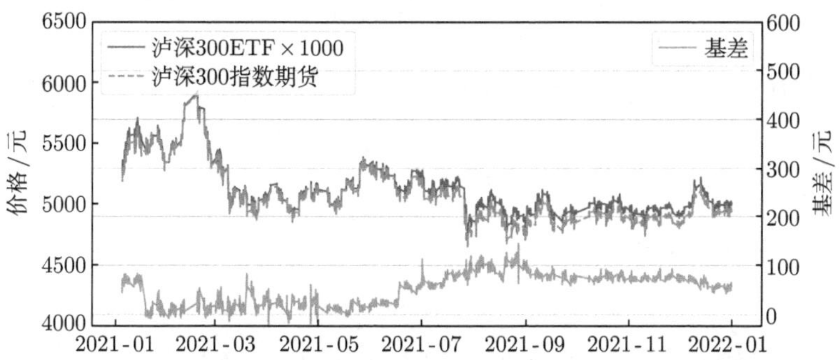


图 7.3　沪深 300 股指期货主力合约与华泰柏瑞沪深 300ETF 3 秒频率中间价, 2021 年全年

本案例中, 为简单起见, 我们将仅使用期货与现货的最高买价 (买一价) 与最低卖价 (卖一价) 来构造高频套利策略并回测. 下文中使用的符号定义如下:

(1) 每日总交易时长为 4 小时. 时间 $t$ 以每 3 秒为一单位, 于是每日共有 $4\times60\times60/3=4800$ 个 3 秒, 即 $t=1,2,\cdots,4800$.

(2) 对于 $t=1,2,\cdots,4800$, 记现货在 $t$ 时刻的最高买价与最低卖价分别为 $S_t^b$ 与 $S_t^a$, 记期货在 $t$ 时刻的最高买价与最低卖价分别为 $F_t^b$ 与 $F_t^a$.

(3) 对于 $t=1,2,\cdots,4800$, 记现货与期货在 $t$ 时刻的中间价分别为 $S_t^m$ 与 $F_t^m$, 即

$$S_t^m=\frac{S_t^a+S_t^b}{2},\quad F_t^m=\frac{F_t^a+F_t^b}{2},\quad t=1,2,\cdots,4800. \tag{7.10}$$

(4) 初始资金 $X_0=10$ 万元.

3. 投资策略

对于每一交易日, 开盘后 30 分钟 ($t\leqslant600$) 内不持仓. 从开盘后 30 分钟开始, 即 $t=600,601,\cdots,4799$, 进行如下操作.

(1) 若 $t=600,1200,\cdots,4200$(即每隔半小时), 则利用 $t-600$ 至 $t-1$ 时刻的中间价数据, 用最小二乘法估计如下线性回归模型中的 $\alpha$ 与 $\beta$:

$$S_s^m=\alpha+\beta F_s^m+\varepsilon_s,\quad s=t-600,t-599,\cdots,t-1, \tag{7.11}$$

其中 $\varepsilon_s$ 为误差项. 记每半小时更新的估计结果分别为 $\hat{\alpha}$ 与 $\hat{\beta}$. 进一步, 更新期现价差序列

$$D_s = S_s^m - \hat{\alpha} - \hat{\beta} F_s^m, \quad s = 1, 2, \cdots, 4800.$$

在 $t = 600, 1200, \cdots, 4200$(即每隔半小时) 时刻更新期现价差序列标准差的估计值 $\hat{\sigma}$:

$$\hat{\sigma} = \sqrt{\frac{\sum_{s=t-600}^{s=t-1}(D_s - \hat{\mu})^2}{600-1}}, \quad \hat{\mu} = \frac{\sum_{s=t-600}^{s=t-1} D_s}{600},$$

并进一步更新上穿阈值 $U$ 与下穿阈值 $L$:

$$U = +2\hat{\sigma}, \quad L = -2\hat{\sigma}. \tag{7.12}$$

(2) 根据 $t$ 时刻的期现价差 $D_t$ 以及仓位判断接下来 3 秒的持仓.
若当前未持仓, 且

- $D_t > U$, 则接下来 3 秒卖空期现价差, 具体地, 按照当前时刻最高买价 $S_t^b$ 卖出 $\dfrac{X_0}{S_t^b}$ 份现货, 按照当前时刻最低卖价 $F_t^a$ 买入 $\hat{\beta}\dfrac{X_0}{S_t^b}$ 份期货;
- $D_t < L$, 则接下来 3 秒做多期现价差, 具体地, 按照当前时刻最低卖价 $S_t^a$ 买入 $\dfrac{X_0}{S_t^a}$ 份现货, 按照当前时刻最高买价 $F_t^b$ 卖出 $\hat{\beta}\dfrac{X_0}{S_t^a}$ 份期货;
- $L \leqslant D_t \leqslant U$, 则接下来 3 秒不持仓.

若当前为做多期现价差的状态, 且

- $D_t > U$, 则接下来 3 秒改成卖空期现价差, 具体地, 按照当前时刻最高买价 $S_t^b$ 卖出 $2\dfrac{X_0}{S_t^b}$ 份现货, 按照当前时刻最低卖价 $F_t^a$ 买入 $2\hat{\beta}\dfrac{X_0}{S_t^b}$ 份期货;
- $D_t \leqslant U$, 则接下来 3 秒继续做多期现价差.

若当前为卖空期现价差的状态, 且

- $D_t < L$, 则接下来 3 秒改成做多期现价差, 具体地, 按照当前时刻最低卖价 $S_t^a$ 买入 $2\dfrac{X_0}{S_t^a}$ 份现货, 按照当前时刻最高买价 $F_t^b$ 卖出 $2\hat{\beta}\dfrac{X_0}{S_t^a}$ 份期货;
- $D_t \geqslant L$, 则接下来 3 秒继续卖空期现价差.

(3) 若 $t = 4800$(当日最后时刻) 仍有持仓, 则强行平仓, 即

- 若为做多期现价差状态, 则按照当前时刻最高买价 $S_t^b$ 卖出 $\dfrac{X_0}{S_t^b}$ 份现货, 按照当前时刻最低卖价 $F_t^a$ 买入 $\hat{\beta}\dfrac{X_0}{S_t^b}$ 份期货;
- 若为做空期现价差状态, 则按照当前时刻最低卖价 $S_t^a$ 买入 $\dfrac{X_0}{S_t^a}$ 份现货, 按照当前时刻最高买价 $F_t^b$ 卖出 $\hat{\beta}\dfrac{X_0}{S_t^a}$ 份期货.

我们对交易信号的生成方式加以解释. 首先, 我们假设期货与现货之间存在 (7.11) 式的关系, 且这种关系在未来一段时间内会保持不变. 在统计学中, (7.11) 式表示期货与现货价格之间存在协整关系 (cointegration). 我们进一步用 (7.12) 式计算上穿阈值 $U$ 与下穿阈值 $L$, 它们由价差序列的 2 倍标准差决定. 如果期现价差取值 $D_t$ 上穿 $U$(或下穿 $L$), 我们认为当前期现价差取值与原本的协整关系存在较为明显的偏离, 因此预期期现价差在未来会下降 (或上升), 从而卖空期现价差 (或做多期现价差). 由此可见, 该期现套利策略本质上是一个择时策略, 对期限价差进行择时, 择时信号由上穿阈值 $U$ 与下穿阈值 $L$ 决定.

图 7.4 为该交易策略的示意图. 该期现价差序列截取自 2021 年 1 月 5 日 10:00~10:30. 用该时间段之前半小时 (9:30~10:00) 计算得到的期现价差序列标准差 $\hat{\sigma} = 1.42$, 于是上穿与下穿阈值分别为

$$U = 2\hat{\sigma} = 2.84, \quad L = -2\hat{\sigma} = -2.84. \tag{7.13}$$

图 7.4 中, 正三角形表示期现价差序列下穿 $L$, 即出现做多期现价差的信号; 倒三角形表示期现价差序列上穿 $U$, 即出现卖空期现价差的信号. 该序列在 10:05 左右下穿 $L$、在 10:20 左右上穿 $U$、在 10:30 左右下穿 $L$. 因此, 交易者在 10:05~10:20 左右做多期现价差, 在 10:20~10:30 左右做空期现价差, 赚取期现价差波动带来的收益.

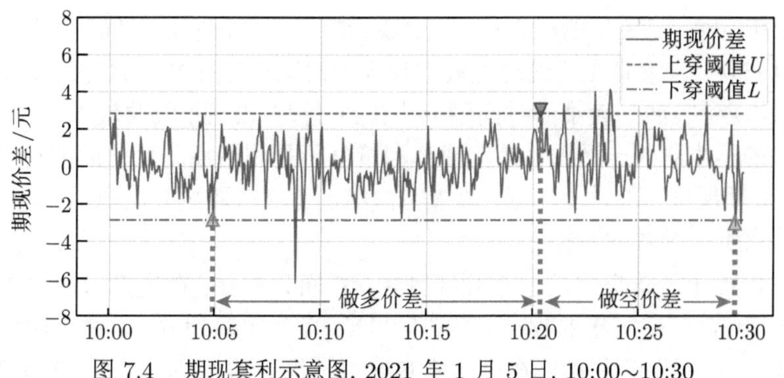


图 7.4 期现套利示意图, 2021 年 1 月 5 日, 10:00~10:30

本案例虽然本质上是对期现价差进行择时, 但与第 3 章的螺纹钢期货择时案例有如下两点不同.

第一, 本案例涉及期货与现货两种证券. 由于期现价差本身无法交易, 因此为了赚取期现价差波动带来的收益, 我们需要买入 (或卖出) 一定数量的现货, 并卖出 (或买入) $\hat{\beta}$ 倍数量的期货, 进而实现买入或卖出期现价差的目的.

第二, 本案例是高频套利策略, 我们将订单簿报价考虑在内. 在买入证券时, 我们认为交易者按照最低卖价买入; 在卖出证券时, 我们认为交易者按照最高买价卖出. 但在本书先前的所有案例中, 我们始终认为, 一种证券在同一时刻只有一个价格, 投资者只能按照该价格进行买卖. 这正是高频交易与低频投资的重要区别. 与低频投资相比, 在高频交易层面, 除了设计合理的策略以外, 我们还需要考虑如何下单——下何种单、以何种委托量、以何种委托价, 等等.

需要指出的是, 按最低卖价买入、最高买价卖出仅仅是本案例做出的简化假设. 在实际交易中, 由于信号延迟、档位挂单量不够等因素, 交易者未必能按照对手方的最优报价实现交易. 但即使是这样的一个简化假设, 我们也可以看到, 假定某证券在一段时间内的最优报价未发生变化, 交易者如果先按最低卖价买入、再按最高买价卖出该证券, 也会亏损一个买卖价差. 因此, 对于高频交易策略而言, 除了买卖证券的手续费以外, 交易者至少还要保证自己的策略收益能超过买卖价差导致的亏损.

此外, 本案例与第 3 章的螺纹钢期货择时案例也有类似之处. 第一, 本案例中, 我们也始终要求买入 (或卖出) 现货的总价值为初始资金 $X_0$, 即 10 万元. 第二, 本案例最后一步要求每日最后一个时刻不持仓, 即使持有仓位也要立刻平仓.

4. 回测结果与分析

本节展示该期现套利策略的回测结果. 图 7.5 展示了该策略在 2021 年全年的 P&L 曲线. 我们假设交易有双边 0.01%的手续费. 从图中可以看出, 该策略在 10 月之前的整体表现较好, 累积收益稳步上升, 但在 11 月与 12 月表现较差, 收益出现下降. 除了 P&L 曲线之外, 图中还绘制了期现价差的时间序列. 对比两条曲线可以发现, 该策略在期现价差波动较大的时间段 (例如 1 月与 3 月) 收益较高, 但在期现价差波动较小的时间段 (例如 11 月与 12 月) 收益较低. 这一结果是与该策略的基本思想一致的. 该期现套利策略正是利用期现价差的波动来获取收益, 而如果期现价差波动不明显, 该策略自然也无法获取更高的收益, 甚至可能无法弥补买卖价差导致的亏损.

表 7.3 给出了该策略的一系列评判指标. 可以看到, 在考虑双边 0.01%手续费的情况下, 该策略全年的收益率为 79.05%, 夏普比率为 6.58, 最大回撤仅 0.46 万元. 因此, 该期现套利策略在全年确实取得了优异的表现. 此外, 该策略平均每

日开仓 18.26 次, 开仓次数较多.

**表 7.3 期现套利策略评判指标 (2021 年全年, 年化结果, 双边 0.01%手续费)**

| 全年收益率 | 标准差 | 夏普比率 | 最大回撤/万元 | 平均每日开仓/次 |
|---|---|---|---|---|
| 79.05% | 12.01% | 6.58 | 0.46 | 18.26 |

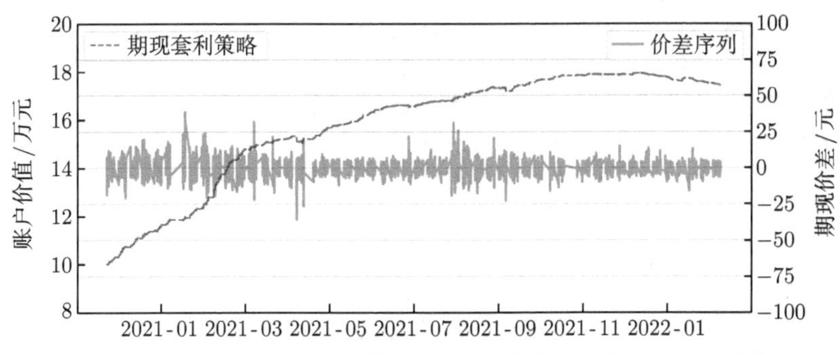


图 7.5 期现套利策略回测结果, 2021 年全年 (双边 0.01%手续费)

5. 结论

(1) 使用基于协整关系的期现套利策略对沪深 300 股指期货主力合约与华泰柏瑞沪深 300ETF 进行 3 秒级别的高频套利, 在 2021 年取得了较好效果.

(2) 基于价差的高频套利策略的盈利情况很大程度上取决于两种证券之间是否有长期稳定的模式, 以及价差波动程度是否足够大.

(3) 设计并回测高频策略时, 应当将订单簿考虑在内. 只有当高频策略的收益超出买卖价差以及手续费时, 高频交易者才能盈利.

至此, 我们完成了使用协整关系对沪深 300 股指期现货进行高频套利的案例研究. 本案例的重点在于两方面, 一方面是掌握期现套利策略的基本方法, 另一方面是掌握订单簿相关知识. 最后需要指出的是, 现实中的高频交易有很多不确定性. 例如, 交易者收到的实时快照数据源可能存在延迟, 交易者观察到的快照数据可能早已并非当前市场的行情. 再比如, 我们假设交易者能按照最低卖价买入, 按照最高买价卖出, 但实际交易中很可能因为最优档位的挂单量不够, 导致交易者实际无法全部按照最优报价成交. 因此, 虽然案例的结果表现较好, 但不意味着读者直接用此方法来进行交易就一定可以获利. 我们希望读者学习完本案例, 能体味高频交易与低频投资的区别, 并根据自身实际情况创造出适合自己的高频套利策略.

# 习　题　七

(1) 在 Avellaneda-Stoikov 模型中, 设定参数 $\gamma$ 与 $k$ 的不同取值, 绘制做市商最优买卖报价之差 $p_t^a - p_t^b$ 随两个参数取值变化的图像, 并解释图像含义.

(2) 收集中国 A 股十只股票在历史一个月内的逐笔下单数据,

(a) 分别统计每只股票在这段时间内的限价单个数与市价单个数. 比较不同股票的订单数, 分析订单数是否与股票特征 (例如股价、市值等) 有关.

(b) 对每只股票, 统计相邻两次下单时间间隔的分布, 用指数分布、对数正态分布、幂律分布等分布进行拟合, 比较哪种分布的拟合效果最好.

(3) 收集沪深 300 股指期货与现货近一年的 3 秒快照行情数据.

(a) 检验协整关系式 (7.11) 中的参数是否统计显著.

(b) 仿照本章案例, 构造沪深 300 股指期现高频套利策略, 每隔 3 秒判断是否要更换持仓, 并参照案例的“回测结果与分析”部分进行结果展示与分析.

(c) 将调仓频率改为 6 秒、10 秒、1 分钟等, 分析不同调仓频率对回测结果的影响.

(4) 选取同一板块中的两只股票, 收集这两只股票近一年的 3 秒快照行情数据,

(a) 检验两只股票的中间价之间是否存在协整关系.

(b) 仿照本章案例, 构造基于这两只股票的高频套利策略 (假定股票可以卖空、可以进行 T+0 交易), 并参照案例的“回测结果与分析”部分进行结果展示与分析.

(c)* 假设市场不允许卖空, 尝试设计基于这两只股票的高频套利策略 (仍假定可以进行 T+0 交易), 并参照案例的“回测结果与分析”部分进行结果展示与分析.

第7章彩图

# 参考文献


Admati A R, Pfleiderer P, 1988. A theory of intraday patterns: Volume and price variability. The Review of Financial Studies, 1(1): 3-40.

Almgren R, Chriss N, 2001. Optimal execution of portfolio transactions. Journal of Risk, 3: 5-40.

Avellaneda M, Stoikov S, 2008. High-frequency trading in a limit order book. Quantitative Finance, 8(3): 217-224.

Bagehot W, 1971. The only game in town. Financial Analysts Journal, 27(2): 12-14.

Baldauf M, Mollner J, 2020. High-frequency trading and market performance. The Journal of Finance, 75(3): 1495-1526.

Banz R W, 1981. The relationship between return and market value of common stocks. Journal of Financial Economics, 9(1): 3-18.

Barroso P, Saxena K, 2022. Lest we forget: Learn from out-of-sample forecast errors when optimizing portfolios. The Review of Financial Studies, 35(3): 1222-1278.

Basu S, 1977. Investment performance of common stocks in relation to their price-earnings ratios: A test of the efficient market hypothesis. The Journal of Finance, 32(3): 663-682.

Bertsimas D, Lo A W, 1998. Optimal control of execution costs. Journal of Financial Markets, 1(1): 1-50.

Blume L, Easley D, O'Hara M, 1994. Market statistics and technical analysis: The role of volume. The Journal of Finance, 49(1): 153-181.

Bodie Z, Kane A, Alan M, 2020. Investments. New York: McGraw-Hill.

Campbell J Y, Thompson S B, 2008. Predicting excess stock returns out of sample: Can anything beat the historical average? The Review of Financial Studies, 21(4): 1509-1531.

Carhart M M, 1997. On persistence in mutual fund performance. The Journal of Finance, 52(1): 57-82.

Chakravarty S, Holden C W, 1995. An integrated model of market and limit orders. Journal of Financial Intermediation, 4(3): 213-241.

Cochrane J H, 2011. Presidential address: Discount rates. The Journal of Finance, 66(4): 1047-1108.

Cong L W, Tang K, Wang J, et al, 2021. AlphaPortfolio: Direct construction through deep reinforcement learning and interpretable AI. Available at SSRN 3554486.

Cont R, 2001. Empirical properties of asset returns: Stylized facts and statistical issues. Quantitative Finance, 1(2): 223.

Cont R, 2011. Statistical modeling of high-frequency financial data. IEEE Signal Processing Magazine, 28(5): 16-25.

Copeland T E, Galai D, 1983. Information effects on the bid-ask spread. The Journal of Finance, 38(5): 1457-1469.

Daniel K, Hirshleifer D, Sun L, 2020. Short- and long-horizon behavioral factors. The Review of Financial Studies, 33(4): 1673-1736.

Diamond D W, Verrecchia R E, 1987. Constraints on short-selling and asset price adjustment to private information. Journal of Financial Economics, 18(2): 277-311.

Diebold F X, Mariano R S, 2002. Comparing predictive accuracy. Journal of Business & Economic Statistics, 20(1): 134-144.

Easley D, Engle R F, O'Hara M, et al, 2008. Time-varying arrival rates of informed and uninformed trades. Journal of Financial Econometrics, 6(2): 171-207.

Easley D, Hvidkjaer S, O'Hara M, 2002. Is information risk a determinant of asset returns? The Journal of Finance, 57(5): 2185-2221.

Easley D, Kiefer N M, O'Hara M, 1997. The information content of the trading process. Journal of Empirical Finance, 4(2-3): 159-186.

Easley D, O'Hara M, 1987. Price, trade size, and information in securities markets. Journal of Financial Economics, 19(1): 69-90.

Easley D, O'Hara M, 1992. Time and the process of security price adjustment. The Journal of Finance, 47(2): 577-605.

Engle R F, 2000. The econometrics of ultra-high-frequency data. Econometrica, 68(1): 1-22.

Engle R F, Russell J R, 1998. Autoregressive conditional duration: A new model for irregularly spaced transaction data. Econometrica, 66(5): 1127-1162.

Fama E F, Fisher L, Jensen M C, et al, 1969. The adjustment of stock prices to new information. International Economic Review, 10(1): 1-21.

Fama E F, French K R, 1993. Common risk factors in the returns on stocks and bonds. Journal of Financial Economics, 33: 3-56.

Fama E F, French K R, 2015. A five-factor asset pricing model. Journal of Financial Economics, 116(1): 1-22.

Fama E F, MacBeth J D, 1973. Risk, return, and equilibrium: Empirical tests. Journal of Political Economy, 81(3): 607-636.

Feng G, Giglio S, Xiu D, 2020. Taming the factor zoo: A test of new factors. The Journal of Finance, 75(3): 1327-1370.

Foster F D, Viswanathan S, 1990. A theory of the interday variations in volume, variance, and trading costs in securities markets. The Review of Financial Studies, 3(4): 593-624.

Foster F D, Viswanathan S, 1996. Strategic trading when agents forecast the forecasts of others. The Journal of Finance, 51(4): 1437-1478.

Foucault T, 1999. Order flow composition and trading costs in a dynamic limit order market. Journal of Financial Markets, 2(2): 99-134.

Frazzini A, Pedersen L H, 2014. Betting against beta. Journal of Financial Economics, 111(1): 1-25.

Gatheral J, 2010. No-dynamic-arbitrage and market impact. Quantitative Finance, 10(7): 749-759.

Glosten L R, 1994. Is the electronic open limit order book inevitable? The Journal of Finance, 49(4): 1127-1161.

Glosten L R, Milgrom P R, 1985. Bid, ask and transaction prices in a specialist market with heterogeneously informed traders. Journal of Financial Economics, 14(1): 71-100.

Goodfellow I, Bengio Y, Courville A, 2016. Deep Learning. Cambridge: MIT Press.

Grinold R C, Kahn R N, 2000. Active Portfolio Management: A Quantitative Approach for Producing Superior Returns and Controlling Risk. 2nd ed. New York: McGraw-Hill.

Gu S, Kelly B, Xiu D, 2020. Empirical asset pricing via machine learning. The Review of Financial Studies, 33(5): 2223-2273.

Gu S, Kelly B, Xiu D, 2021. Autoencoder asset pricing models. Journal of Econometrics, 222(1): 429-450.

Handa P, Schwartz R A, 1996. Limit order trading. The Journal of Finance, 51(5): 1835-1861.

Harvey C R, 2017. Presidential address: The scientific outlook in financial economics. The Journal of Finance, 72(4): 1399-1440.

Harvey C R, Liu Y, 2019. A census of the factor zoo. Available at SSRN 3341728.

Harvey C R, Liu Y, Zhu H, 2015. ... and the cross-section of expected returns. The Review of Financial Studies, 29(1): 5-68.

Hasbrouck J, 1991. Measuring the information content of stock trades. The Journal of Finance, 46(1): 179-207.

Hastie T, Tibshirani R, Friedman J, 2001. The Elements of Statistical Learning. New York: Springer.

Hou K, Xue C, Zhang L, 2015. Digesting anomalies: An investment approach. The Review of Financial Studies, 28(3): 650-705.

Jiang J, Kelly B T, Xiu D, 2020. (Re-) imag (in) ing price trends. Chicago Booth Research Paper.

Kavajecz K A, 1999. A specialist's quoted depth and the limit order book. The Journal of Finance, 54(2): 747-771.

Kleidon A W, Whaley R E, 1992. One market? stocks, futures, and options during October 1987. The Journal of Finance, 47(3): 851-877.

Kyle A S, 1985. Continuous auctions and insider trading. Econometrica: Journal of the Econometric Society, 53(6): 1315-1335.

Lien D, Tse Y K, Zhang X, 2003. Structural change and lead-lag relationship between the Nikkei spot index and futures price: A genetic programming approach. Quantitative Finance, 3(2): 136.

Lo A W, Mamaysky H, Wang J, 2000. Foundations of technical analysis: Computational algorithms, statistical inference, and empirical implementation. The Journal of Finance, 55(4): 1705-1765.

Markowitz H, 1952. Portfolio selection. The Journal of Finance, 7(1): 77-91.

Obizhaeva A A, Wang J, 2013. Optimal trading strategy and supply/demand dynamics. Journal of Financial Markets, 16(1): 1-32.

Parlour C A, 1998. Price dynamics in limit order markets. The Review of Financial Studies, 11(4): 789-816.

Parlour C A, Seppi D J, 2003. Liquidity-based competition for order flow. The Review of Financial Studies, 16(2): 301-343.

Potters M, Bouchaud J P, 2003. More statistical properties of order books and price impact. Physica A: Statistical Mechanics and its Applications, 324(1-2): 133-140.

Ross S A, 1976. The arbitrage theory of capital asset pricing. Journal of Economic Theory, 13(3): 341-360.

Seppi D J, 1997. Liquidity provision with limit orders and a strategic specialist. The Review of Financial Studies, 10(1): 103-150.

Sharpe W F, 1964. Capital asset prices: A theory of market equilibrium under conditions of risk. The Journal of Finance, 19(3): 425-442.

Shiller R J, 1981. Do stock prices move too much to be justified by subsequent changes in dividends? The American Economic Review, 71(3): 421-436.

Shu L, Shi F, Tian G, 2020. High-dimensional index tracking based on the adaptive elastic net. Quantitative Finance, 20(9): 1513-1530.

Sirignano J, Cont R, 2019. Universal features of price formation in financial markets: perspectives from deep learning. Quantitative Finance, 19(9): 1449-1459.

Stambaugh R F, Yuan Y, 2017. Mispricing factors. The Review of Financial Studies, 30(4): 1270-1315.

Stoll H R, 1978. The pricing of security dealer services: An empirical study of NASDAQ stocks. The Journal of Finance, 33(4): 1153-1172.

Viswanathan S, Wang J J, 2002. Market architecture: Limit-order books versus dealership markets. Journal of Financial Markets, 5(2): 127-167.

Wang D, Tu J, Chang X, et al., 2017. The lead-lag relationship between the spot and futures markets in China. Quantitative Finance, 17(9): 1447-1456.

Wang H, Zhou X Y, 2020. Continuous-time mean-variance portfolio selection: A reinforcement learning framework. Mathematical Finance, 30(4): 1273-1308.